Das «24-Stunden-Baby»
Kinder mit starken Bedürfnissen verstehen

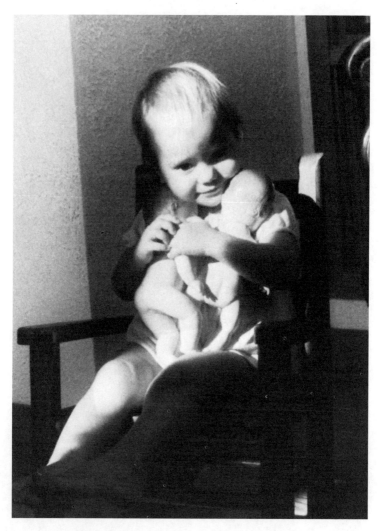
Hayden Sears, das «24-Stunden-Baby» des Autors.

Das «24-Stunden-Baby»

Kinder mit starken Bedürfnissen verstehen

William Sears

Die Originalausgabe erschien unter dem Titel
"The Fussy Baby. How to Bring Out the Best in Your High-Need Child"
Aus dem Amerikanischen übertragen von Inge Olivia Wacker
Verantwortlich für die sprachliche Überarbeitung: Hanny Santini

© 1998 La Leche Liga International
Alle Rechte vorbehalten
Nachdruck in jeder Form sowie die Wiedergabe durch Fernsehen,
Rundfunk, Film, Bild- und Tonträger oder Benutzung für Vorträge, auch
auszugsweise, nur mit Genehmigung des Verlags
© 1985 William Sears, M.D.
Alle Rechte vorbehalten

Fotos:
   Umschlagfoto: Ursula Markus
   Titelfoto: Martha Sears
   Seite 39:   Harriette Hartigan
   Seite 56:   Debra Best
   Seite 88:   Sue Buckley
   Seiten 102, 105:   William Sears, M.D.
   Seite 104:   Mary E. Loewenstein-Anderson
   Übrige: Dale Pfeiffer

Illustrationen: Maurice Wagner

Druck: Basler Zeitung
ISBN: 3-906675-04-1

INHALT

VORWORT	VII
EINLEITUNG	XI
KAPITEL 1	
Das unruhige Baby	**1**

Die Eigenheiten von besonders liebebedürftigen Babys **1**
Die Entwicklung dieser besonderen Babys **5**

KAPITEL 2	
Warum sind Babys unruhig?	**7**

Wie kann das Temperament des Babys beeinflusst werden? **7**
Die Bedeutung einer einfühlsamen Bezugsperson **12** Wie beeinflusst das Temperament des Babys dasjenige der Eltern? **15**
Erkennen Sie das Temperament Ihres Kindes **22**
Fördern Sie die Intelligenz Ihres Babys **23**

KAPITEL 3	
Vom ersten Tag an:	
Beeinflussen Sie das Temperament Ihres Babys positiv	**27**

Die Bedeutung eines friedlichen Aufenthalts in der Gebärmutter **27**
Die ersten Wochen **34** Welche Vorteile hat bindungsförderndes elterliches Verhalten für Sie selbst? **40** Inwiefern kann Ihr Baby von einer guten Eltern-Kind-Beziehung profitieren? **41** Die Folgen fürs Kind **41**

KAPITEL 4	
Tips für Eltern schreiender Babys	**43**

Warum weinen Babys? **44** Wie können Sie das Schreien Ihres Säuglings deuten? **47** Wann und wieviel schreit ein «normales» Baby? **50** Wie wirkt sich das Schreien des Babys auf die Eltern aus? **50** Überlebenstips **54** Alte Ratschläge in neuem Licht **61** Schreien und Kindsmisshandlung **68**

KAPITEL 5	
Das Kolikbaby	**71**

Merkmale eines Kolikbabys **71** Wieso haben Babys Koliken? **73**
Über Koliken sprechen **83** Das Kolikbaby beruhigen **87**

KAPITEL 6	
Das unruhige Baby trösten	**95**

Harmonische Bewegungen mit Ihrem Baby **96**
Körperkontakt beruhigt **102** Beruhigende Geräusche **104**

KAPITEL 7
Die Ernährung des unruhigen Babys 107
Brust oder Flasche: Wo ist da der Unterschied? **107**
Stillschwierigkeiten **110** Flaschennahrung für das unruhige
Baby **113** Tips beim Stillen und Füttern unruhiger Babys **114**
Die Einführung fester Nahrung beim sehr unruhigen Baby **119**
Ein liebebedürftiges Baby abstillen **121**

KAPITEL 8
Der Vater des unruhigen Babys 125
Die Gefühle von Vätern sehr unruhiger Babys **125** Mütter
brauchen Fürsorge und Zuwendung **131** Tips für Väter **133**
Wie werden Väter für ihre Bemühungen belohnt? **134**

KAPITEL 9
Friedliche Nächte mit dem liebebedürftigen Kind 137
Das andere Schlafverhalten sehr liebebedürftiger Babys **137**
Nächtliche Überlebenstips **138** Einschlafrituale **141**

KAPITEL 10
Das Burnout-Syndrom vermeiden 143
Ursachen des Burnout-Syndroms **143** Erkennen Sie die frühen
Warnsignale **146** Tips zur Verringerung des Burnout-Risikos **147**
Väter können helfen, das Burnout-Syndrom bei Müttern zu
vermeiden **150**

KAPITEL 11
Resignierte Kinder 159
Erster Brief: Die Folgen des «Schreienlassens» **159** Zweiter Brief:
Babys brauchen Aufmerksamkeit **164** Was war geschehen? **165**

KAPITEL 12
Ein liebebedürftiges Kind erziehen 167
Sehr liebebedürftige Kinder sind schwieriger zu erziehen **167**
Ein Erziehungsansatz für sehr liebebedürftige Kinder **171**

KAPITEL 13
Der Lohn für Ihre Anstrengungen 175
Charakterstarke Kinder **175** Vorteile eines fürsorglichen
Erziehungsstils fürs Kind **177** Vorteile für die Eltern **182**

KAPITEL 14
Jonathan 187

VORWORT

Viele Stunden habe ich damit verbracht, mein unruhiges Baby hin- und herzuwiegen, mit ihm zu tanzen und ihm etwas vorzusingen. Mein sechstes Kind hat am meisten geschrien. Inzwischen konnten mich Säuglinge nicht mehr aus der Ruhe bringen, und ich war eine unschlagbare Trösterin. Ich dachte, ich wüsste für jedes Kindlein genau, wie ich es beruhigen und trösten könnte. Deshalb traf es mich ziemlich unvorbereitet, als dieses Baby sich steif machte und schrie, obwohl es gerade gestillt und gewickelt worden war, und obwohl ich mich vergewissert hatte, dass nichts es einengte oder störte, es wieder an die Brust gelegt, ausgezogen und mit frischen Windeln versehen, nochmals ausgezogen und wieder angelegt hatte. Nichts schien zu helfen. Die Kleine schrie weiter, während ich mit ihr tanzte und umherging, einen Spaziergang machte und wieder heimkam. Für uns beide war das eine sehr anstrengende Zeit. Sie war gesund, das versicherte mir der Arzt immer wieder, deshalb konnte ich nicht verstehen, was los war. Warum war sie so unzufrieden?
Dr. William Sears hat dieses Buch geschrieben, um Eltern in solch schwierigen Zeiten zu helfen. Er erklärt, dass das Schreien eines Säuglings zu den lautesten aller menschlichen Geräusche gehört und bei allen, die sich in Hörweite befinden, starke Reaktionen auslöst. Es waren wirklich Laute, welche ich, so wie die meisten Eltern, möglichst schnell stoppen wollte. Wenn unsere Bemühungen, das Baby zu beruhigen, nichts fruchten, werden wir hilflos und wütend und verlieren den Mut.
Der Autor zeigt verschiedene Besänftigungs-Techniken, an die Sie vielleicht nicht gedacht haben. So schlägt er unter anderem mehrere Möglichkeiten vor, die dem Baby das Gefühl vermitteln, dass es sich wieder im Mutterleib befinde. Dank seinen Tips wird es Ihnen gelingen, Ihrem Kind zu einem zufriedeneren Start ins Leben zu verhelfen.

Dr. Sears beschreibt ausführlich, wie Eltern mit ihren unruhigen Kindern umgehen können. Indem er sie als besonders liebebedürftige Babys bezeichnet, hilft er uns, sie besser zu verstehen. Er rät Eltern dringend zu einer positiven Einstellung und dazu, eine enge Bindung zu ihrem ständig weinenden Baby herzustellen. Es lohnt sich. Er drückt es so aus: «Kinder, die in einer liebevollen Umgebung eine gute Eltern/Kind-Beziehung geniessen, entwickeln sich geistig und motorisch besser.»
Ärztinnen und Ärzte lernen während ihrer Ausbildung sehr viel; über den Menschen lernen sie noch mehr aufgrund ihrer eigenen Lebenserfahrung. Dr. Sears ist Kinderarzt und Vater von acht Kindern. Seine eigene Familie und der enge Kontakt mit den Eltern seiner kleinen Patienten und Patientinnen verschafften ihm das Wissen und den Hintergrund für dieses Buch. Er beschreibt unruhige Babys, die schwer zufriedenzustellen sind, und erklärt, warum sie so viel weinen. Er geht darauf ein, wie Väter sich einem unruhigen, besonders liebebedürftigen Kind zuwenden können, er schreibt über den Umgang mit wachen Babys in der Nacht und die sexuellen Gefühle der Eltern, ihre Partnerschaft, und welche Auswirkungen das Schreien auf Vater, Mutter und die übrige Familie hat.
Das Kapitel über Erschöpfung (Burnout-Syndrom), und wie sie sich vermeiden lässt, enthält einen Stresstest mit neunzehn Punkten, die es zu bedenken und zu bewerten gilt. Diese Warnsignale für bevorstehende Erschöpfungszustände, können Eltern dabei helfen, all das zu vermeiden oder zumindest besser zu verstehen, was ihre Frustrationen im Umgang mit ihrem besonders liebebedürftigen Kind verstärken kann.
Sehr liebebedürftige Babys brauchen oft auch als Kleinkinder noch besondere Zuwendung. Dr. Sears' Ansicht über Erziehungsmassnahmen und die Förderung von Vertrauen und Selbstwertgefühl kann Eltern durch diese schwierigen Phasen helfen. Abgerundet wird das Buch durch die wundervolle Geschichte von Jonathan. Sie werden das Buch gerne lesen und sich und Ihr Kind plötzlich mit ganz anderen Augen betrachten.
Häufig werden Eltern gefragt, ob ihr Baby ein «liebes», ein «braves» Kind sei. Für die meisten Leute ist ein unkompliziertes Baby ein liebes Kind. Doch «lieb» kann ganz verschiedene Bedeutungen haben. Es kann auch heissen, dass ein Kind

Vorwort

wach ist, jeden Augenblick etwas Neues lernt und sich gut entwickelt. Vielleicht schickt sich unser besonders liebebedürftiges Baby an, ein Genie zu werden oder eine führende Rolle in der Gesellschaft zu übernehmen, und Sie helfen ihm dabei mit Ihrer Liebe, Ihrer Geduld und Ihrem Verständnis.

Betty Wagner
Mitbegründerin der
La Leche Liga International
und bis 1991 Vorsitzende

Es ist uns ein Bedürfnis, allen zu danken, welche die vorliegende deutsche Ausgabe des «Fussy Baby» ermöglicht haben. Im besonderen denken wir dabei an Herrn Prof. Dr. med. O. Tönz, Luzern, der als medizinischer Beirat der La Leche Liga Schweiz bereit war, das Buch anhand neuerer fachlicher Erkenntnisse zu prüfen. Auch jenen Mitarbeiterinnen, die das Buch auf kulturelle Unterschiede durchgesehen haben und es bis zum Druck begleitet haben, gebührt unser herzlicher Dank!

La Leche Liga Schweiz

EINLEITUNG

Ein ständig weinendes, unzufriedenes Baby kann bei den Eltern die besten wie die schlimmsten Seiten zum Vorschein bringen. Dieses Buch soll dazu dienen, die besten Eigenschaften in Ihnen hervorzurufen.

In meiner langjährigen Praxis als Kinderarzt und aufgrund meiner Erfahrungen als Vater von acht Kindern ist mir eine Gruppe ganz besonderer Babys immer wieder aufgefallen: solche mit speziellen Bedürfnissen, die ich als besonders liebebedürftige Babys bezeichne, Säuglinge, die meist als Schreibabys, schwierige, unruhige oder besonders anstrengende Kinder bekannt sind. Schon früh wurde mir klar, dass diese Babys falsch verstanden werden. Eltern stellten zum Beispiel die Frage: «Wie lange soll ich mein Baby schreien lassen? Ist es gut, wenn ich es jedesmal hochnehme, wenn es schreit?» oder: «Ist es richtig, wenn ich das Kindlein die ganze Zeit umhertrage?» Diese Fragen machten mich betroffen. Die übliche Empfehlung lautete, dass Eltern das Baby schreien lassen sollten. Dabei war es mir aber nicht wohl. Ich empfand das unfair, sowohl dem Baby wie auch den Eltern gegenüber. Damals wurde mir klar, dass Eltern wegen ihrer intensiven Liebe zu ihrem Baby in Stresssituationen für Ratschläge besonders empfänglich sind. Doch diese waren für sie verwirrend.

Vor Jahren begann ich, mich systematisch mit der Frage zu beschäftigen, warum Babys unruhig sind. Ich ging davon aus, dass Säuglinge sich so verhalten, weil sie so veranlagt sind. Es musste also Gründe für ihr Verhalten geben, und es müsste Tips für Mütter und Väter von unruhigen Babys geben, die sowohl für sie wie auch für ihr Kind gut sind. Ich machte mich also daran, das zu erkunden und zusammenzustellen.

Ich möchte Sie an dem teilhaben lassen, was ich im persönlichen Umgang mit mehreren hundert Eltern von unruhigen

Babys herausgefunden habe. Im vorliegenden Buch finden Sie persönliche Erfahrungsberichte von Eltern und praktische Vorschläge, wie sich ein unruhiges Kind besänftigen lässt.

Folgende Fragenkreise werden behandelt:

- Warum sind Babys unruhig, und was lässt sich dagegen tun?
- Weshalb ist es wichtig, das Temperament des Babys schon früh zu erkennen?
- Wie beeinflusst das Temperament des Babys jenes der Eltern?
- Welche Auswirkungen hat das Verhalten der Eltern auf die Persönlichkeitsentwicklung des Kindes?

Ich hoffe, die Lektüre meines Buches ermöglicht es Eltern, ihr besonders liebebedürftiges Baby besser kennenzulernen und ihm zu helfen, sich angenommen zu fühlen. Ich hoffe auch, dass sie Eltern und Kindern hilft, sich mehr aneinander zu freuen. Diese besonderen Babys brauchen mehr Zuwendung. Besonders liebebedürftige Kinder gewöhnen sich an eine bessere Lebensqualität – und an mehr Liebe.

Dank

Dank gebührt den vielen hundert Eltern, die mir ihre Geschichte erzählt und damit ihren Beitrag zu diesem Buch geleistet haben. Besonders dankbar bin ich meiner Familie, meiner Frau Martha, die mich durch ihr unermüdliches Eingehen auf unsere eigenen besonders liebebedürftigen Kinder Respekt vor den untrüglichen Erkenntnissen mütterlicher Intuition gelehrt hat, und unsern acht Kindern, von denen jedes für uns Eltern durch sein einzigartiges individuelles Temperament eine grosse Bereicherung war. Anerkennend erwähnen möchte ich die vielen hundert liebebedürftigen Babys, die ich als Arzt betreut habe, und von denen ich sehr viel lernen durfte.

KAPITEL 1

Das unruhige Baby

In den ersten Tagen und Wochen nach der Geburt bekommen Eltern einen ersten Eindruck vom Temperament ihres Babys. Manche Eltern sind mit einem sogenannt «braven» Kind gesegnet. Andere sind die glücklichen Eltern von Babys, die nicht so leicht zu beruhigen sind. Diese Säuglinge werden mit einer Reihe von Etiketten versehen: anstrengendes Kind, Baby mit Blähungen, Schreikind oder anspruchsvolles Baby. Die Bezeichnung «anspruchsvolles» Baby ist nicht ganz fair, denn damit wird angedeutet, dass Eltern oder Kind nicht so seien, wie sie sein sollten; entweder seien die Ansprüche des Babys ungerechtfertigt, oder die Eltern seien unfähig bzw. nicht einfühlsam genug. Etwas stimme mit dem Kind und/oder mit den Eltern nicht. Anstatt als «anspruchsvolles Baby» oder «Schreibaby» bezeichne ich diese speziellen Kleinen lieber als «besonders liebebedürftige Babys». Diese Bezeichnung ist nicht nur wohlwollender, sie liefert auch eine Erklärung dafür, warum sich diese Kinder so verhalten und welche Art elterlicher Zuwendung sie brauchen.

Die Eigenheiten von besonders liebebedürftigen Babys

Besonders liebebedürftige Babys haben bestimmte Persönlichkeitsmerkmale gemeinsam. Nicht jedes Kind zeigt alle diese Verhaltensweisen, doch gemäss meiner Erfahrung zeigen viele von ihnen diese Merkmale irgendwann während ihrer Säuglingszeit. Eltern haben mir ihre besonders liebebedürftigen Babys folgendermassen beschrieben:

«Übersensibel»

Als «leicht aus der Ruhe zu bringen» bezeichnete eine Mutter ihren empfindsamen Säugling. Babys mit besonderen Bedürfnissen reagieren sehr sensibel auf ihre Umgebung.

Geringste Veränderungen lassen sie tagsüber leicht aufschrecken und abends schwer zur Ruhe kommen. Sie geraten schnell aus dem Gleichgewicht und reagieren prompt auf alle Störungen, welche die Sicherheit ihrer Umgebung gefährden. Diese Empfindsamkeit überträgt sich oft auch auf ihre Reaktion gegenüber nicht sehr vertrauten Betreuungspersonen, was zu ausgeprägter Ängstlichkeit gegenüber Fremden führt. Für viele Eltern ist diese Überempfindlichkeit anfangs sehr anstrengend. Sie kann sich später aber als grosser Vorteil auswirken. Ein sensibles Kind nimmt nämlich seine Umgebung aufmerksamer wahr und ist neugieriger.

«Intensiv»

Besonders liebebedürftige Babys setzen sehr viel Kraft in ihr gesamtes Verhalten. Sie schreien laut, lachen herzhaft und protestieren sofort, wenn sie ihre «Mahlzeiten» nicht umgehend bekommen. Sie scheinen tiefer zu empfinden und intensiver zu reagieren. «Er ist ständig auf Hochtouren», stellte ein müder Vater fest.
Besonders liebebedürftige Babys protestieren lautstark, wenn ihnen ihre Umgebung nicht gefällt. Doch scheinen sie auch besser in der Lage zu sein, eine intensive Bindung zu ihren Betreuungspersonen einzugehen. Wenn ein Baby sich energisch gegen das Weggehen seiner Eltern wehrt, dann deshalb, weil es eine intensive Bindung zu ihnen hat. Eine enge Bindung zu den Eltern aber beugt langfristig quengeligem Verhalten vor.

«Fordernd»

Mütter von solchen Babys haben oft das Gefühl: «Ich kann gar nicht schnell genug bei ihm sein.» Das Baby bringt mit seinen Signalen zum Ausdruck, dass es wirklich dringend etwas braucht. Eine Verzögerung wird nicht akzeptiert, und das Kind beruhigt sich erst, wenn es das erhalten hat, was es wollte. Bekommt es eine Rassel, möchte jedoch gestillt werden, so wird sein Schreien noch heftiger, weil es nicht richtig verstanden worden ist. Fordernd zu sein ist ein positives, notwendiges Charaktermerkmal bei Babys mit besonders starken Bedürfnissen.

Das unruhige Baby

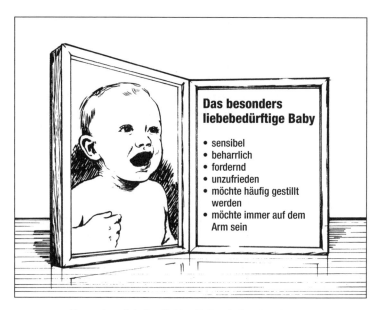

Besonders liebebedürftige Babys haben bestimmte Persönlichkeitsmerkmale gemeinsam.

«Am liebsten immer auf dem Arm»

Besonders liebebedürftige Babys sehnen sich nach Körperkontakt. Eltern erwarten oft, dass ihr Baby zufrieden in seinem Bettchen liegt oder passiv die Leute in seinem Umfeld anblickt und mit dem Mobile spielt. Das entspricht ganz und gar nicht dem Spielverhalten sehr liebebedürftiger Babys (und eigentlich auch aller anderen nicht). Diese Säuglinge können sich nicht selber trösten. Mütter sagen mir: «Er kann nicht selbst zur Ruhe kommen.» Im Schoss der Mutter hat das Baby seinen Lieblingsplatz, ihre Arme und ihr Busen sind sein Ruhekissen, ihre Brüste sind sein Beruhigungsmittel. Unbelebte Ersatzobjekte werden oft heftigst abgelehnt.

«Ständig in Bewegung»

«Es gibt überhaupt keinen Moment für eine Porträtaufnahme», sagte mir der Vater eines sehr liebebedürftigen Babys, der von Beruf Fotograf ist. «Sie ist andauernd in Bewegung», bemerkte ein anderer Vater. Fortwährende motorische Aktivität ist eine Begleiterscheinung der Intensität und hohen Sensibilität des Babys.

«Auslaugend»

Die Eltern kommen unweigerlich an den Punkt, wo sie sagen: «Das Kind bringt mich fast zum Verzweifeln!» Ein sehr liebebedürftiges Baby erfordert die gesamte Kraft von Mutter und Vater.

«Angespannt»

Die meisten Babys kuscheln sich an, wenn sie im Arm oder über der Schulter ihrer Eltern gehalten werden. Das sehr liebebedürftige Baby hingegen streckt sich oft durch, macht Arme und Beine steif und wehrt sich gegen jeden Versuch, in eine bequeme Stillhaltung gebracht zu werden. Die Muskeln haben eine zu hohe Spannung, was als «hypertonisch» bezeichnet wird. «Ich spüre, dass sie wie unter Strom steht», meinte eine Mutter. Überempfindlichkeit in Verbindung mit überhöhter Muskelspannung erklärt das Zurückweichen vor engem Körperkontakt. Diese Babys möchten nicht eingeengt werden und fühlen sich wohler, wenn sie in einer gewissen Entfernung vom Körper gehalten oder vom Körper abgewandt getragen werden. Sie können es oft auch gar nicht leiden, wenn sie als Neugeborene in ein Wickeltuch eingepackt werden.

«Nie zufrieden und unberechenbar»

Besonders liebebedürftige Babys reagieren unberechenbar auf Beschwichtigungsversuche. Was heute noch funktioniert, hat schon morgen keinen Erfolg mehr. Eine erschöpfte Mutter sagte: «Immer, wenn ich denke, jetzt habe ich's geschafft, dreht das Baby noch mehr auf.»

«Ständig an der Brust»

Der Begriff «Zeitplan» gehört nicht zum Wortschatz von besonders liebebedürftigen Säuglingen. Diese Babys möchten lange Zeit zum Trost an der Brust nuckeln, auch wenn der Hunger schon gestillt ist. Und sie lassen sich später auch oft Zeit mit dem Abstillen.

Das unruhige Baby

«Erwacht oft»

Überwache Babys kommen nicht leicht zur Ruhe. Sie wachen oft auf und lassen die Eltern selten ihre wohlverdiente Ruhe finden. «Warum braucht mein Baby alles doppelt und dreifach, nur den Schlaf nicht?» beklagte sich eine übermüdete Mutter.

Die Entwicklung dieser besonderen Babys

Während der Säuglingszeit scheinen die beschriebenen Charakterzüge besonders liebebedürftiger Babys vorwiegend negativ zu sein; später betrachten sie viele Eltern als natürliche Begleiterscheinung der Säuglingszeit. Ich habe beobachtet, dass Eltern, die allmählich eine immer engere Bindung zum Baby herstellen, dieses nach einigen Monaten in einem anderen Licht sehen, und es dann positiver beschreiben, z.B. als anregend, interessant und besonders aufgeweckt. Die gleichen Eigenschaften, die sie anfangs viele Nerven gekostet haben, können sich später als Vorteile für das Kind und die Familie erweisen, besonders wenn die Äusserungen des Babys in den ersten Monaten richtig gedeutet wurden und entsprechend auf sie reagiert worden ist. Aus dem anstrengenden Baby wird dann das einfallsreiche, sensible, einfühlsame Kind. Der kleine «Nimmersatt» hat später ein grosses Herz.

Ziehen Sie nicht voreilig Schlüsse über die zukünftige Persönlichkeit Ihres Kindes. Manche schwierige Babys machen im Kindesalter einen völligen Wandel durch. Insgesamt haben sie später jedoch nicht weniger Bedürfnisse, diese verändern sich nur.

Was bedeutet ein liebebedürftiges Baby für die Eltern?

Eine der Hauptaussagen dieses Buches lautet, dass das Temperament des Babys sich aufs Temperament der Eltern auswirkt. In den nächsten Kapiteln erläutere ich, wie ein sehr liebebedürftiges Baby in seinen Eltern die besten Eigenschaften zum Vorschein bringen kann, wenn sie auf ihr Kind eingehen.

KAPITEL 2

Warum sind Babys unruhig?

«Warum quengelt mein Baby ständig und lässt sich nicht hinlegen?» fragte mich eine Mutter. Vom ständigen Herumtragen ihres Kindes konnte sie ihre Arme kaum mehr spüren. Am frustrierendsten ist es für Eltern, dass sie nicht wissen, wieso ihr Baby so unzufrieden ist. In diesem Kapitel möchte ich deshalb erklären, warum Säuglinge unruhig sind und wie Baby und Eltern gegenseitig ihr Temperament beeinflussen. Mit Temperament meine ich das Verhalten des Babys, also das, was es tut, und den inneren Antrieb, der zu diesem bestimmten Verhalten führt. Durch die Reaktionen des Kindes auf die Umgebung und durch den Einfluss der Umgebung aufs Kind wird dieses innere Temperament mit der Zeit zur Persönlichkeit umgeformt. Die Persönlichkeit ist somit der äussere Ausdruck des inneren Temperaments.

Wie kann das Temperament des Babys beeinflusst werden?

Ist Temperament angeboren oder durch Erziehung beeinflusst?

Jahrzehntelang haben die Fachleute für Psychologie über die Rolle der Veranlagung und der äusseren Einflüsse aufs Temperament debattiert: Was beeinflusst das Temperament eines Kindes stärker, die Vererbung oder die Umgebung? Heute sind sich die meisten Wissenschafterinnen und Wissenschafter einig, dass das kindliche Temperament kein leeres Blatt ist, auf das die Bezugspersonen eine Reihe von Regeln schreiben können, die das Kind dann veranlassen, sich so zu verhalten, wie die Eltern das möchten. Ebensowenig ist das Temperament des Kindes festzementiert. Temperament ist mit Sicherheit etwas Veränderliches und lässt sich durch die Art der Betreuung beeinflussen. Während der letzten 40 Jahre hat die Erforschung der kindlichen Entwicklung immer deutlicher gezeigt, in welchem Masse die Qualität und Quantität der mütterlichen und väterlichen Zuwendung das Temperament des Kindes beeinflussen können (White 1978; Sroufe und Waters 1982). Eines der Hauptanliegen dieses Buches ist es, aufzuzeigen, wie das Verhalten der Bezugspersonen das Temperament und die Persönlichkeit eines besonders liebebedürftigen Kindes positiv oder negativ verändern kann.

Passt das Kind zu seiner Umgebung?

Einen der stärksten Einflüsse aufs Temperament des Kindes nimmt seine unmittelbare Umgebung. Die Persönlichkeitsentwicklung wird positiv oder negativ beeinflusst, je nachdem wie gut es zu seiner Umgebung und zu seinen Bezugspersonen passt.

Ein Neugeborenes ist mit einem Temperament ausgestattet, das vor allem erblich geprägt und vielleicht von der Umgebung in der Gebärmutter schon etwas beeinflusst worden ist. Im Bauch der Mutter passt das Ungeborene vollkommen in seine Umgebung hinein. Wahrscheinlich wird es nie wieder ein Umfeld finden, welches ihm so harmonisch entspricht – wo es bei gleichbleibender Temperatur frei im Fruchtwasser schwebt und wo seine Nahrungsbedürfnisse automatisch und zuverlässig befriedigt werden. Diese Umgebung lässt nichts zu wünschen übrig und ist gewöhnlich stressfrei (wenn auch der emotionale Zustand der Mutter einen gewissen Einfluss haben kann). Die Umgebung in der Gebärmutter bietet also physisch und emotional beste Voraussetzungen. Durch die Geburt wird dieser Zustand plötzlich unterbrochen. In den folgenden Monaten versucht das Baby, ein Gefühl von Ordnung wiederzuerlangen. Die Geburt und die Einstellung auf das Leben danach zeigen das Temperament des Babys auf, denn zum ersten Mal muss es etwas unternehmen, damit seine Bedürfnisse befriedigt werden. Es ist gezwungen zu handeln, sich zu «verhalten». Wenn es hungrig ist, weint es. Es muss sich anstrengen, um die Dinge, die es braucht, von seinen Betreuungspersonen zu bekommen. Wenn seine Bedürfnisse leicht zu befriedigen sind und es schnell bekommt, was es braucht, wird es mit dem Etikett «braves Baby» versehen; wenn es sich nicht so schnell auf das einstellt, was von ihm erwartet wird, gilt es als schwieriges Kind. Es passt nicht zu seiner Umgebung. Unruhige Babys sind schlecht angepasst und geben sich nicht so leicht zufrieden mit dem Mass an Zuwendung, das sie erhalten. Sie brauchen mehr.

Die Reizschwelle

Warum haben unruhige Kinder Probleme mit der Anpassung? Zunächst einmal haben sie eine niedrige Reizschwelle. Babys haben eine angeborene, aber unterschiedlich entwikkelte Fähigkeit, ganz gezielt störende Reize auszublenden und sich dadurch anzupassen. Zum Beispiel blenden manche Babys störende Geräusche aus, indem sie einschlafen. Sie haben eine hohe Reizschwelle und können sich somit gut anpassen. Andere Babys haben eine niedrige Reizschwelle; sie können solche Reize nicht einfach ausblenden und gelten dann als empfindlich und unruhig. Sie sind empfindlich, weil sie sich nicht an störende Reize anpassen können, und sie sind unruhig, weil sie andere darauf aufmerksam machen möchten, dass sie Hilfe brauchen. Diese Babys appellieren an ihre Bezugspersonen, die Reize reduziert zu halten und ihnen damit zu helfen, sich besser in ihre Umgebung hineinzufinden.

«Heimweh» nach der Gebärmutter

Einen weiteren Grund, weshalb Babys unruhig sind, bezeichne ich als «Sehnsucht nach dem Mutterleib». Die Fähigkeit, zufrieden zu sein, hängt grösstenteils von der Fähigkeit ab, sich auf Veränderungen einzustellen. Ein zufriedener Mensch hat das Gefühl, dass seine Welt in Ordnung ist und dass auch er für seine Umgebung in Ordnung ist; anders ausgedrückt: Er passt zu seiner Umgebung. Die Welt des Ungeborenen ist gekennzeichnet durch Beständigkeit in seinen Erfahrungen. Das Kind wird fortwährend von den Geräuschen und Bewegungen seiner Mutter eingelullt, und seine Bedürfnisse werden ununterbrochen und automatisch befriedigt. Die Geburt und die ersten Wochen der Umstellung können ein unruhiges Verhalten zum Vorschein bringen. Die Erwartung des Babys, dass das Leben so weitergeht wie bisher, erfüllt sich nicht, und es gerät dadurch aus dem Gleichgewicht. Das Neugeborene ist nicht in der Lage, sich aus eigener Kraft auf die neue Umgebung einzustellen. Trotzdem hat es das intensive Verlangen, sich wohlzufühlen. Dieser Konflikt zwischen dem Wunsch nach Wohlbehagen und der Unmöglichkeit, dieses zu erlangen, führt zu inneren Spannungen und einem Verhalten, das als quengelig bezeichnet wird. Das Baby bringt zum

Ausdruck: «Ich erwarte, dass es mir gut geht, doch dem ist nicht so, und ich weiss nicht, was ich dagegen tun kann.» Wenn es unruhig ist, bittet es seine Bezugspersonen, ihm dabei zu helfen, herauszufinden, was zu seinem Wohlbefinden beitragen könnte, und ihm dieses zu beschaffen, bis es selber dafür sorgen kann.

Wieviel Liebe braucht das Kind?

Die Annahme, dass nicht alle Kinder in gleichem Masse liebebedürftig sind, liefert eine weitere Erklärung dafür, warum Babys unruhig sein können. Manche Babys brauchen besonders viel Liebe. Ihre Mütter sagen: «Mein Kind ist nie zufrieden.» Ausser den besonders starken Bedürfnissen haben solche Babys auch die Fähigkeit, die benötigte Zuwendung von ihren Bezugspersonen einzufordern. Deshalb gelten sie als anspruchsvoll und fordernd. Ich möchte es den Eltern ermöglichen, dieses anspruchsvolle Verhalten als positive Charaktereigenschaft zu sehen, die für ihr Kind überlebensnotwendig ist. Wenn ein Baby mit besonders starken Bedürfnissen zur Welt kommt, jedoch ohne die Fähigkeit, diese Bedürfnisse auch auszudrücken, so sind sein Überleben und sein sich entwickelndes Selbstwertgefühl in Gefahr. Ich habe den Eindruck, dass besonders liebebedürftige Babys von Natur aus dazu veranlagt sind, fordernd zu sein. Diese Eigenschaft drückt sich vor allem in ihrem Schreiverhalten aus. Das häufigste Beispiel für forderndes Verhalten bei einem besonders liebebedürftigen Baby zeigt sich darin, dass es jedesmal schreit, wenn es hingelegt wird. Vor der Geburt empfand dieses Baby ein Gefühl von Einssein mit der Mutter. Nach der Geburt weiss die Mutter, dass ihr Kind nun ein eigenständiges Wesen ist, das Baby hingegen weiss das noch nicht. Es braucht das Gefühl von Einssein mit der Mutter, hat doch die Geburt nur die äusseren Umstände verändert. Das Baby protestiert oder wird unruhig, wenn die Bindung zur Mutter unterbrochen wird. Es möchte diese Bindung weiterhin aufrechterhalten, und zum Glück besitzt es die Fähigkeit, das anzumelden. Wenn seine Bedürfnisse verstanden und erfüllt werden, passt es zu seiner Umgebung; es befindet sich im Einklang mit ihr. Es fühlt sich wohl. Wenn es sich wohl fühlt, ist sein Temperament besser im Gleichgewicht, und es wird ein «braveres» Baby.

Warum sind Babys unruhig?

Meine zentrale Hypothese in diesem Buch besagt, dass sehr liebebedürftige Babys quengeln und ein forderndes Temperament haben, weil sie so sein müssen. Quengelig und fordernd zu sein, trägt zu ihrem Überleben bei. Würden sie nicht weinen, würden ihre Bedürfnisse nicht befriedigt. Was passiert, wenn die Bedürfnisse eines Babys unerfüllt bleiben, weil seine Forderungen nicht beachtet werden? Ein unerfülltes Bedürfnis verschwindet nie völlig, sondern führt zu innerem Stress, der sich früher oder später in unerwünschtem Verhalten wieder zeigt, zum Beispiel in Wut, Aggression, Rückzug oder Ablehnung. Ein solches Baby fühlt sich nicht wohl und verhält sich auch entsprechend. Wenn es sich nicht erwartungsgemäss verhält, bereitet es den Eltern weniger Freude, und Kind und Eltern bewegen sich immer weiter voneinander weg. Den Eltern gelingt das Geben immer seltener, und das Baby ist darum auch weniger motiviert, seine Bedürfnisse auszudrücken. Die gesamte Eltern-Kind-Beziehung leidet und wird stets distanzierter.

Diese Sicht der unterschiedlich grossen Bedürfnisse besagt, dass Ihr Säugling vor allem auf Grund seines eigenen Temperaments unruhig ist und nicht wegen Ihrer Fähigkeiten als Mutter oder Vater. Babys sind quengelig, weil das nötig ist, damit sie sich – mit Hilfe der Erwachsenen – in ihre Umgebung hineinfinden, «einpassen» können. Je nachdem wie einfühlsam die Betreuung des Babys ist, führt das fordernde Temperament des Kindes zu erwünschten oder unerwünschten Persönlichkeitsmerkmalen.

Betrachten Sie die Situation einmal aus der Sicht des Babys. Ein besonders liebebedürftiges Kind, das verzweifelt versucht, zu seiner Umwelt zu passen, kann einen der folgenden beiden Wege einschlagen:

- Es kann schreien und unruhig sein, bis es so viel Zuwendung bekommt, wie es braucht.

- Es kann aufgeben und sich mit einem geringeren Grad an Lebensqualität zufriedengeben. Das heisst, dass es sein Temperament, seine Möglichkeiten, nicht optimal ausschöpfen kann. Es gerät stattdessen in einen Zustand, den ich als «Ausblenden» bezeichne: Rückzug, Apathie und Entwicklungsverzögerungen.

Die Bedeutung einer einfühlsamen Bezugsperson

Wie die Umgebung auf die Bedürfnisse des Kindes eingeht, hat einen grossen Einfluss auf seine Fähigkeit, sich anzupassen. Ein sehr liebebedürftiges Baby mit einem fordernden Temperament braucht eine einfühlsame Bezugsperson, um sich in Einklang mit seiner Umwelt zu fühlen und seine eigene Persönlichkeit zu entwickeln.
Für das Wohlergehen eines solchen Babys ist es äusserst wichtig, dass es eine zentrale Bezugsperson in seinem Leben gibt. Dann hat es einen sicheren Stützpunkt, von dem aus es seine Welt erobern kann. Diese Rolle fällt von Natur aus eher der Mutter zu. Durch eine starke Mutter-Kind-Bindung kann sich eine vertrauensvolle Beziehung entwickeln. Es ist kennzeichnend, dass ein besonders liebebedürftiges Baby sich nur schlecht auf seine Umgebung einstellen kann und ein unberechenbares Verhalten zeigt. Deshalb ist die Rolle der Mutter besonders wichtig, denn diese Babys brauchen zusätzliche Unterstützung, um sich auf ihre Umgebung einstellen zu können. Damit sich aber diese Mutter-Kind-Bindung entwickeln kann, müssen zwei Voraussetzungen erfüllt sein:

- Die Mutter ist für ihr Kind da und geht in dem Masse darauf ein, wie es seinen Bedürfnissen entspricht.

- Das Baby zeigt ein Verhalten, das die Bindung fördert. Dazu gehören Lächeln, Saugen, Krabbeln, Plaudern sowie Anhänglichkeit, Blickkontakt und, wenn sich die Mutter entfernt, Weinen – also all die Verhaltensweisen, die ein Baby so unwiderstehlich machen.

Eine einfühlsame, verständnisvolle Mutter und ein Baby mit gutem Bindungsverhalten passen gut zusammen, und es entwickelt sich eine starke Bindung. Wenn aber das Baby ein der Bindung wenig förderliches Verhalten an den Tag legt, oder wenn die Mutter nicht in der Lage ist, seine Signale zu deuten und darauf zu reagieren, entwickelt sich diese Bindung möglicherweise nicht.
Bindung bedeutet, dass beide sich im Einklang miteinander befinden: Sie bilden die Mutter-Kind-Einheit. Das Baby gibt ein Signal, und die Mutter geht darauf ein, weil sie für seine Signale empfänglich ist. Das Baby geniesst das und wird da-

Warum sind Babys unruhig?

zu angeregt, weitere Signale zu geben, weil es gelernt hat, dass darauf regelmässig eine belohnende Reaktion folgt. So werden Mutter und Säugling miteinander vertraut und haben Freude aneinander. Eine Mutter hat das so dargestellt: «Ich bin vollkommen süchtig nach der Kleinen.» Sobald Mutter und Baby süchtig nacheinander werden, fallen die Reaktionen der Mutter immer spontaner aus, und sie verhält sich als Mutter völlig natürlich.

Mütter, die eine starke Bindung zu ihrem besonders liebebedürftigen Kind haben, sagen manchmal, dass das Baby mit ihnen verschmolzen zu sein scheine. Im Gegensatz dazu verwenden andere Mütter den Ausdruck «ohne Kontakt», wenn sie den Zustand ihres Babys beschreiben, das sich mit seiner Umgebung nicht im Einklang fühlt, das nicht zu seiner Umgebung passt. Anna, eine Mutter, die sich lange und intensiv darum bemüht hatte, eine starke Bindung zu ihrem äusserst liebebedürftigen Baby herzustellen, sagte mir: «Wenn mein Baby den Kontakt zu mir verliert und völlig orientierungslos scheint, kann ich diesen Zustand jetzt auffangen und wieder eine Verbindung herstellen. Es war ein langer, harter Kampf, doch allmählich zahlen sich all meine Mühen aus.» Die starke Bindung zwischen Mutter und besonders liebebedürftigem Kind kann in einem Wort ausgedrückt werden: Empfindsamkeit – beide werden einander gegenüber empfindsamer.

Die Mutter als Organisatorin

Die Mutter spielt eine bedeutende Rolle, wenn es darum geht, den Tagesablauf des Babys zu ordnen und zu strukturieren. Das ist leichter zu verstehen, wenn Sie sich vorstellen, dass die Schwangerschaft fürs Baby im Grunde ganze 18 Monate dauert – neun Monate in der Gebärmutter und mindestens noch einmal neun Monate in seiner neuen Umgebung ausserhalb der Gebärmutter. In den ersten neun Monaten im Mutterleib besteht die Hauptaufgabe der Mutter darin, das Baby zu nähren und zu seiner körperlichen Entwicklung beizutragen. In der Gebärmutter werden die Sinnesempfindungen und alle anderen Vorgänge automatisch reguliert. Durch die Geburt wird diese Regulation zeitweise unterbrochen. Doch je schneller das Baby von aussen unterstützt wird, diese Lebensfunktionen zu organisieren, desto leichter stellt es sich auf das Rätsel des Lebens ausserhalb der Gebärmutter um. Nach der Geburt nährt die Mutter das Baby weiterhin, wenn auch auf andere Art. Doch hat sie nun noch zusätzliche Bereiche in Bezug auf die Entwicklung des Kindes zu übernehmen. Im Ganzen sind das:

1. Ernährung: Die Mutter ernährt das Baby mit ihrer Milch.
2. Taktiler Bereich: Die Mutter bietet dem Baby Körperkontakt.
3. Visueller Bereich: Das Gesicht der Mutter wird dem Kind vertraut.
4. Gehör: Schon vor der Geburt hat sich das Baby an die Stimme der Mutter und an ihre Körpergeräusche gewöhnt; jetzt wird das ausgeprägter.
5. Wärmeregulierung: Die Körperwärme der Mutter trägt zur Stabilisierung der Körpertemperatur des Babys bei.
6. Gleichgewichtssinn: Herumtragen und Schaukeln helfen dem Baby, sein eigenes Gleichgewichtsgefühl zu entwikkeln.
7. Geruchssinn: Ein Baby erkennt bald den vertrauten Geruch seiner Mutter.
8. Schlaf- und Wachrhythmen: Indem Mütter gemeinsam mit ihren Babys schlafen, helfen sie ihnen, einen vorhersehbaren Tag- und Nachtrhythmus zu entwickeln.

Die Bindung des Babys zur Mutter hat einen ordnenden Einfluss auf sein Verhalten. Dadurch, dass die Mutter seine Bedürfnisse voraussieht und befriedigt, hilft sie ihm, sich auf eine Welt umzustellen, in der Bedürfnisse nicht mehr automatisch befriedigt werden. Ohne diese Bindung findet das Baby keinen Rhythmus und wird unzufrieden.
Verliert das Baby die regulierende Wirkung der Bindung zur Mutter, reagiert es unruhig und zieht sich zurück. Das bedeutet, dass Säuglinge nicht allein gelassen werden sollten, um zu lernen, sich selbst zu trösten, wie es einige Elternratgeber vorschlagen. Es kann nicht von Säuglingen erwartet werden, dass sie als unabhängige Wesen funktionieren. Untersuchungsergebnisse untermauern das: Wenn neugeborene Tierjunge dem ordnenden Einfluss ihrer Mütter entzogen werden, zeigen sie «erhöhtes Erregbarkeitsverhalten» (Hofer 1978); anders gesagt, sie sind sehr unruhig. Babys, die gestillt werden zum Einschlafen, werden seltener zu Daumenlutschern als solche, die sich selbst in den Schlaf lullen

müssen (Ozturk und Ozturk 1977). Wenn Säuglinge Kontakt mit ihrer Mutter haben, verhalten sie sich ruhiger, als wenn sie allein sind (Brackbill 1971). Schlafstörungen sind sehr viel häufiger bei Babys, die nachts von ihren Eltern getrennt schlafen (Sears 1985). Solche Kinder zeigen auch öfter ein auffälliges «Schaukelverhalten» (Hofer 1978). Von einem Baby kann nicht erwartet werden, dass es sich selbst tröstet, bevor es dazu in der Lage ist – ebenso wenig wie von einem Frühgeborenen, dass es sich selbst um seine medizinische Versorgung kümmert.

Wie beeinflusst das Temperament des Babys dasjenige der Eltern?

Die Mutter eines sehr liebebedürftigen Babys vertraute mir eines Tages folgendes an: «Durch unser ständig schreiendes Baby lerne ich mich von meiner allerbesten und von meiner allerschlimmsten Seite kennen.» Das trifft mit Sicherheit zu. Ebenso wie Babys ganz verschiedene Temperamente haben, so reagieren auch Eltern ganz unterschiedlich auf ihre Kleinen. Manche reagieren ganz natürlich und richten sich nach den Bedürfnissen des Babys. Für andere ist das nicht so selbstverständlich; ihre elterlichen Fähigkeiten müssen sich erst entwickeln. Für die erfolgreiche elterliche Zuwendung einem besonders liebebedürftigen Baby gegenüber ist es äusserst wichtig, Verständnis dafür zu haben, dass das Temperament des Kindes Einfluss auf das Pflegeverhalten der Eltern hat. Das Verhalten des Babys kann sich auf ganz verschiedene Weise auf das Temperament und die Einfühlsamkeit der Eltern auswirken.

Braves Baby/einfühlsame Eltern

Das sogenannt «brave» Baby ist sehr anschmiegsam und verfügt über Fähigkeiten, die einer Bindung äusserst zuträglich sind; seine Bedürfnisse sind vorhersehbar, und es kuschelt sich in die Arme jeder Betreuungsperson – das ist ein Baby, mit dem alle gerne zusammen sind. Weil Eltern denken, das angenehme Verhalten ihres Babys sei eine Folge ihrer Fähigkeiten, haben sie das Gefühl, dass sie alles richtig machen, und sind mit der Gesamtsituation hochzufrieden.

Eltern mit einem eher schwierigen Baby denken meistens, dass wahrscheinlich sie es sind, die irgend etwas falsch machen.

Braves Baby/weniger erfahrene Eltern

Da das «pflegeleichte» Baby keine hohen Ansprüche stellt, bemühen sich in der Regel die weniger erfahrenen Eltern kaum um verschiedene Beruhigungsmethoden. Das ist aber nicht unbedingt positiv. Da brave Babys schnell zu beruhigen sind, neigen deren Eltern dazu, ihre Energien auf andere, interessantere Beziehungen und Tätigkeiten zu richten, zum Beispiel auf ein schwierigeres Kind in der Familie oder eine Beschäftigung ausser Haus. Sie haben vielleicht das Gefühl, dass «das Baby mich nicht so sehr braucht». Diese Situation ist für den «Spätquengler» verantwortlich, ein Baby, das seinen Eltern zu Beginn viel Freizeit lässt, weil es mit wenig Zuwendung zufrieden ist, und dann mit sechs Monaten (oder wenn sich die Eltern anderen Dingen zuwenden) plötzlich einen völligen Persönlichkeitswandel durchmacht. Es wird unruhig und entwickelt auf einmal enorme Fähigkeiten, die Bindung zu den Eltern zu fördern. Es verlangt damit nach mehr Zuwendung.

Warum sind Babys unruhig?

> «Sie schien so ein braves Baby zu sein»
>
> «Karin war so pflegeleicht. Sie hat nie viel geweint. Ich konnte sie abends um sieben Uhr schlafenlegen, und dann schlief sie bis zum nächsten Morgen durch. Sie schien mit Babysittern zufrieden zu sein, wodurch ich für andere Dinge frei war. Doch mit etwa vier Monaten begann sie jedesmal zu weinen, wenn ich sie hinlegte. Sie fing an, nachts mehrmals aufzuwachen, weil sie gestillt werden wollte, und schliesslich musste ich mit ihr zusammen schlafen. Mit einem Babysitter gibt sie sich nicht mehr zufrieden. Jetzt fühle ich mich wirklich angebunden.»
>
> *Karin ist ein Baby, das ich als «Spätquengler» bezeichne. Sie war ein besonders liebebedürftiges Baby, das wie ein braves Baby erschien, aber dann nach einiger Zeit so weit war, zu fordern, was es brauchte. Weinen und Aufwachen in der Nacht sind normale Verhaltensweisen zur Förderung der Bindung, die dem Baby bei seiner Entwicklung helfen und die Eltern reifer werden lassen. Dieses Baby war einfach nicht mehr bereit, sich mit weniger Lebensqualität zufriedenzugeben.*

Sehr liebebedürftiges Baby/einfühlsame Eltern

Stellen wir uns als nächstes ein besonders liebebedürftiges Baby mit starkem Bindungsverhalten und einfühlsamen Eltern vor. Solche Eltern ertragen es nicht, die ständigen Forderungen ihres liebebedürftigen Babys zu ignorieren. Das Kind ist weder zu übersehen noch zu überhören; sein Schreien erfordert eine sofortige Reaktion. Hat es einen bequemen Platz in den Armen seiner Eltern gefunden, will es auf keinen Fall wieder hingelegt werden. Dieses Baby hat zwar starke Bedürfnisse, doch die Eltern werden mit dem Gefühl belohnt, dass ihre tröstenden Massnahmen tatsächlich wirksam sind. Die zufriedene Antwort gibt den Eltern die Gewissheit, dass sich die Mühe lohnt. Solch ein forderndes Baby bringt die gebende Seite im Temperament der Eltern zum Vorschein. Ein sehr liebebedürftiges Baby mit gutem Bindungsverhalten regt die Fürsorgereaktionen der Eltern an – so lange diese offen und empfänglich sind und auf die kindlichen Bedürfnisse vorbehaltlos eingehen. Sie müssen zulassen, dass sie ganz spontan auf die Signale ihres Kindes reagieren und nicht durch kulturelle Normen gehemmt oder durch widersprüchliche Ratschläge anderer in ihrem Handeln eingeschränkt werden. Selbst wenn die Eltern verunsichert sind, weil sie die Bedürfnisse des Babys schwer deuten können, experimentieren sie mit verschiedenen Reaktionen, bis sie eine finden, die das Kind zufriedenstellt. Die Mutter oder der Vater wird zur zentralen Bindungsperson fürs Baby und ent-

«Sie war überhaupt nicht anschmiegsam»

«Rebekka wurde in eine Familie hineingeboren, in der Mutter, Vater und der zweijährige Bruder alle hocherfreut über ihre Ankunft waren. Ich hatte meinen Sohn erfolgreich gestillt und freute mich schon auf diese Augenblicke intensiver Nähe mit meiner Tochter. Doch von Geburt an zeigte Rebekka wenig Bereitschaft zum Schmusen. Sie wandte sich nach dem Stillen von mir ab und wand sich vor Unbehagen, bis sie wieder in ihrem Bettchen lag. Sie lächelte nicht und vermied jeglichen Blickkontakt, bis sie fast ein Jahr alt war. Sie machte eine normale motorische Entwicklung durch, zeigte jedoch wenig Interesse an ihrer Umgebung. Ich sprach mit meinem Kinderarzt über meine Besorgnis und Enttäuschung. Ausser mit seiner Versicherung, dass keine organischen Ursachen existierten, konnte er mir aber wenig helfen. Ich hatte das Gefühl, diesem unschuldigen Kind irgend etwas vorzuenthalten, das es dringend brauchte – doch hatte ich keine Ahnung, was das sein könnte. Ich wollte Rebekka wirklich gern kennenlernen und ihr nahe sein, doch es schien eine undurchdringliche Wand zwischen uns zu stehen.
Kurz nach Rebekkas erstem Geburtstag gelangte ich zur Überzeugung, dass dieser Verhaltenskreislauf durchbrochen werden müsste. Ganz allmählich konnten wir feststellen, wie Rebekka sich öffnete. Sie begann, ihre Gefühle zu zeigen. – Mit Kindern in ihrem Alter schliesst sie nun Freundschaft und zeigt richtige Führungsqualitäten. Sie mag Nähe immer noch nicht besonders, doch gelingt es ihr insgesamt besser, eine Beziehung zu ihrer Umwelt und den Menschen um sie herum herzustellen. Sie scheint so liebebedürftig und ist dennoch nicht in der Lage, Zuwendung in Empfang zu nehmen.»

Von allen besonders liebebedürftigen Kindern stellen abweisende Babys die höchsten Anforderungen an ihre Eltern. Sie werfen die Regeln der Entwicklung einer Beziehung über den Haufen, lächeln nicht, weinen nicht, wenn sie hingelegt werden, und zeigen auch kein Vergnügen am Stillen. Die Folge ist, dass die Eltern das Bindungsverhalten alleine in Gang bringen und sich heftig bemühen müssen, es auch dann aufrechtzuerhalten, wenn das Baby keinerlei Zeichen gibt, dass es die ihm geschenkte Zuwendung zu schätzen weiss. Ein solches Baby bringt nicht automatisch die besten Seiten der Eltern zum Vorschein. Vielmehr braucht es ein Höchstmass an elterlicher Zuwendung, damit dieselbe überhaupt zu ihm durchdringen kann.

faltet die besonderen Fähigkeiten, welche für die kindliche Entwicklung notwendig sind. Weil das Baby die fürsorglichen Reaktionen, die es erwartet, ständig bekommt, wird seine Bindungsfähigkeit immer differenzierter. Das erleichtert es wiederum, seine Bedürfnisse zu erkennen und das Kind entsprechend zu trösten. Die Eltern-Kind-Bindung wird zu einer Beziehung wechselseitiger Reaktionsbereitschaft. Das reaktionsbereite Baby und die einfühlsamen Eltern haben mehr Freude aneinander.

Das besonders liebebedürftige Baby mit schwach entwickelten Bindungsfähigkeiten

So ein Baby wird oft als «wenig anschmiegsam» oder als eines, «zu dem man schwer den Kontakt findet», bezeichnet. Wenn es zum Schmusen oder zum Stillen hochgenommen wird, wendet es sich ab und streckt den Rücken durch. Es schmiegt sich nicht in die Arme der Eltern hinein, wenn es im Schoss, an der Brust oder auf der Schulter liegt, und weiss die Bemühungen der Eltern, Kontakt mit ihm aufzunehmen, wenig zu würdigen. Zwar geben meiner Erfahrung nach sehr liebebedürftige Babys meist klar und deutlich zu verstehen, was sie brauchen, doch es gibt auch Babys, welche nicht in dem Grad nach Zuwendung verlangen, wie sie das eigentlich bräuchten. Weil Eltern und vor allem Mütter gewöhnlich darauf eingestellt sind, auf die Signale des Babys zu reagieren, bringen wenig anschmiegsame Babys nicht die besten Eigenschaften in ihnen zum Vorschein, sondern eher die schlechtesten. Untersuchungen haben ergeben, dass die Mutter-Kind-Bindung mit wenig anschmiegsamen Babys oft nicht so intensiv ist (Campbell 1979).
Damit die Eltern ihre fürsorglichen Fähigkeiten entwickeln können, sind sie auf anerkennende Reaktionen des Babys angewiesen. (Und Kinder sind ja nicht gerade berühmt für überschwengliche Dankbarkeit ihren Eltern gegenüber...) Wenn die Eltern keine anerkennenden Reaktionen bekommen, erliegen sie möglicherweise der Versuchung, anderswo Befriedigung zu finden, und es wächst die Gefahr, dass sie sich noch weiter von ihrem Baby entfernen. In einer solchen Situation lohnt sich eine **Interaktionsberatung**, d.h. eine Beratung zum Aufbau einer guten Eltern-Kind-Beziehung. Eltern wenig anschmiegsamer Babys, die verunsichert sind («Ich

dringe einfach nicht zu ihm durch») können viel profitieren von Fachpersonen, die dafür ausgebildet sind, die Interaktionen (d.h. die gegenseitigen Beziehungen) zwischen Eltern und Kind richtig zu deuten. Das sind einfühlsame, erfahrene Menschen, die den Eltern zeigen, wie sie die schwächeren Signale des wenig anschmiegsamen Babys erkennen und darauf reagieren können. Denn Eltern solcher Babys sollten sich davor hüten zu denken: «Das Baby braucht mich nicht.» Daraus könnte das Gefühl entstehen, «dass das Kind mich nicht mag». Wenig anschmiegsame Kinder sind oft sehr liebebedürftig und erscheinen gleichzeitig wie brave Babys. Sie brauchen so viel Einfühlsamkeit, wie Eltern nur aufbringen können, damit sich ihre besten Eigenschaften entwickeln können.

Das liebebedürftige Baby und die zurückhaltende Bezugsperson

Ein sehr liebebedürftiges Baby und eine zurückhaltende Bezugsperson laufen Gefahr, sich nicht weiterzuentwickeln. In dieser Situation zeigt das Baby vielleicht zwar ein der Bindung förderliches Verhalten, doch versuchen die Eltern, aus der Babybetreuung eine Wissenschaft zu machen. Anstatt den Gefühlen ihres Herzens nachzugeben, folgen sie den Empfehlungen wohlmeinender Freundinnen, Verwandter und anderer Ratgeber: «Lasst das Baby schreien; es wird sonst zu abhängig von euch.» Oder «Ihr werdet das noch bedauern. Ihr nehmt es zu oft hoch und verwöhnt es völlig!» oder: «Es macht mit euch, was es will.» Hüten Sie sich als Eltern eines sehr liebebedürftigen Babys vor Ratschlägen, die besagen, Sie sollten sich zurückhalten und nicht immer gleich auf das Weinen eingehen. Wenn Sie eine Menge solcher Tips bekommen, dann verkehren Sie unter den falschen Ratgebern. Solche Hinweise stören die Eltern-Kind-Beziehung, weil sie für frischgebackene Eltern verwirrend sind. Eltern sehr liebebedürftiger Babys sind natürlich besonders empfänglich für Tips, die angeblich zuverlässig helfen. Hüten Sie sich vor allem vor schnellen und einfachen Lösungen, die versprechen, dass ein fester Zeitplan beim Stillen, Einschlafen und für Schreistunden alle Probleme lösen werde. Zum Beispiel: «Lassen Sie das Baby in der ersten Nacht 45 Minuten schreien, in der zweiten Nacht 30 Minuten, dann schläft

es am Ende der Woche durch.» Das funktioniert selten. Auf das sehr liebebedürftige Baby wirkt sich ein solches Verhalten verheerend aus.
Feste Zeitpläne sind auch vom wissenschaftlichen Standpunkt aus sinnlos. Menschen sind auf kontinuierlichen Kontakt angewiesen; Mutter und Baby bleiben nahe beisammen. Bei manchen Tiergattungen kann die Mutter ihr Junges längere Zeit allein lassen, um auf Nahrungssuche zu gehen. Die Milch hat bei diesen Tieren einen hohen Fettgehalt, so dass die Jungtiere auch lange Fütterungspausen überleben können. Frauenmilch hingegen ist relativ dünnflüssig. Sie hat einen geringen Fett- und Eiweissgehalt, was häufiges, scheinbar ständiges Stillen erfordert. Die menschliche Mutter ist auf unmittelbare Fütterung eingestellt. Wenn sie ihr Baby weinen hört, werden ihre Brüste stärker durchblutet. Dadurch wird in ihr der Impuls ausgelöst, das Baby hochzunehmen und anzulegen. Eine Mutter, die Opfer der Empfehlung wird, sich bei ihren Reaktionen zurückzuhalten, handelt gegen ihre Intuition und gegen ihre biologischen Voraussetzungen. Folgt sie dem Diktat aussenstehender Ratgeber, welches ihrer inneren Überzeugung zuwiderläuft, so ist das der erste Schritt zu mangelndem Einfühlungsvermögen ihrem Kind gegenüber. Und mangelndes Einfühlungsvermögen ist der erste Schritt zu einer Entfremdung zwischen Mutter und Kind. Erhält das Kind dagegen uneingeschränkte Zuwendung, wenn es schreit, so verstärkt sich dadurch das Fürsorgeverhalten der Eltern und festigt die Bindung.
Und wie wirkt sich zurückhaltendes Reagieren auf das Baby aus? Ein Baby, auf dessen Signale nicht eingegangen wird, kann auf zweierlei Arten antworten. Es kann sein, dass es sich vermehrt bindungsfördernd verhält, fordernder wird und schreit, bis es schliesslich doch jemand hochnimmt. Babys, die diesen Weg gehen, verwenden soviel Energie darauf, die benötigte Aufmerksamkeit zu erlangen, dass wenig Energie für ihre Entwicklung übrig bleibt und sich diese verzögert. Untersuchungen haben ergeben, dass Babys besonders weit entwickelt sind in Gesellschaften, in denen es die Regel und nicht die Ausnahme ist, dass Eltern eine starke Bindung zu ihren Babys haben und unmittelbar auf deren Bedürfnisse eingehen (Geber 1958). Resignation ist die zweite Möglichkeit, die ein Baby wählen kann, wenn nicht auf seine Signale eingegangen wird. Wenn die Reaktion ausbleibt, ist kein An-

Wut überwinden

«Stefan, unser Zweijähriger, und ich kamen einfach nicht miteinander klar. Nach eingehender Gewissensprüfung wurde mir deutlich, dass meine Wut unsere Beziehung behinderte. Ich hatte eine Wut auf Stefan, weil er nicht das Baby war, das ich erwartet hatte, und weil er mich auslaugte und sich nicht so umgänglich zeigte wie andere Babys. Nachdem ich mir über diese Wut klar geworden war und mit ihr umgehen konnte, hatten Stefan und ich viel mehr Freude aneinander.»

In dieser Situation war die Mutter wütend, weil das Baby, das sie sich gewünscht hatte, anders war als das Baby, das sie bekommen hatte. Ihre Wut auf das Kind hielt sie davon ab, es als das individuelle, äusserst liebebedürftige Baby zu sehen, das sehr viel mütterliche Zuwendung brauchte. Erst als sie merkte, dass diese Wut der Beziehung zu Stefan im Wege stand, fing sie an, ihn als die besondere Persönlichkeit zu sehen, die er war und hörte auf, ihn mit anderen Babys zu vergleichen.

reiz mehr da, die eigenen Bedürfnisse mitzuteilen, also sendet es keine Signale mehr aus und zieht sich in sich selbst zurück. Dabei versucht es, mit einer Reihe schlecht wirksamer Selbstberuhigungsgewohnheiten zu überleben. So stellt das Baby etwa eine Beziehung zu Gegenständen her anstatt zu Menschen. In diesem Falle sind beide Partner in der Eltern-Kind-Beziehung Verlierer. Niemand kann von den Fähigkeiten des anderen profitieren. Das Fürsorgeverhalten der Eltern kann sich nicht mit Hilfe des Babys weiterentwickeln, und das ungeordnete Verhalten des Babys kann von den Eltern nicht strukturiert werden. Das Endergebnis ist eine der schwierigsten Eltern-Kind-Beziehungen, verursacht durch gegenseitigen Mangel an Einfühlungsvermögen.

Erkennen Sie das Temperament Ihres Kindes

Es sind verschiedene Skalen entwickelt worden, um das Temperament und die Persönlichkeit von Säuglingen einzuordnen (Brazelton 1973; Carey 1970; Thomas et al 1968). In diesen Skalen werden neun Gesichtspunkte bewertet, nach denen das Temperament von Babys definiert wird:

Aktivität, Rhythmusgefühl, Anpassungsfähigkeit, Annäherungsverhalten, Reizschwelle, Intensität, Stimmung, Ablenkbarkeit und Ausdauer. Zwar helfen diese Temperamentstests Eltern sicherlich, die Persönlichkeit ihres Babys besser einzuschätzen, doch möchte ich jene Eltern ermutigen, deren Babys als «schwierig» eingestuft werden; eine solche Bewertung erweist sich nicht immer als Nachteil. Zum Beispiel ist ein «allgemein unruhiges Verhalten beim Aufwachen und Einschlafen» ein Temperamentsmerkmal, das dem Baby Punkte als schwieriges Baby eintragen würde. Nehmen wir einmal an, das Baby wäre unruhig, weil es nicht **allein** einschlafen will, doch glücklich, wenn es im Arm der Eltern einschlafen und in ihrem Bett aufwachen könnte; das ist keine unverschämte Forderung. Ein anderes Beispiel: Das Baby, das sich selbst beruhigen kann, wenn es weint, bekommt einen Punkt für angenehmes Verhalten, während ein Baby, das so lange weint, bis jemand kommt, um es zu trösten, als schwierig eingestuft wird. Ich habe den Verdacht, dass diese Parameter für kindliches Temperament ein Baby gar nicht wirklich einzuschätzen vermögen. Vielmehr messen sie, wie sehr sein Verhalten mit den kulturellen Erwartungen übereinstimmt, sie beschreiben, wie Babys zu sein haben. Und das unterscheidet sich von dem, wie sie wirklich sind. Eltern neigen dazu, brave Babys für bessere Babys zu halten, obwohl die Autoren dieser Temperamentstests davor warnen. Ein Baby, das weint, wenn es allein zum Einschlafen in sein Bett gelegt wird oder schreit, wenn niemand es hochnimmt, besitzt die Charakterstärke, seine Persönlichkeit durchzusetzen und seinen Bezugspersonen mitzuteilen, was es braucht. Ein solches Kind lernt, Beziehungen zu Personen und nicht zu Dingen herzustellen. Es wäre zutreffender, das «schwierige» Baby als «selbstbewusst» oder «bindungsfähig» zu bezeichnen. Diese positive Beschreibung gäbe seine Charaktereigenschaften treffender wieder. Die Bezeichnung «schwierig» stellt eine Bewertung dar, in der sich die Erwartungen der Kultur und nicht das Temperament des Babys niederschlagen.

Fördern Sie die Intelligenz Ihres Babys

Einfühlsame Reaktionen auf das Temperament des Babys können die Intelligenz fördern. Ich glaube, dass jedes Kind mit den grösstmöglichen Intelligenzreserven auf die Welt kommt, die vor allem genetisch bestimmt sind. Ausserdem hat das Kind eine Reihe von Verhaltensmerkmalen, die wir als Temperament bezeichnen. Diese sind so beschaffen, dass sie seine Umgebung dazu anregen, seine Bedürfnisse zu befriedigen. Sie lösen in den Betreuungspersonen Reaktionen aus, welche die Intelligenz des Kindes fördern, indem Eltern und Baby gegenseitig aufeinander eingehen. In den ersten Lebensjahren stellen hauptsächlich die Eltern die Umwelt des Kindes dar. Wenn sie auf seine Signale entsprechend reagieren, lernt es, sich geschickter zu verhalten, weil es sich auf eine bestimmte Reaktion seines Umfeldes verlassen kann. Zum Beispiel kann ein Kind mit einem hohen Intelligenzpotential ein Temperament besitzen, das ihm das Urteil «forderndes Baby» einträgt. Es will dauernd getragen werden, möchte nicht allein schlafen, und ständig will es saugen; es fordert also eine intensive Bindung und sehr viel gegenseitigen Kontakt mit seiner Umgebung. Da diese Interaktion mit der Umwelt eine sehr gute Möglichkeit darstellt, sein Intelligenzpotential wirklich auszuschöpfen, ist es für dieses Kind nur von Vorteil, wenn es fordernd ist.

Zwar ist das Intelligenzpotential vor allem genetisch festgelegt, nicht jedoch das Selbstwertgefühl, und hier kommen dem Baby einfühlsame Bezugspersonen zugute. Als Kinderarzt, mit einem persönlichen Interesse an Schreibabys, habe ich lange Zeit angenommen, dass sich diese nur aufgrund ihrer Veranlagung so verhielten. Vielleicht neigen Babys mit einem hohen Intelligenzpotential tatsächlich dazu, anspruchsvoll zu sein, vor allem in einer Kultur, in der üblicherweise zurückhaltend auf Bedürfnisse von Säuglingen reagiert wird. Ein Kleines, das sich von seinem Temperament her gut selbst behaupten kann (das besonders liebebedürftige Baby) und das zudem einfühlsame Bezugspersonen hat, besitzt die besten Möglichkeiten, sein Potential voll auszuschöpfen. (Und seine Bezugspersonen haben ebenfalls gute Chancen, ihr Potential als Eltern auszuschöpfen.) Dieses Kind lernt **zu vertrauen, es passt** in seine Umgebung hinein. Es lernt zudem, Vertrauen zu sich selbst zu haben, es baut also ein gutes Selbstwertgefühl auf. Entwickelt es dann mit der Zeit neue Fähigkeiten sich mitzuteilen, ist es nicht mehr so unruhig. Das Kind bekommt ein besseres Gefühl für sich selbst und kann deshalb wirksamer mit seiner Umgebung Kontakt aufnehmen. Seine Intelligenz kann sich fortwährend entfal-

Warum sind Babys unruhig? 25

ten. Am Anfang weint das Baby oft, weil es sehr viel braucht. Wenn es älter wird, lassen seine Bedürfnisse nicht nach, aber sie verändern sich. Dann lernt das Kind, nicht mehr so viel zu schreien und seine Bedürfnisse auf andere Weise mitzuteilen. Und was geschieht mit den Intelligenzreserven eines Kindes, dessen Signale nicht verstanden werden und dessen Selbstbehauptung unterdrückt wird, indem man es schreien lässt? Sie verkümmern. Da sich Intelligenz und Temperament gegenseitig ergänzen, kann dieses Kind auch seine Intelligenz nicht entfalten, wenn sein Temperament gebremst worden ist. Das ist wie bei einem Zimmermann, der ein riesiges Gebäude errichten möchte. Wenn ihm dauernd jemand das Werkzeug wegnimmt, wird das Gebäude nie fertig (d.h. er wird sein Potential nie ausschöpfen können), oder aber er verrichtet seine Arbeit sehr viel langsamer und unter sehr viel Stress und Frustration. Es gibt viele Untersuchungen, die den Zusammenhang zwischen Intelligenzentwicklung und elterlicher Zuwendung bestätigen (White 1978; Sroufe und Waters 1982; Geber 1958). Babys, die in einer fürsorglichen Umgebung mit ausgeprägtem Bindungsverhalten von Mutter und Kind aufwachsen, zeigen eine höhere Entwicklung ihrer Intelligenz und Motorik.

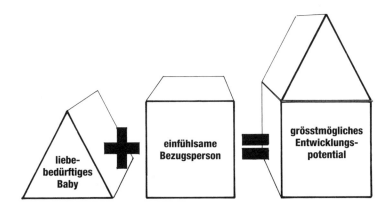

Eine einfühlsame Bezugsperson ermöglicht es einem besonders liebebedürftigen Baby, sein Potential voll auszuschöpfen.

Stress und Intelligenz

Der Nobelpreisträger Hans Selye vertritt in seinem Buch «*The Stress of Life*» die Ansicht, dass Stress die Intelligenzentwicklung fördern kann. Je nachdem, wie jemand auf eine stressgeladene Situation reagiert und diesen Stress bewältigt, kann sich dieser positiv oder negativ auf seine Intelligenz auswirken. Unruhige Babys scheinen sehr viel Stress zu verbreiten, doch oft sind sie nicht in der Lage, mit ihrem inneren Stress umzugehen. Deshalb ist es umso wichtiger für das geistige Wachstum eines unruhigen Babys, dass die Eltern auf seinen Stress einfühlsam reagieren. Wird dieser Stress aufgelöst, so kann er für das geistige Wachstum des Kindes förderlich sein; ungelöster Stress dagegen kann dabei hinderlich sein.

In diesem Kapitel habe ich erklärt, warum Babys unruhig sind, und wie das Intelligenzpotential und das Temperament des Babys sowie das Einfühlungsvermögen seiner Bezugspersonen sich auf seine eigene Entwicklung und auf diejenige der Bezugspersonen auswirken. In den folgenden Kapiteln werde ich nach praktischen Möglichkeiten suchen, diese Erkenntnisse auf den Umgang mit einem besonders liebebedürftigen Baby anzuwenden, damit in Eltern und Baby die allerbesten Eigenschaften zum Tragen kommen.

Literatur

Sears William, Nighttime Parenting. Franklin Park, II 1985 *(Verlag: La Leche League International).*

Deutschsprachige Übersetzung:

Sears William, Schlafen und Wachen. Ein Elternbuch für Kindernächte. Zürich 1991 *(Verlag: La Leche Liga Schweiz).*

KAPITEL 3

Vom ersten Tag an: Beeinflussen Sie das Temperament Ihres Babys positiv

Bestimmte Temperamentseigenschaften sind wahrscheinlich dafür verantwortlich, dass ein Baby sein Potential voll ausschöpfen kann. Diese positiven Seiten seines Temperaments können entfaltet, verfeinert und zu Verhaltensweisen geformt werden, die fürs Baby und seine Familie ein Gewinn sind. Zwei wichtige Phasen, in denen Eltern einen wesentlichen und oft auch dauerhaften Einfluss aufs Temperament ihres Babys nehmen können, sind die letzten Schwangerschaftsmonate und die ersten zwei Wochen nach der Geburt.

Die Bedeutung eines friedlichen Aufenthalts in der Gebärmutter

Das Bewusstsein des Ungeborenen ist ein neueres, hochinteressantes Forschungsgebiet. Das Baby im Mutterleib nimmt die Freuden und Belastungen seiner Umgebung deutlich wahr, und sein Temperament kann durch das, was es während seines Aufenthaltes dort fühlt und hört, positiv oder negativ beeinflusst werden (Liley 1972; Verney 1981). Dieser Abschnitt richtet sich an Eltern, die ein Kind erwarten und das Risiko verringern möchten, dass ihr Kind ein unruhiges Baby wird. Ebenso richtet er sich an Eltern, die schon Erfahrungen mit einem unruhigen Baby gemacht haben und dazu beitragen möchten, dass die Wahrscheinlichkeit für ein weiteres unruhiges Baby abnimmt. Schon während der Schwangerschaft können Eltern beginnen, einige verhaltensänderende Techniken anzuwenden. Die Untersuchungen über das Bewusstsein im Mutterleib beziehen sich hauptsächlich auf die letzten vier Schwangerschaftsmonate, doch könnten weitere Forschungen ergeben, dass das mütterliche Verhalten auch zu einer früheren Zeit schon Einfluss auf das Ungeborene hat. Die fötale Forschung geht davon aus, dass sich vom Verhalten eines Babys Aussagen über dessen Gefühle ableiten lassen. Vielleicht fragen Sie sich, wie Wissenschafterinnen und Wissenschafter so viel über Ungeborene in Erfahrung bringen können. Um die Emotionen des Ungeborenen zu untersuchen, werden drei Methoden angewendet, die den Fötus kaum stören:

- Das Elektroenzephalogramm (EEG) zeichnet Veränderungen der Gehirnströme als Reaktionen auf Umgebungsreize auf.

- Beim Ultraschall werden Schallwellen über die Bauchdecke der Mutter auf das Baby gerichtet. Diese Schallwellen werden zurückgeworfen und mittels Sensor auf einen Bildschirm übertragen, auf dem die Abbildung des Babys erscheint. Veränderungen der Schallwellen geben Veränderungen im fötalen Verhalten wieder.

- Bei der endoskopischen Untersuchung ermöglicht die Fiberoptik dem untersuchenden Arzt, direkt zu beobachten, wie das Baby auf Reize von aussen reagiert.

Es besteht zwar keine vollständige Korrelation zwischen dem Gemütszustand der Mutter während der Schwangerschaft und dem Temperament des Babys. Eine angespannte Schwangere bringt nicht in jedem Fall ein angespanntes Baby zur Welt. Dennoch stellt die Umgebung auch während der Schwangerschaft einen von vielen Faktoren dar, welche das Temperament des Kindes beeinflussen. Wir beschäftigen uns in diesem Kapitel mit einer der zahlreichen Möglichkeiten, wie Sie das Risiko, ein unruhiges Baby zu bekommen, verringern können.

Welchen Einfluss hat das seelische Befinden
der Mutter aufs Baby im Mutterleib?

Mutter und Baby sind über ein hormonelles Netzwerk verbunden. Die Hormone, welche die Mutter bei Stress ausschüttet, lösen bei ihr Stressreaktionen aus (beschleunigter Herzschlag, erhöhter Blutdruck, Hitze, Schwitzen, Kopf-

Vom ersten Tag an: Beeinflussen Sie das Temperament Ihres Babys positiv

schmerzen usw.). Diese Hormone gehen über die Plazenta auch aufs Baby über. Wenn also die Mutter aus dem Gleichgewicht gerät, wird auch das Baby davon betroffen. Wissenschafter haben die Theorie aufgestellt, dass ein Ungeborenes ein grösseres Risiko hat, ein überlastetes Nervensystem zu entwickeln, wenn es ständig den Stresshormonen seiner Mutter ausgesetzt ist und damit laufend als Reaktion auf eine beängstigende Umgebung eigene Stresshormone produziert. Die folgenden Überlegungen sollen dazu beitragen, eine gute Verständigung zwischen Mutter und Ungeborenem herzustellen.

Die Macht der Gedanken

Untersuchungen haben ergeben, dass die Einstellung der Schwangeren zu ihrem Kind Auswirkungen auf die spätere Einstellung des Kindes zur Mutter haben kann. Geburtshelferinnen vermuten seit jeher, dass ein Baby später die Mutter möglicherweise ablehnen wird, wenn die Mutter das Kind in der Schwangerschaft nicht annehmen kann. Sicherlich gibt es hierfür keine klare Ursache/Wirkung-Erklärung (auch trifft dies nicht in allen Fällen zu), doch bestätigen Untersuchungsergebnisse, dass nach einer unerwünschten Schwangerschaft die Wahrscheinlichkeit, ein unruhiges Baby zur Welt zu bringen, grösser ist, und dass die betreffenden Mütter auch eine niedrigere Toleranzschwelle gegenüber Schreibabys haben. Eine ideale Konstellation ist es auf jeden Fall nicht.

Die Macht der Musik

Eine werdende Mutter meinte zu mir: «Wenn mein Baby strampelt und unzufrieden scheint, mache ich Musik.» Wissenschafter, die sich mit dem fötalen Bewusstsein beschäftigt haben, behaupten, dass sich Kinder jeden Alters und sogar Erwachsene an Lieder erinnern können, die ihre Eltern ihnen vorgesungen hatten, als sie noch gar nicht geboren waren. Schwangere Musikerinnen, die in einem Symphonieorchester spielen, vertreten die Ansicht, dass Musik schon vor der Geburt zum Leben ihrer Babys gehört; Musik, welche die Mutter während der Schwangerschaft gespielt hatte, wurde vom Kind später viel schneller erlernt. Erfahrene Mütter

und Väter von unruhigen Babys haben mir berichtet, dass die gleichen Wiegen- und Kinderlieder, die sie ihrem Baby im Mutterleib vorgesungen hatten, auch nach der Geburt beruhigend auf ihr Baby wirkten. Diese entspannenden Töne hat sich das Baby im Mutterleib eingeprägt. Es lernt nun, dass es sie auch nach der Geburt zu hören bekommt, wenn es unruhig ist, und reagiert positiv darauf. Die Tochter eines berühmten Sängers hat mir erzählt, dass sie, heute selbst Mutter, sich immer noch durch Lieder entspannen kann, die ihr Vater ihr vorgesungen hatte, als sie noch nicht geboren war.
Im Mutterleib lassen sich aufgeregte Babys am besten durch klassische Musik beruhigen (z.B. durch Musik von Vivaldi oder Mozart, durch Flöten- oder Gitarrenmusik), ebenso durch religiöse Musik und Volkslieder. Dr. Thomas Verney, Autor des Buches «*The Secret Life of the Unborn Child (1981)*», ist der Meinung, dass Babys heftig auf Rockmusik reagieren und berichtet von einer Mutter, deren Rippe während eines Rockkonzerts durch das heftige Strampeln ihres Babys im Mutterleib verletzt wurde. Viele Mütter merken sich, welche Lieder, die sie selbst singen oder dem Baby vorspielen, eine beruhigende Wirkung zeigen. Babys scheinen sehr

Die Lieder und Klänge, bei denen sich Ihr Baby vor der Geburt beruhigt, verhelfen ihm auch nach der Geburt zu mehr Ruhe.

wählerisch zu sein, was ihren Musikgeschmack anbelangt. (Als Vater zweier Teenager habe ich den Verdacht, dass sich der Musikgeschmack verschlechtert, wenn Kinder älter werden.) Ich rate deshalb Müttern, ein Tagebuch über die Musikstücke zu führen, bei denen sich ihr Baby vor der Geburt beruhigt hat, damit sie später in anstrengenden Stunden auf diese Stücke zurückgreifen können. Untersuchungen haben gezeigt, dass ein vier oder fünf Monate alter Fötus hört und seinen Körper im gleichen Rhythmus bewegt, wie die Mutter spricht oder singt. Ebenso wie angenehme Töne beruhigend wirken, können sich unangenehme und aggressive Geräusche sehr störend auf das Ungeborene auswirken. Es wurde beobachtet, dass der Fötus bei elterlichen Streitigkeiten unruhig wurde, und dass er sogar seine Hände zu den Ohren hin bewegte, wenn er aufwühlender Musik ausgesetzt war.

Auch **Väter** haben viele Möglichkeiten, vor der Geburt mit ihrem Kind Kontakt aufzunehmen und bei der vorgeburtlichen Symphonie ein wichtiges Instrument zu spielen. Wir wissen aus Untersuchungen, dass Babys nach der Geburt intensiver auf die Stimme des Vaters reagieren, wenn dieser schon vor der Geburt mit ihnen gesprochen hat. In meiner Praxis empfehle ich Schwangeren die schöne Gewohnheit des «Händeauflegens». Ich ermuntere die Paare dazu, jeden Abend vor dem Einschlafen ihre Hände auf den Bauch zu legen und mit dem Ungeborenen zu reden, ihm etwas vorzusingen oder ihm eine gute Nacht zu wünschen. Das wirkt nicht nur beruhigend; es lässt das Kind auch die Nähe der Eltern untereinander und ihre Einstimmung aufs Elternsein spüren, wenn die beiden Menschen, denen es anvertraut ist, sich die Hände geben, um gemeinsam Kontakt mit ihm aufzunehmen. Ich rate Vätern, die Möglichkeit unbedingt wahrzunehmen, schon vor der Geburt eine enge Beziehung zu ihrem Kind zu knüpfen und sich aufs Baby einzustimmen. Väter, die während der letzten Monate der Schwangerschaft diese schöne Gewohnheit gepflegt hatten, gestanden mir später: «Es hat mich gepackt. Ich kann nicht einschlafen, bevor ich nicht den Kopf unseres Neugeborenen gestreichelt und uns beiden versichert habe, wie sehr ich für mein Kind da bin und mich verantwortlich fühle.» Die Stimmen von Mutter und Vater sind wie eine akustische «Nabelschnur», welche bei der Geburt nicht durchtrennt wird, sondern noch lange weiterbesteht.

Die Macht des Tanzes

Wenn Ihr Baby im Bauch aufgeregt scheint, bewegen Sie sich zu verschiedenen Walzermelodien, bis Sie eine gefunden haben, die Ihr Baby beruhigt. Nach der Geburt können Sie zu dieser Musik wieder tanzen. Eine Mutter erzählte mir, dass rhythmisches Schwimmen ihr Baby im Bauch entspannt hatte.

Die Macht der Gefühle

Wie sich eine **Mutter** während der Schwangerschaft selbst fühlt, kann einen Einfluss darauf haben, wie sich ihr Baby fühlt. Erforscher des vorgeburtlichen Bewusstseins meinen, dass das Wohlbefinden des Fötus vor allem durch chronischen und ungelösten Stress der Mutter getrübt wird. Dagegen wird das Ungeborene durch akute normale Alltagsbelastungen, die fortlaufend erkannt und wieder abgebaut werden, viel weniger beunruhigt und wahrscheinlich nicht dauerhaft beeinträchtigt. Verneys Untersuchungen (Verney 1981) haben auch gezeigt, dass die Einstellung der Mutter zu ihrer Schwangerschaft zu einer sich selbst erfüllenden Prophezeiung werden kann. Frauen, die Angst vor der Geburt hatten und eine Bewährungsprobe als Heldin erwarteten, erlebten eher eine traumatische Geburt als die weniger ängstlichen, und die überbesorgten Mütter bekamen häufiger unruhige Babys. Ebenso hatten es Frauen mit Ambivalenzgefühlen gegenüber dem Muttersein später eher mit apathischen Babys zu tun; es war, als ob das Ungeborene die zwiespältigen Botschaften mitbekommen hätte und verwirrt und mit mangelndem Vertrauen zu seinen Bezugspersonen in diese Welt eingetreten wäre. Mütter, die ihr Kind während der ganzen Schwangerschaft eindeutig abgelehnt hatten, bekamen am ehesten ein emotional gestörtes Baby. Dagegen befanden sich die Mütter in der Gruppe, deren Schwangerschaft relativ unbelastet und sorgenfrei verlaufen war, nach der Geburt auch am ehesten in Harmonie mit ihrem Baby. Bei diesen Untersuchungen war der allerwichtigste Faktor für das emotionale Wohlergehen der Mutter während der Schwangerschaft, dass sie sich auf die Unterstützung eines liebevollen, anteilnehmenden Partners verlassen konnte. Väter spielen deshalb bei der Temperamentsentwicklung ihres ungeborenen Kindes zweifellos eine sehr wichtige Rolle.

Vom ersten Tag an: Beeinflussen Sie das Temperament Ihres Babys positiv

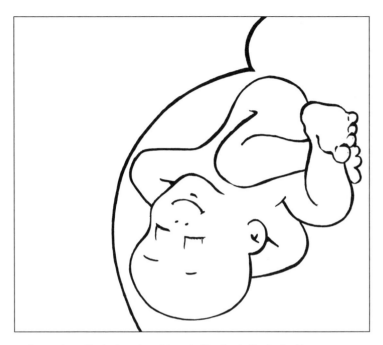

Angenehme Gedanken, beruhigende Musik, rhythmische Bewegungen und das Gefühl, geliebt zu werden, tragen zu friedlichen Erfahrungen in der Gebärmutter bei.

Die Umgebung in der Gebärmutter prägt die Erwartungen des Kindes an die Welt. Hat das Kind das Leben in der Gebärmutter als harmonisch und liebevoll empfunden, erwartet es das Gleiche auch von der Welt, in die es hineingeboren wird, was wahrscheinlich eine gute Voraussetzung für ein anschmiegsames, vertrauensvolles, ruhiges Temperament ist. Wenn die Umgebung in der Gebärmutter hingegen abweisend ist, tritt das Kind möglicherweise zurückhaltend, mit mangelndem Vertrauen in diese Welt ein und passt sich nicht so leicht seinem neuen Umfeld an. Die Eltern eines solchen Neugeborenen beschreiben seinen Eintritt in die Welt beispielsweise mit den Worten: «Es hat schon bei seiner Geburt protestiert.»

Die Untersuchungen über das fötale Bewusstsein stecken zwar noch in ihren Anfängen, doch glaube ich sagen zu können, dass das Leben schwieriger ist für einen Säugling, der aus einer komplizierten Situation in der Gebärmutter kommt, als für einen, der dort eine friedliche Zeit erlebt hat.

Die ersten Wochen

Wie sich der gemeinsame Anfang gestaltet, hat entscheidenden Einfluss darauf, wie zwei wichtige elterliche Ziele erreicht werden: Das Ausgleichen des kindlichen Temperaments und die Förderung des elterlichen Einfühlungsvermögens. Im folgenden Abschnitt möchte ich Ihnen einen Erziehungsstil vorstellen, der Ihnen hilft, diese beiden Ziele zu erreichen.

Ökonomie in der Elternschaft:
Das Prinzip von Angebot und Nachfrage

Jedes Baby wird mit einem ihm eigenen Mass an Bedürfnissen geboren. Dieses Mass richtet sich nach seinem individuellen Temperament und seinen Möglichkeiten, sich auf die neue Umgebung einzustellen. Jedes Baby verfügt ausserdem über die instinktive Fähigkeit, seinen Bezugspersonen zu signalisieren, was es braucht. Babys mit einem grösseren Bedarf an Liebe geben deutlichere Zeichen. Zum Beispiel schreit ein Baby, welches das Bedürfnis hat, ständig herumgetragen zu werden, wenn seine Bezugsperson versucht, es hinzulegen. Für Babys ist es kein Problem, Signale zu geben; aber diese Zeichen wahrzunehmen ist die hohe Kunst des Elternseins bei einem besonders liebebedürftigen Baby.

Mütter und Väter verfügen über die Fähigkeit, die Zeichen des Babys zu interpretieren; es ist eine Art Radarsystem, welches auf das Baby eingestellt ist. Das wird oft als mütterliche oder väterliche Intuition bezeichnet. Passen das Mass an Bedürfnissen des Babys und das Einfühlungsvermögen der Eltern zueinander, besteht Harmonie. Wenn die Bedürfnisse des Babys an der Intuition der Eltern vorbeigehen, entsteht Disharmonie. Die jahrelange Beobachtung von Eltern und Babys haben mich zum Schluss kommen lassen, dass es in jeder Eltern-Kind-Beziehung ein Wirtschaftsgesetz der Elternschaft gibt: das Gesetz von Angebot und Nachfrage. **Eltern werden die Bedürfnisse ihres eigenen, ganz besonderen Kindes befriedigen können, wenn sie einen Erziehungsstil entwickeln, der ihre Intuition fördert, so dass sie einfühlsam auf die Hinweise des Babys eingehen können.** Gelegentlich vertraut mir eine Mutter an: «Manchmal spüre ich überhaupt nicht, was ich tun soll. Ich weiss einfach nicht, was mein Baby braucht.» Eines der Hauptanliegen dieses Buches ist es, Eltern dabei zu helfen, sich in ihr Kind einzufühlen. In den vielen Jahren meiner Praxis als Kinderarzt konnte ich beobachten, dass manche Eltern sehr liebebedürftiger Babys mehr Einfühlungsvermögen entwickeln als andere. Die einfühlsamsten Eltern sind meist diejenigen, die einen Erziehungsstil haben, den ich als **bindungsförderndes elterliches Verhalten** bezeichne. Dieser Erziehungsstil umfasst folgende Gebiete:

Geburtsvorbereitung

Nehmen Sie an einem Geburtsvorbereitungskurs teil, der Sie auf die Geburt vorbereitet, die Sie sich wünschen: eine Geburt, bei der Ihr Baby auf möglichst natürliche Weise zur Welt kommt, ohne unnötige Medikamente, Apparate, routinemässige Eingriffe, unmögliche Geburtspositionen, eine Geburt mit einem Wochenbett ohne Trennung von Mutter und Kind, die für beide so beunruhigend ist. Der Übergang vom Zustand in der Gebärmutter zum Dasein ausserhalb des Körpers der Mutter (doch mit ihr zusammen) muss fliessend und sanft vor sich gehen. Die Wochen und Monate vor der Geburt sind gute Zeiträume, so viel wie möglich über die Entwicklung des kindlichen Temperaments zu lesen und sich einer Selbsthilfegruppe für Eltern anzuschliessen. Meiner Meinung nach finden sich in der La Leche Liga die besten Selbsthilfegruppen (in der Form von Stilltreffen) zur Vorbereitung auf den Umgang mit einem besonders liebebedürftigen Baby. Diese Zeit vor der Geburt bietet auch Gelegenheit, Ihre Beziehung als Paar zu festigen und sich gegenseitig zu bestätigen, wie sehr Sie sich aufeinander verlassen können. Eine stabile, befriedigende Paarbeziehung ist äusserst hilfreich, um sich wirklich mit Erfolg um ein unruhiges Baby kümmern zu können.

Die Beteiligung des Vaters an der elterlichen Verantwortung beginnt in der Schwangerschaft.

Ein friedliches Geburtserlebnis

In der Kinderheilkunde heisst es, dass bei einer angstvollen Geburt ein ängstliches Baby zur Welt komme. Untersuchungen haben bestätigt, dass Babys, die eine Geburt mit Angst, Schmerzen und Trennung von der Mutter hinter sich haben, mit höherer Wahrscheinlichkeit schwer zu beruhigende Babys sein werden. Auch haben Mütter, die während der Geburt viele und/oder starke Medikamente bekommen haben, häufiger sehr unruhige Babys mit Blähungsbeschwerden (Meares 1982).

Entstehung der Eltern-Kind-Bindung und Rooming-in

Sorgen Sie dafür, dass Ihr Kind vom Augenblick der Geburt an bei Ihnen bleibt, es sei denn, dass dies aus medizinischen Gründen nicht möglich ist. Es erleichtert Ihrem Baby den Übergang von der Gebärmutter in die Welt draussen. Wenn Sie und Ihr Baby Rooming-in haben, können Sie positiv auf sein Temperament einwirken, und Ihr Einfühlungsvermögen wächst.

Schlechte Startbedingungen

«Es hätte mir damals schon klar werden müssen, dass etwas nicht stimmte, als ich jede Nacht hörte, wie im zentralen Kinderzimmer der Name meines Kindes fiel: ‹Michael, Michael›. In der dritten oder vierten Nacht hörte ich seinen Namen auf jeden Fall nicht mehr. Ich war sogar stolz auf mich, weil ich mein ‹braves Baby› durch Stillen zum Einschlafen gebracht hatte. ‹Das ist ja ganz leicht›, dachte ich, ‹wie nett von den Schwestern, dass sie für mich den Vier-Stunden-Rhythmus eingeführt haben.›
Als wir am fünften Tag nach meinem Kaiserschnitt nach Hause gingen, schien sich Michael ganz genau an einen Vier-Stunden-Rhythmus gewöhnt zu haben. Das dauerte bis etwa 20 Uhr am ersten Abend. Die Schreistunde begann, und so ging das nun jeden Abend, Nacht für Nacht und Tag für Tag, mit ganz wenig Schlaf. Als Mutter fühlte ich mich sehr unsicher. Ich war nicht mit kleinen Kindern aufgewachsen und wusste nichts über den Umgang mit ihnen. Ich hatte keine Ahnung, was auf mich zukam. Trotz all der Ratschläge und Warnungen war ich völlig auf die Tatsache fixiert, dass das Baby meiner Freundin (zwei Monate älter als Michael) von Geburt an nachts durchgeschlafen hatte.
Ich brauche wohl gar nicht zu sagen, dass ich am zweiten Tag ärgerlich und frustriert war und mich am dritten Tag fragte, warum ich mir überhaupt ein Kind gewünscht hatte. Das pausenlose Stillen machte mich ganz verrückt. Michael trank eine Ewigkeit, war jedoch nur einen Moment lang zufrieden. Ich wollte das Allerbeste für mein Baby, doch fing ich an, vom Fläschchen zu träumen, vor allem nachts.
Alle erzählten mir, dass ich als frischgebackene Mutter schlafen sollte, wenn mein Baby schlief, doch tagsüber konnte ich nicht einschlafen. Ich konnte mich nicht einmal entspannen. Jeden Moment wartete ich darauf, dass Michael zu schreien anfinge.
In meiner Familie hatte noch nie eine Frau erfolgreich gestillt. Alle sagten zu mir: ‹Er hat bestimmt Hunger. Sonst schreien Babys doch nicht die ganze Zeit.› Ich spürte diesen ganz subtilen Neid, beziehungsweise die entmutigende Einstellung meiner Familie dem Stillen gegenüber, doch wusste ich auch, dass Michaels ständiges Bedürfnis nach Aufmerksamkeit sie beunruhigte. Dieses Baby wurde gestillt, aber es schlief anschliessend nicht einfach ein. Es wurde gestillt, döste, trank wieder und schrie danach unaufhörlich. Kurz, es war nie zufrieden.

Von Dr. Sears erfuhr ich, dass ich lediglich(!) ein besonders liebebedürftiges Baby hätte, und das bedeutete schon eine gewisse Erleichterung. Doch als ich heimkam und mich in meinen Schaukelstuhl setzte, um Michael zu stillen, begann ich zu weinen. Ich hatte das Gefühl, mit einem solchen Baby nicht zurechtzukommen. Dieses Gefühl der Verzweiflung liess nur ganz allmählich nach. Mit etwa zweieinhalb Monaten fing Michael an, positiv zu reagieren und all das zu tun, womit Babys einem so viel Freude machen. Mit etwa acht Monaten begann er, ziemlich regelmässig zu schlafen. Nach all der Mühe und der ganzen Verzweiflung, die ich hinter mir hatte, bin ich heute froh, durchgehalten zu haben, denn jetzt ist Michael eines der zufriedensten und ausgeglichensten Babys, die ich kenne.»

Dieses Baby liess sich nur schwer beruhigen, weil ihm im Kinderzimmer der Klinik ein strikter Vier-Stunden-Rhythmus aufgezwungen worden war. Die Mutter brauchte acht Monate, um sich an ihr Muttersein zu gewöhnen und sich mit ihrem Baby vertraut zu machen. Die Ratgeberinnen haben voreilig die Ursache für die kindliche Unruhe beim Stillen gesucht. Diese Mutter hätte jedoch mehr positive Unterstützung und weniger negative Ratschläge gebraucht.

Stillen nach Bedarf

Stillen nach Bedarf hilft der Mutter, einfühlsamer auf die Bedürfnisse ihres Babys einzugehen. Und dem Baby hilft es, sich besser mitzuteilen, weil die Mutter auf sein Weinen mit vorhersehbarem Verhalten reagiert: Sie stillt ihr Kind. Kann das Baby selbst entscheiden, wann es genug hat, entwickelt es ein inneres Gefühl dafür, was richtig für es ist.

Prompte Reaktion auf die kindlichen Signale

Wenn Sie unmittelbar auf das Weinen des Babys reagieren, fördert das Ihre Empfänglichkeit für seine ganz spezielle Sprache. Und das Baby lernt zudem, sich gezielter bemerkbar zu machen.

Nächtliche Elternschaft

Unruhige Säuglinge wachen leicht auf, denn ihr empfindsames Temperament wirkt sich auch auf ihre Schlafrhythmen

Vom ersten Tag an: Beeinflussen Sie das Temperament Ihres Babys positiv

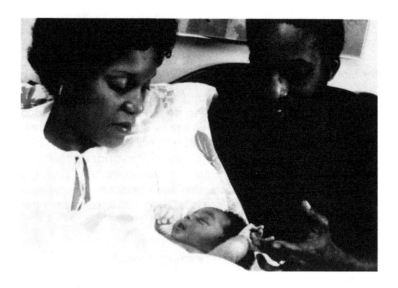

Wenn Sie Ihr Baby in der Klinik von Anfang an bei sich behalten, können Sie einander vom ersten Moment an kennenlernen.

aus (Sears 1991). Ist Ihr Baby in Ihrem Bett willkommen (praktizieren Sie also das Familienbett), findet es eher seinen eigenen Schlafrhythmus und wacht nicht mehr so häufig auf.

Gemeinsames Verreisen

Nehmen Sie Ihr Baby überallhin mit. Verreisen Sie als Familie. So können Sie ein Zusammengehörigkeitsgefühl entwickeln und einfühlsam auf Ihr Baby eingehen.

Beteiligung des Vaters

Mütter, die gut mit ihrem besonders liebebedürftigen Baby zurechtgekommen sind, erzählen mir häufig: «Ohne die Unterstützung meines Mannes hätte ich das nie geschafft.» Besonders liebebedürftige Babys – und ihre Mütter – brauchen die aktive Beteiligung der Väter an der Kinderbetreuung.

Welche Vorteile hat bindungsförderndes elterliches Verhalten für Sie selbst?

Ihr Einfühlungsvermögen wird gefördert

Ein Verhalten, das der Bindung förderlich ist, beginnt mit **Offenheit:** Offenheit gegenüber den Signalen Ihres Kindes und Offenheit für die Weisheit Ihres Herzens. Diese Offenheit Ihrem Kind gegenüber ist der erste Schritt, um als Eltern einfühlsam reagieren zu können. Bindungsförderndes elterliches Verhalten hilft Eltern und Baby, in harmonischem Einklang miteinander zu leben. Und eine harmonische Eltern-Kind-Beziehung ist eine gute Voraussetzung dafür, dass Ihr Kind ein etwas ruhigeres Temperament entwickelt.

Es werden mehr mütterliche Hormone freigesetzt

Bindungsförderndes elterliches Verhalten führt zu einer «hormonellen» und zu einer harmonischen Beziehung. Körperkontakt mit dem Baby – gefördert durch Stillen nach Bedarf und gemeinsames Schlafen mit dem Säugling – erhöht die Ausschüttung von Prolaktin. Dieses Hormon, das die Milchbildung reguliert, ist möglicherweise auch die chemische Grundlage für die Intuition der Mutter. Ich bezeichne das Prolaktin gern als das Durchhaltehormon, welches der Mutter in schwierigen Zeiten Auftrieb gibt. Vielleicht meinen Sie, diese Art von Eltern-Kind-Bindung bedeute nur Geben, Geben und nochmals Geben. Denken Sie aber daran, dass die Mutter, wenn sie offen ist für ihr Baby und vorbehaltlos gibt, von ihrem Baby auch etwas zurückbekommt, weil das Kind die Prolaktinausschüttung (und damit die Kraft zum Durchhalten) fördert. Dieses gegenseitige Geben findet statt, wenn sich die Mutter-Kind-Beziehung uneingeschränkt entfalten kann.

Das Baby weint seltener

Viele Neugeborene sind anfangs sehr leicht zufriedenzustellen, doch mit ungefähr zwei Wochen (nach der Zeit, die ich als Gnadenfrist oder Schonzeit bezeichne) sind sie plötzlich wie ausgewechselt und werden «schwierig». Oft sagen Mütter dann zu mir: «In den ersten Wochen war es so brav, aber jetzt ist es ein völlig anderes Kind geworden.» Ich glaube, dass diese verzögerte Unzufriedenheit verhindert werden könnte, wenn die Umgebung harmonischer gestaltet würde. Diese Babys fühlen sich nicht wohl in ihrer Umgebung, und mit der Zeit fangen sie an zu protestieren, um ihren Bezugspersonen mitzuteilen, dass eine Veränderung nötig ist.

Inwiefern kann Ihr Baby von einer guten Eltern-Kind-Beziehung profitieren?

Es fühlt sich besser

Einem Baby geht es gut, wenn seine Eltern alles tun, um die Beziehung zu ihm zu vertiefen. Und ein Baby, dem es gut geht, verhält sich auch entsprechend. Es braucht nicht zu schreien, um zu bekommen, was es braucht, jedenfalls nicht über längere Zeit. Es lernt, sich besser auszudrücken. Sein inneres Gefühl, dass alles in Ordnung ist, mildert die innere Spannung und Unruhe, die bei besonders liebebedürftigen Babys so häufig ist.

Es entwickelt sich besser

Ausser angenehmerem Verhalten zeigen Babys, deren Eltern eine enge Bindung anstreben, gute körperliche und geistige Fortschritte. Babys mit einer engen Mutter-Kind-Beziehung brauchen die Mutter als Haupt-Energiequelle, welche seine Bedürfnisse befriedigt und es in Spannungssituationen tröstet. Deshalb geraten solche Kinder nicht so schnell ausser sich und verlieren nicht so viel Energie bei unwirksamen Versuchen, sich selbst zu trösten. Sie können diese für ihr Wachstum und ihre Entwicklung einsetzen.

Die Folgen fürs Kind

Eltern fragen sich jetzt vielleicht: «Hat der Erziehungsstil wirklich einen Einfluss auf schwierige oder unruhige Babys? Habe ich wirklich einen Einfluss darauf, wie mein Baby sich verhält?»
Die Antwort ist ein klares Ja! Ich möchte Eltern zwar davor warnen, sich zu viele Vorwürfe zu machen oder sich zu viel Eigenlob zu spenden, je nachdem, wie ihre Kinder einmal

sein werden. Es gibt Kinder, die trotz aller Bemühungen der Eltern später Verhaltensstörungen zeigen. Aber die Untersuchungen bestätigen, dass der Erziehungsstil der Eltern entscheidenden Einfluss aufs Kind haben kann.

Literatur:

Sears William, Nighttime Parenting. Franklin Park, II 1985 *(Verlag: La Leche League International)*.

Deutschsprachige Übersetzung:

Sears William, Schlafen und Wachen. Ein Elternbuch für Kindernächte. Zürich 1991 *(Verlag: La Leche Liga Schweiz)*.

KAPITEL 4

Tips für Eltern schreiender Babys

«Wenn mein Baby doch reden könnte, dann wüsste ich wenigstens, was ihm fehlt», klagte eine junge Mutter. «Ihr Baby kann reden», erwiderte ich, «Sie müssen nur lernen, ihm zuzuhören.» In diesem Kapitel geht es darum, wie Sie das Schreien Ihres Babys interpretieren lernen. Es wird Ihnen helfen

- zu verstehen, warum Ihr Baby weint,
- besser zuzuhören,
- Ihre Einfühlsamkeit zu fördern,
- Ihrem Baby zu helfen, wirkungsvoller zu schreien,
- das Schreibedürfnis Ihres Babys zu vermindern,
- zu verhindern, dass aus einem Schreibaby ein weinerliches Kind wird.

Bevor ich dieses Kapitel schrieb, verschickte ich Fragebogen an mehrere hundert Eltern. Ich wollte wissen, welche Erziehungstips sie besonders häufig zu hören bekommen. Eine der Fragen lautete daher: «Welchen Ratschlag erhalten Sie, wenn Ihr Baby aufwacht und schreit, wenn es die ganze Zeit weint, weil es herumgetragen werden möchte, oder wenn es schreit, sobald Sie es hinlegen?»

Die am häufigsten genannten Tips lauteten:

- «Lassen Sie es schreien.»
- «Es muss lernen, allein zu sein.»
- «Es macht mit Ihnen, was es will.»
- «Schreien kräftigt die Lungen.»

Eine weitere Frage hiess: «Wie reagieren Sie auf diese Ratschläge?» Die häufigsten Antworten:

- «Das schaffe ich nicht.»
- «Das geht mir völlig gegen den Strich.»
- «Das scheint mir nicht das Richtige zu sein.»
- «Ich kann mein Baby nicht schreien lassen, wenn ich weiss, dass ich es trösten kann.»

95% der Eltern hielten den Rat, das Baby schreien zu lassen, für völlig falsch. Ich habe gelernt, den spontanen Gefühlen von Müttern sehr viel Wert beizumessen. Deshalb bin ich sicher, dass sich nicht 95% aller Befragten irren können. Diese Antworten zeigen mir auch, dass ein grosser Konflikt besteht zwischen der elterlichen Intuition und dem, was andere Leute ihnen sagen.
Eltern wissen häufig nicht, was das Schreien des Babys bedeutet und wie sie damit umgehen sollen. Deshalb ist dieses Kapitel das umfangreichste und ausführlichste des ganzen Buches. Es ist enorm wichtig zu begreifen, wie entscheidend das Schreien des Babys für die Kommunikation mit ihm ist. Dieses Verstehen beeinflusst viele andere Bereiche Ihres Elternseins. Als Kinderarzt bin ich sehr beunruhigt, dass das Schreien des Babys so selten verstanden wird. Ich fühle mich als Anwalt meiner kleinen Klienten, die noch nicht über die sprachlichen Mittel verfügen, ihren Bezugspersonen selbst zu sagen: «Bitte hört mich an.»

Warum weinen Babys?

In den ersten Lebensmonaten besteht eine wirklich paradoxe Situation: Die Bedürfnisse eines Babys sind in dieser Zeit am grössten, und seine Fähigkeiten, diese Bedürfnisse mitzuteilen, am wenigsten ausgebildet. Ein Baby kann uns nicht in Worten mitteilen, was es braucht. In den ersten Monaten seines Lebens ist Schreien seine Sprache. Da zur Verständigung immer mindestens zwei Personen gehören – eine, die spricht und eine, die zuhört – haben sowohl die Eltern als auch das Baby Verständigungsschwierigkeiten, wenn das Kind nicht schreit. Zwar ist Schreien nicht immer eine einfache Sprache, doch können Eltern sicher sein, dass das Baby wirklich etwas braucht, wenn es schreit. Das ist bereits ein guter Ausgangspunkt.

Was bin ich denn?
Ein Kind, das in der Nacht schreit.
Ein Kind, das nach dem Licht schreit.
Und meine einzige Sprache ist Schreien.
(nach Alfred Lord Tennyson)

Es gibt wahrscheinlich keine anderen Laute, mit denen man sich so eingehend beschäftigt hat, wie mit dem Schreien eines Babys. Was bewegt das Kind dazu, so eindringlich zu schreien? Wissenschafterinnen und Wissenschafter waren schon immer fasziniert davon, wie die Laute eines winzigen Säuglings die Aufmerksamkeit aller sich in Hörweite befindenden Personen unweigerlich auf sich ziehen. Schon Charles Darwin hat sich in seinem Werk «*The Expression of Emotions in Man and Animals*» für das Schreien und den

Gesichtsausdruck von Babys interessiert. Als Thomas Edison am Anfang dieses Jahrhunderts den Phonographen erfand, begann man, damit Tonaufnahmen zur Erforschung des Schreiens von Babys zu machen. Die ersten Untersuchungsberichte erschienen 1932 im Buch «*The Music of Nature*» von William Gardener. Er beschreibt darin das Schreien und Rufen von Säuglingen anhand von Noten und fand heraus, dass die Tonlage des Schreiens auf dem Klavier zwischen dem mittleren C und dem darüberliegenden A liegt. «Kindern», so schreibt er, «fällt es leicht, ihre Wünsche, ihr Vergnügen und ihren Schmerz durch Schreien auszudrücken, lange bevor sie den Gebrauch oder die Bedeutung eines Wortes kennen.» Fachleute haben festgestellt, dass das Schreien eines Säuglings zu den lautesten aller menschlichen Geräusche gehört und die Tonstärke von 80 bis 85 Dezibel erreichen kann – das entspricht der Lautstärke eines Lastwagens ohne Auspuffrohr.

Schreien: Die perfekte Verständigung!

Wie geht das Schreien vor sich? Das Baby spürt, dass es etwas braucht. Reflexartig atmet es Luft ein und kräftig wieder aus. Diese heftig ausgeatmete Luft jagt den Stimmbändern entlang, diese vibrieren und bringen einen Ton hervor, den wir als Schreien bezeichnen.
Dieses «Verständigungssystem» besitzt einige einzigartige Merkmale:

- Das Schreien von kleinen Säuglingen beruht auf Reflexen, es erfolgt **automatisch**. Ein Säugling überlegt sich nicht: «Wie komme ich zu meiner Abendmahlzeit?» Erst später, wenn sich die Ausdrucksmöglichkeiten des Kindes besser entwickelt haben, wird dieses anfänglich reflexartige Schreien zu einem gezielteren, absichtsvollen Schreien.

- Dieses Signal wird **sehr schnell** ausgelöst; das Kind fängt ganz mühelos zu schreien an.

- Das Schreien ist **beunruhigend** genug, um die Bezugsperson zu veranlassen, sich um das Baby zu kümmern und das Schreien zu beenden. Es ist jedoch nicht so beunruhigend, dass es eine Vermeidungsreaktion auslöst.

- **Das Schreien hört auf,** wenn das Bedürfnis befriedigt ist.

Aufgrund all dieser Merkmale bildet das Schreien des Säuglings ein perfektes Mittel zur Kommunikation. Schreien ist nicht nur ein Geräusch, es ist ein **Signal**. Schreien wird durch Bedürfnisse ausgelöst, und Babys verwenden verschiedene Signale für unterschiedliche Bedürfnisse. Je stärker der Reiz ist, um so heftiger wird die Luft ausgeatmet, und die Stimmbänder schwingen schneller. Darauf beruhen die Unterschiede der hervorgebrachten Geräusche – Wissenschafter bezeichnen sie als Schreicodes («Cry prints»). Sie sind für jeden Menschen einzigartig wie Fingerabdrücke.

Wie können Sie das Schreien Ihres Säuglings deuten?

Schreien vor Schmerzen

Hat ein Baby Schmerzen, setzt sein Schreien plötzlich ein; es erreicht sehr schnell eine hohe Tonlage und scheint dann für Ewigkeiten auf dieser Tonhöhe zu bleiben. Der Anfangslaut ist schrill und durchdringend. Gegen Ende des ersten Schreiatemzugs schwächt sich die Tonhöhe ab, da dem Baby die Luft ausgeht. Das Einatmungsgeräusch ist rauh, fast kruppartig, denn das Baby holt sich sehr schnell einen neuen Luftvorrat für den nächsten Schrei. Der schrille, durchdringende Ton greift allen ans Herz, die sich in Hörweite befinden. Gegen Ende des ersten Atemzuges werden die Bezugspersonen auch durch den Anblick des Babys emotional aufgewühlt. Der Mund ist weit offen, als würde das Baby «Aua» schreien. Die eingerollte Zunge und der Unterkiefer zittern, sein Gesicht ist verzerrt. Die Fäuste sind geballt, die Beine angezogen; der ganze Körper ist angespannt. Wirklich zutiefst berührt bin ich vom letzten Teil, wenn dem Kind die Luft ausgeht, wenn seine zitternden Lippen blau werden, und einen Moment lang kein Ton mehr herauskommt. Dann endlich holt das Baby wieder Luft. Diese «blaue Periode» des Schmerzgeschreis ist ein wirkliches Warnsignal, auch wenn in diesen verzweifelten Sekunden kein Ton da ist.
Die Körpersprache begleitet das Schmerzgeschrei. Um das Weinen wirklich einschätzen zu können, muss man das Baby nicht nur hören, sondern auch sehen. Untersuchungen haben ergeben, dass selbst erfahrene Mütter nicht immer die Be-

deutung des Schreiens ihres Kindes entschlüsseln können, wenn sie es nicht sehen. Im Gesicht des Babys zeigt sich die Intensität des Schreiens. Bei leichteren Nöten hat das Baby die Augen offen und verzieht nur den Bereich um den Mund herum. Wenn das Weinen intensiver wird, machen sich die Verzweiflungszeichen auch im übrigen Gesicht bemerkbar: Das Baby schliesst die Augen, zieht die Augenbrauen hoch und legt die Stirn in Falten. Sie sollten sich immer die Gesichtszüge Ihres Babys anschauen, um zu sehen, welche Bedürfnisse sich darin widerspiegeln – das fördert die Bindung zu Ihrem Kleinen. Bei einer engen Eltern/Kind-Bindung sind Mütter oder Väter ausserstande, sich das Schreien ihres Babys anzuhören, wenn sie in der Nähe sind und das Kind sehen können.

Schreien aus Hunger

Schreien aus Hunger setzt nicht so plötzlich ein. Es steigert sich allmählich. Dieses Weinen ist kürzer und weniger schrill, die Tonfrequenz ist gleichbleibend; die Melodie steigt an und schwillt wieder ab. Schreit das Baby aus Hunger, gibt es immer wieder Pausen, als ob das Kind der Mutter wenigstens einen Moment lang Zeit lassen würde, die Brust freizumachen, bevor es zu einer neuen Runde sehr viel intensiverer Signale ansetzt. Drückt das Kind durch Schreien Grundbedürfnisse aus, macht es immer wieder längere Pausen. Das Baby scheint sich sicher zu sein, dass jemand kommt, und es lässt seiner Bezugsperson etwas Zeit zum Reagieren. Noch bevor das Baby schreit, gibt es andere erkennbare Signale für Hunger: Es zeigt Unruhe, saugt am Finger, nestelt an der Bluse der Mutter und gibt viele weitere Zeichen, die der Mutter eine Chance zur Reaktion lassen, noch ehe Schreien nötig ist. Wird die Körpersprache des Babys richtig gedeutet, lässt sich das Schreien oft vermeiden. Wenn auf das Hungergeschrei jedoch nicht eingegangen wird, kann es sich zu hemmungslosem Wutgeschrei steigern.

Wutgeschrei

Wutgeschrei ist anhaltend und enthält leichte, aber deutliche Tonschwankungen. Die Tonlage ist tiefer als beim Schreien aus Schmerz oder Hunger; die damit einhergehende Körpersprache ist intensiver. Die rauhen Töne beim Wutgeschrei werden durch die heftige Bewegung der vielen Luft verursacht, die durch die Stimmbänder gepresst wird. Manchmal entsteht auch ein gurgelndes Geräusch, wenn Speichel in der Kehle des Babys durch die Luft in Schwingung gerät. Auch die Lippen geben Hinweise auf das Wutgeschrei. Der Mund ist eher geschlossen, die Lippen angespannt, geschürzt oder auch übereinandergestülpt – im Gegensatz zum offenen Mund beim Schreien infolge von Schmerzen. Dieser Unterschied ist bei grösseren Kindern deutlicher zu beobachten als bei kleinen Säuglingen.

Schreien bei Krankheit

Ein krankes Baby schreit in tiefer Tonlage und mit geringer Intensität. Das Weinen ist kläglich, jammervoll und andauernd und löst eher Mitgefühl aus, als dass es alarmierend wirken würde. Dieses Schreien ist durch viel tiefere Laute gekennzeichnet als das schrille Schmerzgeschrei.

Schreien, um Aufmerksamkeit zu bekommen

Gelangweiltes Weinen ist kläglich, tief in der Tonlage und eher murmelnd. Es wird zur Kenntnis genommen, löst jedoch bei den Zuhörenden kein Alarmsignal aus. Es bedeutet: «Nimm mich hoch, und beschäftige dich mit mir!» Die meisten Eltern erkennen dieses Schreien sehr bald.

Schreien aus Müdigkeit

Weint ein Baby aus Müdigkeit, so ist sein Schreien ausdauernd, es entstehen deutliche Tonschwankungen und klagende Sirenengeräusche.

Ist der Grund so wichtig?

Ich rate Eltern, nicht allzu viel Energie darauf zu verwenden, herauszufinden, warum das Baby schreit, sondern stattdessen aufs Baby einzugehen. Dabei finden Sie den Grund für sein Weinen meist eher heraus.

Wann und wieviel schreit ein «normales» Baby?

Die meisten Untersuchungen haben ergeben, dass Babys in der zweiten Lebenswoche anfangen, öfter zu schreien. Die Schreihäufigkeit erreicht in der sechsten bis achten Woche ihren Höhepunkt und verringert sich dann um den vierten bis sechsten Monat herum wieder deutlich. In vielen Untersuchungen wird festgestellt, dass Babys durchschnittlich täglich zwei bis drei Stunden schreien. Ich warne Eltern davor, aus diesen Untersuchungen irgendwelche Schlussfolgerungen zu ziehen. Denn diese häufig zitierten Studien gehen davon aus, dass es in Ordnung ist, wenn Babys so viel schreien. Ich persönlich glaube das nicht; auf Grund meiner persönlichen Erfahrungen als Vater und meiner Praxis als Kinderarzt halte ich es keineswegs für normal, dass Säuglinge täglich zwei bis drei Stunden schreien. Im Gegenteil, ich möchte den Trugschluss verhindern, dass die Eltern meinen, es sei in Ordnung, das Baby zwei bis drei Stunden am Tag schreien zu lassen. Die Eltern, die an diesen Untersuchungen teilnahmen, haben keinerlei Ratschläge erhalten, was sie tun könnten, wenn ihr Baby schreit, und ihnen wurde nicht gezeigt, wie sie ihre Fähigkeiten einsetzen könnten, um es zu trösten. In Kulturen, in denen es die Regel ist, auf ein schreiendes Baby sofort mit Zuwendung zu reagieren, beträgt die Schreidauer Minuten und keineswegs Stunden.

Wie wirkt sich das Schreien des Babys auf die Eltern aus?

Babygeschrei ist mehr als ein Geräusch. Es ist ein wertvolles Zeichen, das zum Ziel hat, das Verhalten anderer zu beeinflussen. Das Schreien eines Kindes dient seinem Überleben: Es hilft ihm, das zu bekommen, was es braucht, indem es bei der Mutter Emotionen **aktiviert oder auslöst** (Murray 1979). Die Ausdrücke «auslösen» und «aktivieren» zeigen, dass auf der Empfangsseite – vor allem bei der Mutter – eine Bereitschaft da ist. Untersuchungen haben ergeben, dass Frauen auf das Schreien eines Babys intuitiver und weniger reserviert reagieren als Männer. Der Wert des Signals hängt davon ab, ob das Kind angemessen schreit und die Zuhörenden das Weinen richtig interpretieren. Das Besondere am Weinen des Babys ist, dass es die biochemischen Vorgänge im Körper der Mutter beeinflusst. Hört oder sieht eine Mutter ihr Baby schreien, werden bestimmte Hormone freigesetzt, und es fliesst mehr Blut zu ihren Brüsten (Vuorenkoski 1969). Sie verspürt den Drang, das Baby hochzunehmen, es zu stillen und zu trösten. Es gibt kein anderes Geräusch auf der Welt, das solch intensive Emotionen in Müttern auslöst. Väter fallen dem Ratschlag, das Baby schreien zu lassen, leichter zum Opfer, weil bei ihnen diese biologische Reaktion fehlt.

Eine sehr sensible Mutter hat mir erzählt, wie sie sich schuldig fühlte, als ihr Mann das zwei Tage alte Baby schreiend im Schlafzimmer fand. Er brachte das immer noch aufgeregt schreiende Kind ins Wohnzimmer, und als die Mutter ihr laut weinendes Baby sah, bekam sie heftige Schuldgefühle. Bis-

---

Ich habe solche Schuldgefühle

«Sei endlich still, und lass mich in Ruhe», schrie Jeannette ihr vier Monate altes Baby an, weil es ununterbrochen schrie. Später berichtete sie mir: «Ich habe deswegen so ein schlechtes Gewissen.»

Ähnlich wie Jeannette geht es Tausenden von Müttern mit sehr liebebedürftigen Babys. Dank ihrer Liebe und Sorge für ihr Kind sind sie auch besonders empfänglich für Gefühle. Dadurch kann ihr Bild von sich selbst als perfekte Mutter ins Wanken geraten. Auch wenn Jeannette ihre Wut nicht abreagiert hätte, würde sie von Schuldgefühlen geplagt, weil perfekte Mütter meinen, sie dürften Wut auf ihr Baby gar nicht erst empfinden. Das ist ein Irrtum.
Mütter können sich in ihre Wut richtig verstricken. Sie ärgern sich vielleicht, weil ihr Baby so schwierig ist und auf ihre Tröstungsbemühungen nicht reagiert. Sie sind auf sich selbst wütend, weil sie nicht in der Lage sind, ihr schreiendes Baby zu trösten und werden noch wütender über sich, weil sie eine Wut auf ihr Baby haben. Jede Mutter in meiner Sprechstunde war schon einmal wütend auf ihr Baby. Diese Wut kommt von der Frustration her, dass es ihr nicht gelingt, zum Baby durchzudringen. Ursache dafür kann auch die Enttäuschung sein, dass ihr Baby nicht der glückliche, zufriedene Säugling ist, den sie erwartet hat. Jeannettes Schuldgefühle sind eine normale Begleiterscheinung ihrer Liebe und Einfühlsamkeit gegenüber dem Baby.

her war das Neugeborene immer in ihrer Nähe gewesen, wo sie es jederzeit hören und anschauen konnte. Dieses Mal war sie nicht da gewesen und hatte deshalb die dem Weinen vorausgehenden Zeichen nicht sehen können. An der Körpersprache des Babys war zu erkennen, dass es schon mehrere Minuten geweint hatte. Die Mutter erinnerte sich noch zwei Jahre später sehr lebhaft an diese Begebenheit.
Selbst kleine Kinder reagieren instinktiv auf das Schreien von Babys. Eines Tages kam eine Mutter mit ihrer zweijährigen Tochter und ihrem einmonatigen Baby zur Untersuchung in meine Praxis. Als das Baby zu schreien begann, kam die Zweijährige schnell zu ihrer Mutter gelaufen, zog sie am Rock und rief: «Mami, Baby schreit. Arm nehmen.» Die Mutter meinte daraufhin: «So macht sie das immer. Ich kann gar nicht schnell genug bei ihrer kleinen Schwester sein.» In meiner eigenen Familie machte ich zu meiner Freude die gleiche Erfahrung: Unsere sechsjährige Hayden reagierte immer sofort auf das Weinen ihrer zweijährigen Schwester Erin. Wir nannten das die «Schnellstart-Reaktion». Wenn Erin weinend aus dem Schlaf erwachte, war Hayden sofort auf den Beinen

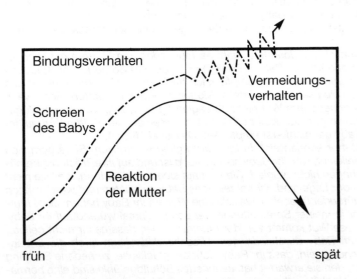

Der Schreibogen: Wenn das Schreien des Babys immer beunruhigender wird, dann wird der Bogen der mütterlichen Reaktionen überspannt; aus Bindungsverhalten wird Vermeidungsverhalten.

und brach alle Geschwindigkeitsrekorde, um ihre kleine Schwester möglichst schnell zu trösten.
Schreien ist für die Zuhörenden äusserst beunruhigend. Vor allem die Mutter hat wahrscheinlich das Gefühl: «Ich kann es nicht mehr länger aushalten, dass mein Kind schreit.» Das Weinen ist ein Appell, etwas dagegen zu unternehmen. Ideal ist Schreien dann, wenn es einerseits so beunruhigend ist, dass es ein Bindungs- oder Tröstungsverhalten hervorruft, anderseits aber nicht so stört, dass die Zuhörenden sich abwenden. Weinen ist vor allem bindungsfördernd, weil es Mutter und Kind einander näherbringt; ständiges Schreien kann jedoch negativ und befremdlich wirken. Das weinende Baby löst bei den Eltern Mitgefühl aus, das heisst, dass sie den Schmerz ihres Kindes miterleben. Eltern eines sehr unruhigen Kindes haben es aber vielleicht satt, «immer mit dem Kind mitzuleiden». Die intensive Liebe zwischen Eltern und Kind macht Eltern besonders empfindlich gegenüber dem Stress, den eine solche Einfühlsamkeit für sie bedeutet. Wenn Ihr Kind ein sehr unruhiges Baby ist, oder wenn Sie meinen, ein sehr unruhiges Baby zu haben, dann seien Sie sich bewusst, dass ein höheres Risiko besteht, die Schreie Ihres Babys falsch zu verstehen. Untersuchungen haben ergeben, dass Mütter, die ihr Baby von Anfang an als schwierig wahrnehmen und selten spontan auf sein Schreien reagieren, später mit ihm weniger Laute austauschen (Shaw 1977). Bezugspersonen neigen dazu, das Schreien sehr unruhiger Babys eher zu missdeuten als das zufriedener Babys. Sie bezeichnen ein schwieriges Baby auch bereitwilliger als «verwöhnt».
Es liegt in der Natur der Sache, dass die Zeichen eines sehr unruhigen Babys intensiver sind. Das intensive Schreien kann anfangs ein stärkeres Bindungsverhalten auslösen. Mit der Zeit kann es aber immer beunruhigender werden und schliesslich eine gegenteilige Reaktion bewirken. D.h. die Betreuungsperson ist überfordert, und das Schreien löst eine Vermeidungsreaktion aus. Ein gewisses Mass an Vermeidungsverhalten ist normal und schützt Ihre geistige Gesundheit. Doch zunehmende Vermeidungsreaktionen und vermindertes Bindungsverhalten sind ein frühes Warnzeichen dafür, dass die Eltern/Kind-Beziehung gestört ist. Zu diesem Zeitpunkt ist es ratsam, sich professionelle Hilfe zu suchen bei Personen, die Verständnis für das Weinen von Babys haben und wissen, was Mütter tun können, um sie zu trösten.

Überlebenstips

Da Weinen eine Sprache zwischen einer sprechenden (dem Baby) und einer zuhörenden (gewöhnlich der Mutter) Person ist, können sich diese Überlebenstips an beide Beteiligte dieses «Schrei-Verständigungs-Netzwerkes» richten. Sie können das Irritierende am Weinen Ihres Babys reduzieren, indem Sie ihm beibringen, wie es wirkungsvoller schreien kann. Und Sie können Ihr Einfühlungsvermögen und Ihre Toleranz gegenüber dem Weinen Ihres Babys steigern.

Besänftigen Sie das Schreien Ihres Babys

Eine friedliche erste Zeit nach der Geburt

Viele Babys zeigen erst mit etwa zwei Wochen ein unruhiges Verhalten und fangen erst dann mit wirklich beunruhigendem Schreien an. Ich nenne das die zweiwöchige Schonzeit. Ich gehe davon aus, dass einige Babys mit einem potentiell unruhigen Temperament auf die Welt kommen, ihren Eltern jedoch zwei Wochen lang die Chance geben, ihr Temperament zu besänftigen. Bekommen diese Babys in dieser Zeit nicht die nötige Hilfe, beginnen unruhige Zeiten.
Die meisten Babys bekennen schon bald nach der Geburt Farbe. Oft gibt sich ein sehr liebebedürftiges Baby schon als Neugeborenes zu erkennen. Das Baby schlägt dann gewissermassen gleich nach der Geburt die Augen auf und sagt: «Hallo Mami und Papi, da bin ich. Ich bin ein überdurchschnittliches Baby und brauche überdurchschnittliche elterliche Zuwendung. Wenn ihr mir die geben könnt, werden wir gut miteinander auskommen. Andernfalls wird es ab und zu etwas schwierig werden.»
Das Baby sollte immer beruhigt werden, wenn es schreit. Eltern und Baby sollten genügend Zeit zur Verfügung haben, sich gegenseitig kennenzulernen. Das Rooming-in während des Klinikaufenthalts von Mutter und Kind fördert den Bindungsvorgang. Untersuchungen haben gezeigt, dass sowohl Mutter wie auch Baby vom Rooming-in profitieren: Rooming-in-Babys schreien weniger, und Mütter, die ihre Kinder immer bei sich haben, lernen in der Zeit nach der Geburt besser mit ihrem weinenden Baby umzugehen (Greenberg 1973). Das Schreibaby-Syndrom (Unruhe, Blähungen, fortwährendes Schreien) tritt häufiger auf bei Babys, die in einer Klinik zur

Tips für Eltern schreiender Babys

Welt gekommen sind, in der Babys nach der Geburt in einem zentralen Kinderzimmer versorgt werden, anstatt bei ihren Müttern zu bleiben (Craven 1979). Ein kritischer Blick auf die üblichen Praktiken in Kliniken mit zentralem Kinderzimmer ergibt folgendes Bild: Das Neugeborene liegt in seinem Bettchen. Es wacht hungrig auf und schreit zusammen mit zwanzig anderen hungrigen Babys, die auch in ihren Bettchen liegen, und die es geschafft haben, sich gegenseitig aufzuwecken. Eine Kinderschwester, die keine biologische Beziehung zu dem Baby hat, also keinen inneren Empfänger, der auf das Baby eingestellt ist, hört diese ersten bindungsfördernden Schreie und reagiert darauf, sobald die Zeit es ihr erlaubt. Das schreiende, hungrige Baby wird ohne Eile seiner Mutter gebracht (falls es nicht inzwischen aufgegeben hat).

Die Mutter hat währenddessen die Anfangsszene dieses biologischen Dramas nicht mitbekommen, weil sie nicht im Kinderzimmer war, als ihr Baby zu schreien begann. Doch von ihr wird erwartet, dass sie sich einem Baby tröstend zuwendet, welches entweder inzwischen das Schreien aufgegeben hat oder bei dem der Bogen der Schreikurve inzwischen überspannt ist und das seine Mutter jetzt mit intensivem, beunruhigendem Schreien begrüsst. Die Mutter, die eine biologische Beziehung zum Baby hat, hört nur noch diesen Teil des Schreiens, welcher dazu angetan ist, alarmierte Besorgnis oder gar eine Vermeidungsreaktion auszulösen. Dann kann es sein, dass ihre innere Anspannung sogar den Milchspende-Reflex verhindert, obwohl ihre tröstende Brust doch zur Verfügung steht, und dann schreit das Baby noch mehr. Die Mutter hat dann das Gefühl, versagt zu haben, und die «Expertinnen» im Kinderzimmer nehmen die Sache schliesslich in die Hand, indem sie dem Baby Fertigmilch aus der Flasche geben. Dadurch wird die Trennung noch verstärkt, noch mehr Hinweise bleiben unbeachtet, es kommt zu noch mehr Unterbrechungen bei der Entstehung einer Mutter-Kind-Bindung. Und wenn die beiden dann endlich entlassen werden, sind sie sich erst einmal fremd.

Vergleichen wir das im zentralen Kinderzimmer betreute Baby mit einem Rooming-in-Baby: Letzteres wacht im Zimmer seiner Mutter auf, vielleicht in ihrem Arm. Auf die ersten Schrei-Anzeichen wird prompt reagiert, und es wird an die Brust gelegt, bevor es überhaupt schreien muss. Wenn das Baby

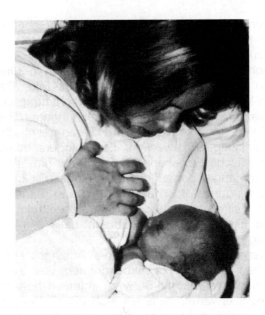

Ein Rooming-in-Baby braucht nicht zu schreien, damit seine Bedürfnisse befriedigt werden.

schreit, dann ist es das anfängliche bindungsfördernde Weinen, das sich gar nicht zu einem beunruhigenden Schreien steigern kann, wenn darauf sofort mit Zuwendung reagiert wird. Das bindungsfördernde Weinen hat bei der Mutter eine hormonelle Reaktion zur Folge: Die Milch fliesst, Mutter und Kind befinden sich biologisch im Einklang miteinander. Im Kinderzimmer betreute Babys schreien intensiver, Rooming-in-Babys schreien wirkungsvoller!

Anlegen nach Bedarf

Feste Zeitpläne beim Stillen sind mit vermehrtem, unnötigem Schreien verbunden (Bernal 1979). Wenn ein Baby immer dann gestillt wird, wenn es hungrig ist, wird verhindert, dass das Weinen aus Hunger zu immer heftigerem Schreien wird. Babys suchen beim Stillen sowohl Trost als auch Nahrung; darauf sollten sie nicht bis zu einem festgelegten Zeitpunkt warten müssen.

Tips für Eltern schreiender Babys

Reagieren Sie prompt auf das Weinen Ihres Babys

Babys, auf deren Weinen unverzüglich reagiert wird, schreien schliesslich nicht mehr so oft und intensiv. Und ihr Schreien ist weniger beunruhigend und nervenaufreibend.

Tragen Sie Ihr Baby

Babys, die viel getragen werden, schreien erheblich weniger. Eine Untersuchung hat ergeben, dass Babys um 45% weniger schrien, wenn sie täglich zusätzlich drei Stunden umhergetragen wurden (Pediatric News 1984).

Steigern Sie Ihr Einfühlungsvermögen

Entwickeln Sie eine gesunde Einstellung zum Schreien Ihres Babys

Eltern können nicht nur dafür sorgen, dass ihr Baby wirkungsvoller schreien lernt, sie können auch lernen, besser zuzuhören, und somit ihr Einfühlungsvermögen steigern. Das bedeutet, ihre Empfangsantennen fein einzustellen, damit sie die Signale ihres Babys richtig deuten. Dadurch wird die Toleranzgrenze erhöht, so dass sie in den anstrengenden Zeiten durchhalten; dann, wenn sich das Baby nicht mehr trösten und beruhigen lässt, selbst beim besten Verhalten der Eltern nicht. Betrachten Sie das Schreien Ihres Neugeborenen vom ersten Augenblick an als ein Signal, das Ihnen wertvolle Informationen gibt, und nicht als schlechte Angewohnheit, die man dem Kind abgewöhnen muss. Dann klappt die Verständigung. Das Schreien Ihres Babys ist eine Sprache, die es zu hören, zu deuten und auf die es zu reagieren gilt.

Handeln Sie, denken Sie nicht nach

Reagieren Sie spontan auf das Weinen Ihres Babys. Wenn Ihr Kleines weint, wird zuerst Ihre Intuition aktiv. Vertrauen Sie Ihrem Gefühl, und handeln Sie sofort, ohne zu zögern. Bremsen Sie sich nicht mit Gedanken wie: «Warum schreit es jetzt? Versucht es, mich reinzulegen? Bin ich zu gutmütig? Verwöhne ich es?» Wenn Sie Ihre Reaktionen auf das Schreien Ihres Babys unbedingt analysieren müssen, dann warten Sie damit bis später. Wenn Sie sich erst um Ihr weinendes

Kind kümmern, nachdem Sie alles überprüft haben, dann wird aus der intuitiven Kunst der wunderbaren Eltern-Kind-Verständigung eine Wissenschaft, die «Schreiologie», und die funktioniert nicht. Schreien ist die dem Baby eigene, einzigartige Sprache. Jedes Baby schreit anders, und kein Eltern-Kind-Paar ist gleich. Um die nötige Einfühlsamkeit zu entwickeln, müssen Sie ein offenes Ohr für das Schreien Ihres Babys haben und Ihren spontanen Regungen folgen. Riskieren Sie es; Ihr erster Impuls ist wahrscheinlich der richtige. Manche Mütter gestehen: «Ich habe das Gefühl, dass mir die Intuition fehlt. Ich weiss einfach nicht, warum mein Baby schreit.» Doch es ist nicht so wichtig, dass Sie wissen, warum Ihr Baby schreit, viel wichtiger ist, dass Sie auf das Schreien Ihres Babys eingehen! Ich bin der festen Überzeugung, dass jede Mutter über ein inneres Radarsystem (ihre Intuition) verfügt, das ganz genau auf ihr Baby abgestimmt ist. Diese feine Abstimmung wird möglich, indem Bedingungen geschaffen werden, welche die Entwicklung des inneren Bewusstseins fördern. Offen zu sein für das Weinen des Babys und sofort darauf zu reagieren, ermöglicht es Ihrer Intuition, sich zu entwickeln – zurückhaltende Reaktionen verhindern diese Entwicklung. Manche Mütter brauchen etwas länger, um diese Sensibilität für das Schreien ihres Babys zu entwickeln, und manche Babys brauchen etwas mehr Zeit, um auf den Trost ihrer Mütter zu reagieren – doch werden Sie beide zusammenfinden, wenn Sie die Verständigung untereinander ungehindert zulassen.

Steigern Sie Ihre Sensibilität auf biochemischem Weg

Stillende Frauen produzieren sehr viel Prolaktin, welches häufig als «Mütterlichkeitshormon» bezeichnet wird. Prolaktin bildet wahrscheinlich die Grundlage für die Intuition der Mutter und könnte eine Ursache dafür sein, dass Mütter spontaner und fürsorglicher auf das Schreien ihres Babys reagieren als Väter. Ich bezeichne dieses Hormon auch als Durchhaltehormon. Der Anstieg Ihrer biochemischen Sensibilität bedeutet eine Erhöhung Ihres Prolaktinspiegels.
Das Saugen des Kindes an der Brust der Mutter regt die Prolaktinbildung an. Die Anlege-Häufigkeit wirkt sich dabei stärker aus als die Saugintensität. Somit steigert Stillen nach Bedarf Ihre Prolaktinmenge.

Die mit dem Baby verbrachte Zeit lässt den Prolaktinspiegel ebenfalls ansteigen. Wenn Sie Ihr Baby berühren, es pflegen und mit ihm schmusen, werden Sie ihm gegenüber einfühlsamer. Wenn Sie Ihr Baby anschauen, mit ihm reden und Blickkontakt zu ihm aufnehmen, führt auch das zu vermehrter Prolaktinbildung in Ihrem Körper. Das Schlafen mit Ihrem Baby im gleichen Bett steigert ebenfalls den Prolaktinspiegel. Was einfühlsame Mütter schon immer wussten, ist somit jetzt wissenschaftlich bewiesen: Mutter und Baby geht es besser, wenn sie viel Zeit miteinander verbringen.

Achten Sie auf Ihre Gefühle nach dem Schreien

Prüfen Sie von Zeit zu Zeit, wie es Ihnen geht, nachdem Sie ohne Zögern auf das Schreien Ihres Babys reagiert haben. Ich glaube, dass jede Mutter dafür eine innere Antenne hat. Sie fühlt sich wohl, wenn sie richtig reagiert hat, und sie fühlt sich unwohl, wenn sie meint, etwas falsch gemacht zu haben. Sie bekommt Gewissensbisse, wenn sie nicht angemessen reagiert hat. Diese innere Antenne ist eine zusätzliche Sicherung, damit der Nachwuchs die von ihm benötigte elterliche Zuwendung bekommt.
Stellen Sie sich vor, Sie hätten einen inneren Computer mit mehreren Reaktionstasten. Eine lautet: «Höchste Alarmstufe, also aufspringen und sofort reagieren.» Eine andere Taste heisst: «Bleiben Sie sitzen, und zögern Sie Ihre Reaktion noch etwas hinaus.» Eine weitere Taste steht für eine Reaktion in der Mitte zwischen den beiden. Wenn Ihr Baby weint und Sie die richtige Reaktionstaste betätigen, entsteht ein Gefühl, dass Sie richtig gehandelt haben. Wenn sich Ihr Baby jedoch im Zustand der höchsten Alarmstufe befindet, Sie jedoch die Taste für Sitzenbleiben und Hinauszögern betätigen («weil meine Schwiegermutter mir gesagt hat, dass ich ihn verwöhne»), dann entsteht das Gefühl «falsch». Die Gewissensbisse setzen ein, und Ihr innerer Computer sagt: «Fehler. Störung im Ablauf.»
Die einfühlsame Mutter eines sehr liebebedürftigen Babys erzählte mir folgende Geschichte: «Mein Sohn hatte mich bis zur Erschöpfung beansprucht. Als wir nachts um drei Uhr wieder von seinem üblichen fordernden Schreien erwachten, beschloss ich, ihn schreien zu lassen. Er geriet völlig ausser sich! Das mache ich nie mehr. Ich hatte solche Schuldgefüh-

le. Sein Schreien war für uns beide schlimm.» Ich erwiderte: «Sie haben ein gesundes Warnsystem entwickelt. Sie sind auf dem besten Weg, eine äusserst einfühlsame Mutter zu werden.» – Nur Sie können richtig auf das Schreien Ihres Babys eingehen, niemand anders kann die richtige Taste für Sie betätigen. Das Schreien Ihres Babys hat nur Anschluss an Ihren Computer – dieses Programm läuft auf keinem anderen.

Das Maximum an Sensibilität

Eine Mutter, die seit Geburt eine enge Bindung zu ihrem Baby hatte, sagte mir: «Mein Baby weint ganz selten, denn das ist gar nicht nötig.» Das Maximum an Einfühlsamkeit Ihrem Baby gegenüber ist dann erreicht, wenn Sie so gut auf die Zeichen Ihres Babys eingestimmt sind, dass es nicht schreien muss, damit es bekommt, was es benötigt. Zugegebenermassen erreichen nur sehr wenige Eltern-Kind-Paare dieses Mass an Einklang miteinander. Doch das Bindungsverhalten der Eltern, für das ich mich in diesem Buch einsetze, bietet Eltern eine bessere Chance, dieses Maximum an Einfühlsamkeit zu erreichen.

Mütter und Väter, die sich auf eine enge Bindung einlassen, sind aufmerksam gegenüber den Stressanzeichen ihres Babys und reagieren oft schon, bevor es zu weinen anfängt. Je älter das Baby ist, desto leichter lassen sich seine Signale deuten. Wenn unsere zweijährige Tochter Erin mich jeweils von unten her anschaute und ihre Arme ausstreckte, sagte sie mir: «Papa, nimm mich auf den Arm.» Wenn ich ihr erstes Signal nicht bemerkte, gab sie mir nochmals eine Möglichkeit, indem sie einen Klagelaut von sich gab, und wenn ich dann immer noch nicht reagierte, wurde aus dem Klagen lautes Schreien. Da ich Babygeschrei noch nie gut ertragen konnte, habe ich es vorgezogen, auf unsere Kinder sofort einzugehen, so dass sie selten schreien mussten, damit ihre Bedürfnisse befriedigt wurden.

Lassen Sie sich von mir auf einen Einwand aus der Verhaltenspsychologie vorbereiten, den Sie wahrscheinlich häufig zu hören bekommen. Viele Verhaltenspsychologen sagen: «Wenn Sie das Baby jedesmal hochnehmen, sobald es schreit, verstärken Sie sein Verhalten und verwöhnen es.» Als selbsternannter Anwalt der «Bewegung gegen die Einschränkung natürlicher Elternregungen» möchte ich Ihnen folgendes Gegenargument anbieten: Wenn Sie sofort auf die dem Schreien vorausgehenden Signale reagieren, so verstärken Sie diese Signale. Wenn Sie nicht auf die anfänglichen Signale reagieren, dann lernt Ihr Baby, dass es die schnellsten Ergebnisse dadurch erzielt, dass es lauthals schreit. Dadurch wird das Baby viel eher «verwöhnt». Indem Sie einfühlsam auf seine Signale eingehen, verstärken Sie die Entwicklung anderer Verständigungsformen und Körpersignale (zum Beispiel «sich winden», «mit dem Mund suchen», «Laute von sich geben» oder «die Arme ausstrecken»). Da Ihr Baby immer bessere verbale Fähigkeiten entwickelt und sich selbst trösten lernt, können Sie Ihre Reaktionszeit nach und nach verlängern.

Alte Ratschläge in neuem Licht

Ungerechtfertigte Ängste, dass Eltern ihre Kinder verwöhnen könnten, haben dem Erziehungsstil der letzten vierzig Jahre ihren Stempel aufgedrückt. Eine Unzahl widersprüchlicher Ratschläge sagt den Eltern, wie sie auf das Schreien ihres Babys reagieren sollen. In den letzten Jahrzehnten haben Autorinnen und Autoren von Erziehungsratgebern zunehmend versucht, den Eltern zu sagen, wie sie die normalen Laute ihrer Babys in den Griff bekommen sollen. Meiner Meinung nach besteht ihr einziges Verdienst darin, ganze Generationen von noch unruhigeren Babys hervorgebracht zu haben.

Sollen Sie Ihr Baby schreien lassen?

Nein! Wenn Sie solche Ratschläge erhalten, dann fragen Sie nach, was damit gemeint sei. Wahrscheinlich bekommen Sie dann zur Antwort: «Na ja, das Weinen ist nur eine schlechte Angewohnheit, Ihr Baby macht mit Ihnen ja, was es will.» Dann können Sie fragen: «Woher wissen Sie denn, dass das Baby nicht deshalb weint, weil es ein Bedürfnis hat?» Im Laufe des Gesprächs wird Ihrem Gegenüber vielleicht nach und nach klar, wie unfair es ist, die Sprache eines so kleinen Babys zu deuten, ohne die näheren Umstände zu kennen, besonders, wenn das Gegenüber überhaupt keine biologische Bindung zum Baby hat.

Doch warum wird Eltern so häufig geraten, das Baby einfach schreien zu lassen? Wir können diese Frage verstehen, wenn wir die Gedanken sehen, die hinter diesem Ratschlag stecken.

Strenges, einschränkendes Elternverhalten

Der Rat, das Baby schreien zu lassen, stammt aus einer Zeit, in der strenge Disziplin gepredigt wurde. Damals bestand die ungerechtfertigte Angst, dass Babys ihre hilflosen Eltern tyrannisieren würden. Eltern erhofften sich schnell wirksame, leicht anzuwendende Methoden, ihr Kind ruhigzustellen. Diese Tips passten sehr gut zum übrigen Erziehungsprogramm mit festen Zeitplänen, Flaschenernährung und klaren, lehrbuchmässigen Anweisungen.
So glaubten Eltern, durch konsequente Erziehungsmassnahmen schnelle Ergebnisse erwarten zu können. Ein Beispiel hierfür ist die klassische Empfehlung: «Lassen Sie das Baby in der ersten Nacht eine Stunde, in der zweiten Nacht eine Dreiviertelstunde schreien, dann schläft es nach einer Woche durch, und Sie haben keine Probleme mehr.» Doch denken Sie daran: Für schwierige Probleme im Umgang mit Babys gibt es keine einfachen Lösungen!

Bei einem Baby, das man schreien lässt, ist die Wahrscheinlichkeit grösser, dass es später sehr abhängig, wehleidig und «verwöhnt» sein wird.

Das Kind verwöhnen

«Sie verwöhnen Ihr Kind, wenn Sie es jedesmal hochnehmen, wenn es schreit.» Das ist eine oft gehörte Begründung für den Rat, das Baby schreien zu lassen. «Verwöhnen» ist ein unglücklich gewählter Begriff, wenn von Kinderbetreuung die Rede ist. Dieses Wort hat einen festen Platz in den Erziehungsvorstellungen gefunden, ohne dass hinterfragt wurde, was es eigentlich bedeute. Jenen Leuten, die befürchten, dass aus einem Baby, auf dessen Weinen prompt reagiert wird, ein überanhängliches, weinerliches Kind wird, können Sie entgegnen, dass Forschungen genau das Gegenteil ergeben haben. Aus Untersuchungen an der Johns Hopkins Universität (Bell und Ainsworth 1972; 1977) geht hervor, dass Kinder, deren Mütter prompt auf ihr Schreien reagiert hatten, mit einem Jahr viel seltener weinten. Diese Kinder entwickelten andere Signale, zum Beispiel Gesten, einen gewissen Gesichtsausdruck und spezielle Lautbildungen, um sich ihren Eltern mitzuteilen.

Eltern wird gesagt, dass das Baby nicht lernt, sich selbst zu beruhigen und immer fordernder wird, wenn sie es bei jedem Weinen hochnehmen. Das stimmt nicht. Ein Baby, auf dessen Weinen von Anfang an reagiert wird, entwickelt Vertrauen und die Gewissheit, dass es eine Antwort bekommt. Sobald das Baby älter ist, vielleicht etwa halbjährig, kann es schon länger warten – und dann haben Eltern und Baby mehr Zeit zu agieren und zu reagieren. Die Zeit, die Sie anfangs aufbringen, ist gut investiert.

Viele Untersuchungen haben die «Verwöhnungs-Theorie» widerlegt (Murray 1979; Shaw 1977). Babys, auf deren Schreien nicht prompt reagiert wird, lernen häufig, länger und beunruhigender zu schreien. Es wurde beobachtet, dass sich Mütter seltener mit Babys abgaben, die lange und nervenaufreibend schrien. Als diese Babys dann älter wurden und weniger schrien, beschäftigten sich die Mütter immer **noch** weniger mit ihnen. Warum? – Die Mütter waren dem Schreien ihres Babys gegenüber weniger einfühlsam geworden, und diese mangelnde Einfühlsamkeit setzte sich in der späteren Eltern-Kind-Beziehung fort. Der Ratschlag, das Baby weinen zu lassen, wirkt sich auch langfristig negativ auf die ganze Familie aus.

Erziehung

«Sie müssen Ihr Baby erziehen!» ist ein weiterer Rechtfertigungsversuch für den Ratschlag, das Baby schreien zu lassen. Er stammt aus der Zeit, als Erziehung mit Disziplin verwechselt wurde (im Gegensatz dazu verstehe ich unter Erziehung die Motivierung von innen). Anstatt einen Erziehungsstil zu entwickeln, der so auf das Baby eingeht, dass es gar nicht zu schreien braucht oder zumindest lernt, wirksam zu schreien, stoppten die Eltern das Schreien des Babys dadurch, dass sie nicht darauf hörten. Sie unterdrückten die Signale ihres Kindes. Meiner Meinung nach müssen Eltern zuerst auf das Baby hören und so lernen, wie sie die Situation beeinflussen können. Wenn die Eltern nicht empfänglich für die Signale des Babys sind, kann dieses an seiner eigenen Erziehung nicht teilhaben. In diesem Buch weise ich immer wieder darauf hin, wie die Angst vor Einfühlsamkeit den Eltern den Weg zu einem undisziplinierten Verhalten weist. Sie versäumen es, zwei wichtige Grundsteine der wirksamen Erziehung zu legen: Ihr Kind zu kennen und ihm zu helfen, sich gut zu fühlen.

«Schreien tut Babys gut»

«Schreien stärkt die Lungen» ist eine medizinische Fehlinformation, die zu einer gefühlskalten Einstellung schreienden Babys gegenüber beiträgt. Aus Forschungen lässt sich überhaupt keine positive Wirkung von Schreienlassen ableiten, schon gar nicht bei langandauerndem Schreien. Im Gegenteil ergab eine Untersuchung, dass der Puls des Babys während Schreiphasen, in denen niemand auf das Kind reagierte, beängstigende Werte erreichte (über 200 Schläge pro Minute). Der Sauerstoffgehalt im Blut verringerte sich (Dinwiddie 1979). Sobald die schreienden Babys beruhigt wurden, normalisierten sich ihre Herz- und Gefässfunktionen wieder. Selbst das Herz eines Babys schreit nach Zuwendung. Schreien ist ebenso gut für die Lungen wie Bluten für die Venen – nämlich gar nicht! Babys, die man schreien lässt, können noch Tage später heiser sein.
Zu den medizinischen Märchen gehört auch, dass Schreien ein Zeichen von Gesundheit sei. Nach der Geburt bekommt ein Baby zwei Punkte beim Apgar-Test, wenn es «regelmässig, kräftig schreit». Als ehemaliger leitender Arzt der Neu-

geborenenstation einer Universitätsklinik bin ich zu der Erkenntnis gelangt, dass ein ruhiger Wachzustand dem Baby zuträglicher ist als kräftiges Schreien. Für Krabbelkinder ist Schreien so «gut», dass sie oft den Atem anhalten und ohnmächtig werden, wenn eine Schreiattacke sie überwältigt. Das Schreien hat nicht nur keinerlei Vorteile für die Lunge; häufiges Schreien, bei dem das Baby sich selbst überlassen bleibt, kann sich sogar schädlich auf seine Gesamtentwicklung auswirken. Wissenschafterinnen und Wissenschafter behaupten, dass häufiges Schreienlassen die Entwicklung visuell-motorischer Fähigkeiten verzögern kann, möglicherweise deshalb, weil das Baby zuviel Energie auf Selbsttröstungsversuche verwenden muss (Torda 1976a).

Wie wirkt sich der Ratschlag, das Baby schreien zu lassen, auf die Mutter aus?

Verwirrung der mütterlichen Intuition

Für Mütter ist der Rat, das Baby schreien zu lassen, sehr verwirrend. Er widerspricht ihren intuitiven Regungen. Ein Baby ist nicht dafür geschaffen, lange zu weinen, und Mütter sind nicht dazu da, ihr Baby schreien zu lassen. Das Schreien des Babys und der Impuls, darauf sofort zu reagieren, stellen ein einmaliges Verständigungssystem dar, das dem Überleben des Neugeborenen und der Weiterentwicklung der Eltern dient. Vergessen Sie alle Empfehlungen, die diese Verständigung stören und die Ihnen gegen den Strich gehen. Manche Mütter fühlen sich unsicher, wenn sie ihrer eigenen Intuition mehr glauben als dem Rat von «Fachleuten». Möglicherweise haben sie sogar ein schlechtes Gewissen, weil sie diesen Rat nicht befolgen; die Liebe zu ihrem Baby macht sie empfindlich gegenüber Andeutungen, dass sie etwas falsch machen könnten. Ich finde, dass beratende Personen, denen Vertrauen entgegengebracht wird, Mütter nicht verunsichern dürften.

Das mütterliche Einfühlungsvermögen nimmt ab

Unterdrückt die Mutter ihre Reaktionen, wird sie ihrem Baby gegenüber weniger einfühlsam. Der Rat, «das Baby schreien zu lassen», fordert Mütter dazu auf, weder auf ihr Baby noch auf ihre Intuition zu hören. Manche Babybücher enthalten sogar die Belehrung: «Da heisst es hart bleiben!» Hört eine

Mutter immer auf die Ratschläge anderer anstatt auf ihre eigene Intuition, und ignoriert sie die Zeichen des Babys, dann lernt sie, weder sich selbst noch den Signalen des Babys zu vertrauen. Mangelndes Vertrauen ist der erste

«Aber ich habe doch alles genau richtig gemacht»

«Vor dreizehn Monaten ist mein Sohn zur Welt gekommen. Ich hatte eine Menge Bücher gelesen; ich hatte selbst Geburtsvorbereitungskurse gegeben und mich eingehend auf diese Geburt vorbereitet. Meine Schwangerschaft verlief sehr gut; ich hatte wenig Stress, ernährte mich ausgewogen und sorgte für viel Bewegung. Dank einer guten Entspannungsmethode erlebte ich eine leichte Geburt. Wir blieben nachher zwei Stunden in der Klinik und kehrten dann alle drei zusammen nach Hause zurück. Ich machte alles genau richtig. Alex schlief neben mir und wurde die ganze Nacht über gestillt. Ich trug ihn im Tragtuch umher, achtete aufmerksam auf alle seine Regungen und stillte ihn nach Bedarf. Ich ging davon aus, dass ich mich ruhig und gelassen in mein Mutterdasein hineinfinden würde und war voller Selbstvertrauen.
Alex war ein Baby, das sehr viele Blähungen hatte und jeden Abend drei bis fünf Stunden lang schrie. Er schlief nie ein und begann sofort zu weinen, wenn ich ihn hinlegte. Im Tragtuch gefiel es ihm nicht. Mit zwei Monaten machte er einen Stillstreik durch, und mit vier Monaten hatte er drei Wutanfälle.
Er schrie, wenn wir mit dem Auto unterwegs waren und lehnte die Flasche kategorisch ab. Mein Selbstvertrauen schlug in Selbstzweifel und Ratlosigkeit um. Alle meine Freundinnen gingen sehr viel strenger mit ihren Kindern um, und sie kritisierten mich häufig. Sie erzählten mir, dass ich mir da ein richtiges Monster heranzöge, das viel zu sehr an mir hänge und mit mir mache, was es wolle. Das war für mich sehr hart. Ich war als Mutter äusserst verunsichert.
Ich weiss, dass das Schlimmste mit Alex jetzt überstanden ist, doch beim nächsten Kind werde ich wirklich das Selbstvertrauen haben, das mir diesmal fehlte. Und ich werde mich nach anderen Freundinnen umsehen. Ich suche jetzt Kontakt zu Müttern, die sich dafür entschieden haben, ebenso wie ich auf die Bedürfnisse ihrer Kinder einzugehen. Ich weiss, dass meine Freundinnen mein Bestes wollten, doch sie waren mir überhaupt keine Hilfe.»

Wichtig ist in diesem Brief die Stelle: «Ich habe alles richtig gemacht.» Diese Mutter ist nicht schuld daran, dass ihr Baby so unruhig war. Babys können schon von Anfang an sehr unruhig sein. Wichtig ist, dass Sie Kontakt zu Freundinnen haben, die Ihre Ansichten über das Muttersein teilen. Sonst kann es Ihnen passieren, dass Sie sehr verunsichert werden, weil Ihre Freundinnen Ihr Selbstvertrauen ins Wanken bringen.

Schritt zu geringem Einfühlungsvermögen, und mangelndes Einfühlungsvermögen bereitet Müttern viele Schwierigkeiten.

Wie wirkt sich der Rat, das Baby schreien zu lassen, aufs Kind aus?
Nicht auf das Schreien eines Babys einzugehen, heisst sein Vertrauen zu untergraben. Zu den wichtigsten Faktoren der Persönlichkeitsentwicklung eines Kindes gehört es, dass es eine vertrauensvolle Beziehung zu einer Hauptbezugsperson aufbauen kann. Das Kind lernt vertrauen, indem ihm Vertrauen entgegengebracht wird. Je mehr das Kind seinen eigenen frühen Schreiimpulsen traut, desto motivierter ist es, bessere Verständigungsmöglichkeiten zu entwickeln.
Der Rat, das Baby schreien zu lassen, bezieht sich häufig auf die Nacht. Das kann sich auf die Dauer schädlich auswirken. Kinder erinnern sich an Gedanken und Gefühle, die unmittelbar vor dem Wegschlummern auftauchen. Ich habe einmal in einer Radiosendung erklärt, warum Eltern ihre Babys nicht allein lassen sollten, damit sie irgendwann von selbst zu schreien aufhören. Am nächsten Tag kam eine meiner Patientinnen mit ihrem fünfjährigen Sohn Timothy in meine Praxis und meinte: «Wir haben Sie gestern am Radio gehört. Als Sie dar-

«Niemand hat mich in die Arme genommen»

«Ich habe mich immer gefragt, an wieviele meiner Bemühungen als Mutter sich mein Kind wohl noch erinnern kann, wenn es einmal grösser ist. Die folgende Geschichte hat mich davon überzeugt, dass mütterliche Zuwendung wirklich lange nachwirkt.
Eine zweiundzwanzigjährige Freundin von mir hat vor kurzem einen Selbstmordversuch unternommen. Während anschliessender intensiver Psychoanalyse erinnerte sie sich plötzlich daran, wie sie als ganz kleines Baby allein in ihrem Bettchen lag und hilflos weinte. Sie brach in Tränen aus und rief: «Ich habe mich so allein gefühlt, und niemand hat mich in die Arme genommen.»

Gedächtnisforscher sind der Ansicht, dass wir niemals etwas vergessen; alle Ereignisse, vor allem traumatische, haben Spuren in unserem Gedächtnis hinterlassen. Ich glaube, dass sehr liebebedürftige Babys wegen ihrer hohen Sensibilität möglicherweise ein besonders gutes Gedächtnis haben.

über sprachen, wie traurig ein Kind ist, dessen Eltern es in seinem Bettchen sich selbst überlassen, sagte Timothy: ‹Der arme kleine Junge; ich weiss noch, wie das war, wenn du und Papi mich allein gelassen habt›.»
Gelegentlich sagen Eltern zu mir: «Auf jeden Fall funktioniert es.» Das Baby schreien zu lassen, «funktioniert» vielleicht bei leicht zu beruhigenden Babys, die sich selbst trösten können (obwohl es gute Gründe gibt, auch diese nicht schreien zu lassen). Bei den sehr liebebedürftigen Babys «funktioniert» es selten. In meiner Umfrage bei mehreren hundert Eltern sagten fast alle, dass sie ihr Baby nicht schreien lassen könnten. Die Mehrzahl der Eltern, die es versucht hatten, war der Meinung, dass es nicht funktioniert hatte. Erinnern Sie sich noch an die Frau, die sich selbst beherrschte und nicht auf ihr schreiendes Baby reagierte? Das Baby schrie und schrie und wurde immer wütender. Die Frau selbst meinte: «Das mache ich nie wieder.» Ihre Schuldgefühle und die Wut des Babys waren ein Zeichen dafür, dass in der bisher vertrauensvollen Mutter-Kind-Verständigung etwas schief gelaufen war. Die Methode der fehlenden Reaktion (ich halte das für fehlende Verantwortung) gründet auf dem psychologischen Grundsatz von Verstärkung und ausbleibender Verstärkung. Wenn ein Verhalten nicht verstärkt wird oder nicht darauf reagiert wird, dann hört es auf – man bezeichnet dies als Löschung des Verhaltens. Und genau das passiert, wenn der Ratschlag, das Baby schreien zu lassen, funktioniert. Eine Verhaltensweise des Kindes wird gelöscht, und etwas in ihm stirbt. Es bereitet mir grosse Schwierigkeiten, diese Einstellung zu verstehen. Indem Sie auf das Schreien Ihres Babys nicht eingehen, bringen Sie ihm bei, dass es aufgeben und sich der Verzweiflung überlassen soll. Dabei verlieren Sie beide etwas.
Meiner Ansicht nach sprechen gewichtige Gründe dagegen, das Baby schreien zu lassen. Ich hoffe, dass mein Buch den Babys hilft, wirksamer zu schreien, und dass es den Eltern hilft, besser zuzuhören. Wenn Kinder schreien, sollte auch jemand hinhören.

Schreien und Kindsmisshandlung

Als ich einmal ein Beratungsgespräch mit den Eltern eines sehr liebebedürftigen Kindes führte, bezeichnete die Mutter ihr Kind unabsichtlich als Risikobaby. In gewisser Weise hatte

sie recht. Sehr liebebedürftige Babys sind einem grösseren Risiko von Kindsmisshandlung ausgesetzt.
Idealerweise ist das Schreien kraftvoll genug, um eine mitfühlende Reaktion bei der Bezugsperson auszulösen, es ist jedoch nicht so beunruhigend, dass es entweder eine Vermeidungsreaktion oder Wut auslöst. Andauerndes, aufreibendes Babygeschrei kann zu Kindsmisshandlung führen. Eine Fallanalyse von Kindsmisshandlungen, die durch das Schreien ausgelöst worden waren, ergab, dass die Verständigung in diesen Eltern-Kind-Beziehungen schon früher abgebrochen war (Ounsted 1974):

- Eltern, die ihre Babys schlugen, praktizierten einen Erziehungsstil, bei dem sie nur sehr zurückhaltend auf die Bedürfnisse ihres Babys eingingen.

- Diese Eltern bezeichneten ihr Kind eher als «schwierig».

- Babys, die geschlagen wurden, weinten im allgemeinen auf eine entnervende Art.

Die Verständigung war abgebrochen, weil nicht von Geburt an prompt auf das Schreien des Babys reagiert worden war. Diese Säuglinge lernten, heftiger anstatt wirkungsvoller zu schreien. Die Folge war, dass ihr Schreien aufreibender wurde und bei den Eltern, bei denen das Risiko zur Gewalttätigkeit bestand, Wut statt Mitgefühl auslöste.
Beratung und Unterstützung zu einem frühen Zeitpunkt hätte diesen Eltern helfen können, das Weinen ihres Babys als Signal zu verstehen. Indem potentiell gewalttätige Eltern lernen, sofort und mitfühlend auf das Schreien ihres Babys zu reagieren, lernt das Baby von Anfang an, gezielter zu schreien. Das Weinen des Babys bewirkt dann in den Eltern eine mitfühlende Reaktion anstatt Ärger. Die Prävention von Kindsmisshandlung ist nur ein weiteres Beispiel dafür, wie gut es ist, wenn Eltern und Babys lernen, einander zuzuhören.

KAPITEL 5

Das Kolikbaby

Wenn Sie sich fragen, ob Sie ein Kolikbaby haben oder nicht, dann haben Sie wahrscheinlich keines. Ein Kolikbaby zeigt nämlich seinen Eltern eindeutig, dass es wirklich leidet. Es gibt jedoch einen fliessenden Übergang zwischen Babys, die sehr unruhig sind und Babys mit Koliken. In diesem Buch spreche ich von Kolikbabys, wenn das Schreien körperliche Ursachen hat, und von unruhigen Babys, wenn das Schreien auf das Temperament des Babys zurückzuführen ist. Doch ist der Umgang mit dem Schreien sehr viel wichtiger als seine Ursache.

Merkmale eines Kolikbabys

Koliken sind keine Krankheit. Trotzdem haben Kolikkinder eine Reihe gemeinsamer Symptome. Ein Baby mit Koliken schreit, weil es heftiges körperliches Unbehagen spürt. Es zieht die Beine zum prall mit Gasen gefüllten Bauch und ballt die Fäuste, als wäre es wütend über diese unkontrollierbaren Schmerzen. Wenn es den Eltern deutlich seinen Schmerz zeigt, fühlen sich diese ebenso hilflos wie ihr Kolikbaby selbst. Sie kennen die Ursachen der Schmerzen nicht und wissen nicht, wie sie diese lindern könnten. Heftige, quälende Koliken bringen die Eltern an den Rand ihrer Belastbarkeit. Das Schreien ist krampfartig und tritt plötzlich, unerwartet und anfallartig auf. Oft sagen die geplagten Eltern: «Noch vor einer Minute war es absolut zufrieden und gesund, und nun ist es dem Schmerz völlig ausgeliefert.»
Häufige «Au»-Laute sind charakteristisch für das Schreien bei Koliken. Die damit einhergehende Körpersprache beunruhigt am meisten: Wut, Anspannung, wildes Umsichschlagen mit Armen und Beinen, geballte Fäuste, verzerrtes Gesicht und ein harter Bauch. Die Arme hat das Baby an der Brust angewinkelt, und die Knie sind so sehr angezogen, dass sie fast gegen seinen aufgeblähten Bauch stossen. Während dieser Anfälle wirft das Baby von Zeit zu Zeit die Arme hoch,

macht den Rücken steif, biegt den Hals durch, rudert mit den Beinen – eine Bewegung, die an einen zappelnden Rückenschwimmer erinnert. Anschliessend versinken die Babys oft in tiefen Schlaf. Dass die Kolikanfälle so anhaltend sind, macht den Eltern meist sehr zu schaffen. Sie können ein paar Minuten, aber auch ein paar Stunden dauern, unterbrochen von gelegentlichen Ruhepausen, bevor der nächste Sturm losbricht. Aufgrund einer merkwürdigen Gesetzmässigkeit treten Koliken selten am Morgen auf, wenn Eltern und Kind gut ausgeruht sind, sondern meist am späten Nachmittag oder frühen Abend, wenn die Eltern nur noch über wenig Reserven verfügen. Im Gegensatz zu sehr liebebedürftigen, unruhigen Babys, die den ganzen Tag über quengelig sind, gibt es Babys mit Kolikanfällen, die «pflegeleicht» sind, wenn sie gerade keine Koliken haben. Eine Mutter sagte mir: «Ich habe es da mit zwei verschiedenen Kindern zu tun.» Plagt diese Babys kein Kolikanfall, sind sie gesund und munter. Sie trinken mehr und wachsen schneller als solche, die keine Koliken haben. Ihr gesundes Aussehen führt zu Bemerkungen wie: «So ein prächtiges Baby! Sie können wirklich stolz sein.» Die erschöpfte Mutter antwortet dann: «Sie hätten uns mal vor vier Stunden sehen sollen.»

Wissenschafterinnen und Wissenschafter haben das Erscheinungsbild von Koliken einheitlich definiert, um Untersuchungsergebnisse besser miteinander vergleichen zu können (Illingworth 1954; Wessel 1954):

- Auftreten bei sonst völlig gesunden, gut gedeihenden Babys.
- Anfälle von endlosen Schreiphasen ohne feststellbare körperliche Ursachen.
- Beginn innerhalb der ersten drei Lebenswochen.
- Dauer von mindestens drei Stunden am Tag, drei Tagen pro Woche und während mindestens drei Wochen.

Trotzdem: Die Angaben der Stunden, Tage und Wochen sind willkürlich. Die Symptome für Koliken sind von Baby zu Baby unterschiedlich und bei jedem Baby von Tag zu Tag wieder anders.

Das Kolikbaby

Wieso haben Babys Koliken?

Besonders frustrierend im Umgang mit einem Kolikbaby ist es, dass selten jemand die Ursache für die Attacken kennt, weder die Eltern noch der Kinderarzt oder die Kinderärztin, nicht einmal eine alte, erfahrene Grossmutter. Dies hat Auswirkungen auf das Mitgefühl der Eltern. Körperliche Ursachen lösen Mitleid aus. Es ist leichter, eine schmerzgepeinigte Person zu trösten, wenn ein leicht festzustellender körperlicher Grund für den Schmerz vorliegt. Zwar lösen auch unbekannte Ursachen bei den Eltern mitfühlende Reaktionen aus, doch besteht immer das Risiko, dass sich Gedanken einschleichen wie: «Ich werde an der Nase rumgeführt», oder «Ich werde ausgenutzt.» Solche Gefühle können die Eltern veranlassen, in ihrer Fürsorglichkeit zurückhaltender zu werden.
Koliken sind mit einem akuten, heftigen Schmerz im Bauch verbunden. Ursprünglich wurde angenommen, dieser Schmerz werde durch Gase im Dickdarm hervorgerufen, und daher wurde der Begriff «Kolik» eingeführt. Viele Theorien und Mythen über die Ursachen von Koliken sind aber zu einem grossen Teil Phantasien, die einer kritischen Überprüfung nicht standhalten.

Mein Kind hat zu viel Luft geschluckt

Bei der langen und oft fruchtlosen Suche nach den Ursachen für die Schmerzen wurde häufig davon ausgegangen, dass sich Gase im Verdauungssystem des Babys befinden. Während der kolikartigen Schmerzen scheint der Bauch des Babys aufgebläht zu sein, und es hat viele Winde. Babys mit Koliken haben oft mehrmals Stuhlgang pro Tag (vielleicht, weil sie so viel trinken), in den Windeln ist viel Stuhl, und oft tritt auch mit dem krampfhaften Auspressen der Luft etwas Stuhl aus.
Während des Trinkens und bei der Verdauung regen Nahrung oder Luft im Bauch das gesamte Verdauungssystem zu einem rhythmischen Zusammenziehen und zu Pumpbewegungen an. Dadurch werden die Nahrung und die Luft durch das Verdauungssystem befördert – ein Prozess, der als Peristaltik bezeichnet wird. Manche Wissenschafterinnnen und Wissenschafter meinen, dass diese Peristaltik beim Baby mit Koliken noch nicht gut funktioniert und sich langsamer entwickelt

(Brennemann 1940). Wäre jedoch das unreife Verdauungssystem die Ursache von Koliken, müssten bei Frühgeborenen häufiger Koliken auftreten. Doch das ist nicht der Fall. Röntgenuntersuchungen lassen ebenfalls Zweifel daran aufkommen, dass Gase im Verdauungssystem die Ursache von Koliken sind (Paradise 1966). Aufnahmen des Bauches von Babys ohne Koliken zeigen oft Luft in den Verdauungsorganen, doch scheint dies das Baby nicht zu stören. Bei Kolikanfällen zeigten Röntgenbilder während des Schreiens noch keine Gase, aber anschliessend war viel Gas vorhanden. Während des Schreiens wird Luft geschluckt; es kann also sein, dass geblähte Verdauungsorgane die Folge und nicht die Ursache des Schreiens sind.

Das ist ein Grund, weshalb eine schnelle Reaktion auf das Schreien des Babys wichtig ist – besonders bei Kindern mit einer niedrigen Schmerzschwelle. Wenn die Schreiphase abgekürzt werden kann, schluckt das Baby weniger Luft, und die Menge Gas in den Verdauungsorganen verringert sich. Babys, die wirklich unter Koliken leiden, sollten lernen, wirkungsvoller zu schreien. Eine prompte Reaktion der Umgebung ist der erste Schritt dazu.

Beim Weinen vor Schmerz und aus Wut wird am meisten Luft geschluckt. Dieses Schreien ist mit einer langen Ausatmung verbunden und endet mit einer «blauen Periode» stimmlosen Weinens, auf welche ein plötzliches, sehr heftiges Einatmen folgt, als würde das Baby versuchen, all das Einatmen nachzuholen, welches es beim ausatmenden Schreien verpasst hat. Dieses plötzliche Luftschnappen kann bewirken, dass am einen Ende viel mehr Luft hereinkommt als am anderen Ende hinausgelassen werden kann. Dann sammelt sich die Luft in den Verdauungsorganen als Gas an, und es kommt zu Koliken.

Das Erscheinungsbild der angespannten Mutter mit einem angespannten Baby

Koliken des Babys werden manchmal ungerechtfertigterweise der Mutter angelastet. Beobachtende meinen, dass die Mutter ihre eigenen Ängste auf das Baby übertrage und dieses dann entsprechend reagiere. In den meisten Fällen von Koliken trifft das einfach nicht zu. Koliken kommen bei Babys von sehr gelassenen Müttern ebenso vor wie bei ängstlicheren Müttern. Das ist ein wichtiger Gesichtspunkt, weil das Verhalten des Babys oft ungerechtfertigt als Gradmesser für die Fähigkeiten der Mutter herhalten muss. Es stimmt, dass Mütter sehr unterschiedlich mit dieser für sie noch ungewohnten Situation zurechtkommen und dass Koliken, wie auch jeder andere Stress, der nicht schnell beseitigt wird, durch die Anspannung der Mutter verlängert und verstärkt werden können. Untersuchungen haben jedoch keine absolute Wechselbeziehung zwischen der Persönlichkeit der Mutter und den Koliken des Babys ergeben (Paradise 1966). Andere Studien zeigen zwar, dass ängstliche Mütter eher Babys mit Koliken haben (Carey 1968). Mütter, die während der Schwangerschaft angespannt, ängstlich und niedergeschlagen sind, haben ebenfalls eher Kolikbabys zu erwarten. Doch die meisten Mütter, die sich in diesen Untersuchungen selbst als ängstlich einschätzten, hatten deshalb noch lange kein unruhiges Baby. Es gibt also keine zwingende Wechselbeziehung zwischen den Emotionen der Mutter und der Tatsache, dass ein Baby Koliken hat. Einige Untersuchungen ergeben auch, dass Koliken die Folge einer sogenannten «sich selbst erfüllenden Prophezeiung» sind. Eltern, die mit Schwierigkeiten in dieser Hinsicht rechnen, bekommen eher unruhige Babys. Meiner Meinung nach hat der emotionale Zustand der Mutter mehr Einfluss auf den Umgang mit dem Kolikbaby als auf die Ursache der Koliken selbst. Ein angespanntes Baby beruhigt sich schlechter in den Armen eines angespannten Menschen.

Milchallergien und Koliken

«Allergische Krampfkinder» sind Babys, deren Kolik durch eine Nahrungsmittelallergie verursacht wird. Bei den meisten Babys mit Koliken besteht jedoch keine Beziehung zwischen dem Milchpräparat und der Kolik. Die Suche nach der richtigen Fertigmilch ist deshalb im allgemeinen fruchtlos. Die meisten Untersuchungen ergeben auch keinen Unterschied zwischen gestillten Kindern und Flaschenkindern, was die Häufigkeit von Kolikanfällen anbelangt. Meiner Erfahrung nach können stillende Mütter jedoch oft besser mit Kolikbabys umgehen.
Eine Untersuchung basiert auf der Annahme, dass eine Kuhmilch-Allergie die Ursache von Koliken ist (Lothe 1982). In

dieser Studie mit 60 heftig unter Koliken leidenden Babys, die Fertigmilch auf Kuhmilchbasis bekamen, traten bei 18% Verbesserungen ein, nachdem sie mit Babymilch aus Soja gefüttert wurden. Bei weiteren 53% verbesserte sich die Situation nach einer Umstellung auf hypoallergene Nahrung. Die Autoren kamen zum Ergebnis, dass 71% dieser Babys nach einer Ernährungsumstellung symptomfrei wurden. Doch hat jede Form der Kolikbehandlung möglicherweise einen Placebo-Effekt. Allein schon die Tatsache, dass etwas unternommen wird, führt zu einer Symptomlinderung. Das macht die Untersuchungsanordnung sehr kompliziert. Es lässt sich schwer feststellen, welche Verbesserungen auf die Umstellung auf eine andere Milch zurückzuführen sind und welche lediglich auf dem Placebo-Effekt beruhen. Da Babys, die allergisch gegen Kuhmilch sind, auch eher zu einer Allergie gegen Sojamilch neigen, und weil einige lebenswichtige Mineralien wie Zink aus Sojamilch möglicherweise nicht absorbiert werden, empfiehlt das amerikanische Ernährungskomitee der Kinderärzte, «American Academy of Pediatrics Committee on Nutrition», dass Sojamilch nicht routinemässig für Babys mit Koliken verwendet werden sollte (1983). **Vor einer Umstellung in der Ernährung eines Säuglings sollte in jedem Fall eine Fachperson aufgesucht werden.**
Kolikreaktionen bei gestillten Kindern sind auf Kuhmilchprodukte zurückzuführen, welche die Mutter zu sich genommen hat. Allergene Stoffe der Kuhmilch können in die Muttermilch gelangen und zu Reizungen beim Baby führen. Noch herrscht keine einheitliche Meinung zu diesem Thema, doch hat es sich erwiesen, dass die Koliksymptome nachlassen, wenn eine stillende Mutter sich ohne Kuhmilchprodukte ernährt (Jakobsson und Lindberg 1983): 66 stillende Mütter von Kolikbabys ernährten sich ohne Kuhmilchprodukte. Bei 35 Kindern verschwand die Kolik und trat nach mindestens zweimaligem Verzehr von Kuhmilch seitens der Mutter bei 23 dieser Kinder wieder auf.
Eine andere Untersuchung mit 20 gestillten Kolikkindern (Evans 1981) lässt dagegen Zweifel aufkommen über den Zusammenhang zwischen Kuhmilch und Koliken bei gestillten Kindern. Die Fachleute stellten keine Beziehung zwischen der stillenden Mutter, die Kuhmilch getrunken hatte, dem Vorhandensein eines Kuhmilch-Antigens in der Muttermilch und Kolik-Symptomen fest. Eine abschliessende Antwort in

Das Kolikbaby

Bezug auf den Zusammenhang zwischen Kuhmilch und Kolik wurde noch nicht gefunden. Doch ist eine Ernährungsumstellung bei Mutter und Kind sicher einen Versuch wert, vor allem, weil Koliken einen verheerenden Effekt auf die ganze Familie haben können. Stillende Mütter sollten bei einer Ernährungsumstellung jedoch ebenfalls den Rat von Fachpersonen beiziehen.

Der Zusammenhang zwischen anderen Nahrungsmittel-Unverträglichkeiten und Koliken bei gestillten Kindern

Erzeugen blähende Nahrungsmittel Koliken beim gestillten Baby? Ich habe eine Diskrepanz zwischen den Berichten der Mütter und den Erkenntnissen der Ernährungswissenschaft festgestellt. Ernährungsexpertinnen und -experten sind der Ansicht, dass es keine wissenschaftliche Grundlage dafür gebe, dass Nahrung, welche die Mutter zu sich nimmt, in die Muttermilch übergeht und beim Baby zu Koliken führt. Doch gelegentlich erzählt mir eine Mutter, dass sie einige Stunden nachdem sie bestimmte Nahrungsmittel gegessen habe, Koliksymptome bei ihrem Baby feststelle. Die Nahrungsmittel, von denen dies am häufigsten berichtet wird, sind:

- Rohes Gemüse: Brokkoli, Kohl, Zwiebeln, Peperoni, Blumenkohl.
- Schokolade.
- Eier.
- Meeresfrüchte.
- Nüsse.
- Zitrusfrüchte.
- Synthetische Vitamine (entweder von der Mutter oder vom Baby eingenommen).

Wenn Sie regelmässig von Ihrer Milch kosten, können Sie vielleicht feststellen, dass sich ihr Geschmack durch bestimmte Nahrungsmittel verändert. Einige Mütter haben mir gesagt, sie hätten nach dem Genuss sehr scharf gewürzter Gerichte eine Veränderung im Geschmack ihrer Milch bemerkt. Diese Geschmacksveränderung trat gleichzeitig mit einem Kolikanfall beim Baby auf. Der spezielle Geschmack der Muttermilch kann aber auch ein erster Schritt dahin sein, dass Babys sich an stark gewürzte Speisen in ihrer Kultur gewöhnen; sie machen über die Muttermilch Bekanntschaft mit Knoblauch, Curry oder Chili.

Rauchen

Koliken kommen bei Babys, deren Mütter rauchen, häufiger vor (Said 1984). Diese Studie hat zudem ergeben, dass Koliken auch öfter auftreten, wenn Väter oder Gäste rauchen. Fachleute kamen zum Schluss, dass die Wirkung auf den Rauch in der Wohnung zurückzuführen war und nicht auf einen direkten Transport der Chemikalien über die Muttermilch. Die Babys rauchender Mütter haben nicht nur häufiger Koliken, gleichzeitig kann die Fähigkeit dieser Mütter, damit umzugehen, vermindert sein. Untersuchungen haben gezeigt, dass Mütter, die rauchen, einen niedrigeren Prolaktinspiegel haben (Nybor 1984).

Geburt und Kolik

Das Geburtserlebnis kann das Entstehen von Koliken beeinflussen. Koliken treten häufiger auf bei den Kindern, die eine komplizierte, anstrengende Geburt erlebten und die oft von ihren Müttern getrennt waren. Das geht mit der allgemeinen Tendenz zu unruhigerem Verhalten jener Säuglinge einher, die einen schweren Start ins Leben hatten und die von ihren Müttern getrennt waren.

Eine weitere Koliktheorie

Lassen Sie mich an dieser Stelle auch meine eigene Theorie über die Ursachen von Koliken entwickeln. Diese Ansicht basiert auf meinen praktischen Erfahrungen als Kinderarzt und auf meinem Einblick in medizinische Forschungsergebnisse. Koliken sind etwas, was das Baby tut und nicht etwas, das es hat. Es geht um ein Verhalten und nicht um eine Krankheit. Ich glaube, dass wir die Ursachen der Koliken am falschen Ort suchen. Es scheint mir mehr ein Problem des Temperaments und der neurologischen Entwicklung zu sein als ein Problem der Verdauungsorgane. Ich meine, dass Kolikbabys

Das Kolikbaby

dem gesamten Spektrum der unruhigen und sehr liebebedürftigen Babys zuzurechnen sind. Sie reagieren von ihrem Temperament her überempfindlich, sehr intensiv, unberechenbar und können sich nur langsam auf ihre veränderte Umwelt einstellen. Ich habe das bei der Charakterisierung des sehr liebebedürftigen Babys eingehend beschrieben. Anstatt den ganzen Tag unruhig zu sein, hebt sich das Kolikbaby seine Unruhe für das Tagesende auf, um dann einen heftigen Anfall zu bekommen. Meistens setzen die Koliken nicht vor der zweiten Lebenswoche ein. Fehlt dem Baby möglicherweise etwas während dieser zweiwöchigen Schonfrist bei seiner Umstellung ans Leben ausserhalb des Mutterleibes? In unserer Kultur wird das Neugeborene oft als ein von der Mutter völlig getrenntes Wesen angesehen, doch vielleicht empfindet es dies selber anders. Ist es etwa so, dass manche sehr liebebedürftige Babys in den ersten Wochen nach der Geburt ganz eng mit ihren Müttern verbunden bleiben möchten, dass sie nach Bedarf angelegt und im Arm umhergetragen werden müssten, ganz nahe am Körper der Mutter schlafen möchten und überhaupt eine geordnete Umgebung bräuchten, welche der Gebärmutter ähnlich ist? Wenn diese Kinder nicht bekommen, was sie nötig haben und erwarten, reagieren sie mit einem Verhalten, das wir als Kolik bezeichnen. Das ist vielleicht nichts weiter als die Niedergeschlagenheit und Wut eines Babys, das nicht gut in seine Umgebung passt. Ich glaube, dass dies bei einigen Kolikbabys eine der Ursachen ist. Nicht bei allen, denn selbst Babys, die vom ersten Augenblick der Geburt an liebevolle Fürsorge und eine ganz enge Bindung genossen haben – die also einen guten Start hatten – können Koliken bekommen.

Warum treten Koliken abends auf?

Die Tatsache, dass Koliken häufig in den Abendstunden zwischen sechs und neun Uhr auftreten – der Tageszeit, die manche Eltern als die «schwarzen Stunden» bezeichnen – bestärkt mich in der Ansicht, dass Koliken ein neurologisches oder gar ein hormonelles Problem sind. Würden Koliken durch Allergien hervorgerufen, warum hätten Babys dieses Problem dann nur drei Stunden pro Tag? Zwar weiss niemand genau, warum Koliken hauptsächlich abends auftreten, doch gibt es einige plausible Erklärungen.

Die Reserven der Eltern gehen zur Neige

Gegen Abend sind die Kräfte der Eltern allmählich erschöpft. Babys könnten sich gar keine ungünstigere Zeit für ihre Koliken aussuchen. Den Kolikkindern geht es gerade dann so schlecht, wenn die meisten Mütter körperlich und emotional am allerwenigsten in der Lage sind, ihnen Trost zu spenden. Diese Babys brauchen dann die grösste Zuwendung, wenn die Eltern am wenigsten auf sie eingehen können. Am späten Nachmittag oder am Abend sind die meisten Mütter aufgrund der lang dauernden Forderungen ihres Babys ausgelaugt. Selbst der bewährteste Trostspender, Mutters Busen, genügt am Abend nicht mehr unbedingt den Erwartungen. Gegen Abend sind Fett- und Eiweissgehalt der Muttermilch am niedrigsten, und das Trinken ist dann für den Säugling nicht mehr so sättigend. Viele Mütter sagen, dass sie gegen Abend weniger Milch haben. Zudem kommt es am Abend zu hormonellen Veränderungen bei der Mutter: Die Prolaktinausschüttung ist während des Schlafs und in den Morgenstunden am höchsten. Der Cortisonspiegel im Blut ist um sechs Uhr abends am niedrigsten, doch ist nicht genau bekannt, welchen Einfluss dies auf die Frau hat.

Störungen im biologischen Rhythmus

Koliken können die Folge einer Störung im täglichen biologischen Rhythmus sein. Beim menschlichen Schlaf/Wach-Rhythmus, bei der Körpertemperatur und beim hormonellen Zustand gibt es tagtäglich Schwankungen. Diese biologischen Spitzen und Tiefen innerhalb von vierundzwanzig Stunden werden als circadiane Rhythmen bezeichnet. Zum Beispiel ist der Spiegel zweier wichtiger Hormone, des Cortisons und des Wachstumshormons, am frühen Morgen am höchsten, abends am niedrigsten. In den ersten Lebensmonaten sind diese täglichen Schwankungen sehr unregelmässig; mit vier bis sechs Monaten wird das Muster ausgeglichener. Gleichzeitig werden die Schlafrhythmen des Babys regelmässiger, und die Koliken lassen nach. Ist das Zufall, oder gibt es da einen Zusammenhang?

Das Kolikbaby

Hormonelle Probleme

Neben der Tatsache, dass sich die biologischen Rhythmen noch nicht eingespielt haben, können Koliken auch eine Folge von Hormonstörungen oder Unreife sein. Es kann ein Mangel jenes Hormons vorliegen, das beim Baby am Ende des Tages normalerweise zu einer Beruhigung führt. Das Zuviel eines anderen Hormons könnte dazu führen, dass das Baby abends sehr unruhig ist. Es gibt einige Studien, die diese Theorie stützen. Progesteron ist ein Hormon, das beruhigend und einschläfernd wirken kann. Bei der Geburt erhält das Baby über die mütterliche Plazenta Progesteron. Seine beruhigende Wirkung klingt innerhalb von ein bis zwei Wochen ab, und es kommt zu Koliken, wenn das Baby nicht selbst genügend davon produziert. In einer Untersuchung wurde festgestellt, dass Babys mit Koliken einen niedrigen Progesteron-Spiegel hatten, und dass sich ihr Zustand besserte, wenn sie mit einem dem Progesteron ähnlichen Medikament behandelt wurden (Clark 1963). Eine andere Studie ergab keinen Unterschied im Progesteron-Spiegel bei Kindern mit und ohne Koliken (Weissbluth und Green 1983). Weissbluth hat jedoch in einer weiteren Untersuchung Kolikbabys und Kinder mit schwierigem Temperament oder niedriger Reizschwelle in einer Gruppe zusammengefasst und ist zum Schluss gekommen, dass Plasma-Progesteron in ungewöhnlich tiefen Werten vorhanden war (Weissbluth 1983). Die gestillten Babys hatten in dieser Untersuchung höhere Progesteron-Werte. Die Bedeutung dieser Ergebnisse ist noch nicht klar, doch könnten sie eines Tages als Erklärung dafür dienen, warum einige Babys unruhiger sind als andere.

Auch Prostaglandine sind schon mit Koliken in Zusammenhang gebracht worden. Diese Hormone lösen starke Kontraktionen der Muskulatur der Verdauungsorgane aus. In einer Untersuchung, in der Prostaglandine therapeutisch zur Behandlung von Herzerkrankungen eingesetzt wurden, zeigten die beiden daran beteiligten Säuglinge Koliksymptome (Sankaran 1981).

Beobachtungen, dass Babys nach einer anstrengenden Geburt zu Koliken neigen, sprechen ebenfalls für die Hormontheorie. Doch ist noch viel zu wenig bekannt über die Auswirkungen der Geburt auf den Hormonhaushalt und das Verhalten von Neugeborenen.

Stellen Sie sich auf die Abendkoliken ein

Ich vermute, dass Koliken zahlreiche Ursachen haben: temperamentsbedingte, physiologische und milieubedingte. Viele Einflüsse überfluten das Baby mit seinen noch unausgereiften Fähigkeiten, sich auf Neues einzustellen. Wenn ich ein Baby während einer Kolik beobachte, habe ich den Eindruck, dass da etwas Physisches und Chemisches vor sich geht. Es ist nicht einfach unruhig, es hat Schmerzen! Am liebsten würde ich zu einer Wundermedizin greifen, die diesem hilflosen kleinen Wesen sofort Linderung verschafft. Doch weiss ich genau, dass ich ihm keine Mittel anbieten kann, solange ich die Ursache seiner Schmerzen nicht kenne. Nach dem gegenwärtigen Erkenntnisstand ist das Beste, was sich für das Baby tun lässt, es zu trösten und die Einflüsse zu minimieren, die seine Unruhe noch verstärken.

Stellen Sie sich auf die Abendkoliken ein, indem Sie alle notwendigen Arbeiten schon im Laufe des Tages erledigen. Bereiten Sie das Abendessen am Morgen zu. Eltern von Kolikbabys gewöhnen sich schnell an Eintopf- und Auflaufgerichte, die im voraus zubereitet werden können. Es ist ratsam, sich keine Arbeiten und Pflichten vorzunehmen, die in den Zeiten der Abendkoliken Ihre ganze Energie erfordern würden.

Ein Schläfchen am späten Nachmittag ist eine weitere Möglichkeit, sich auf Koliken am Abend vorzubereiten. Legen Sie sich so gegen vier Uhr mit Ihrem Baby hin, und versuchen Sie beide, beim Stillen einzuschlafen («Stillnickerchen»). Das Stillen und das Schlafen am späten Nachmittag helfen der Mutter und dem Baby: Die Mutter bekommt eine Pause, ihr Prolaktinspiegel steigt, und sie tankt neue Energie, um den Abendkoliken gewachsen zu sein. Und die Körperfunktionen des Babys können sich in dieser Ruhepause vor Kolikbeginn erholen. Einige Mütter haben mir berichtet, dass diese stille Zeit am späten Nachmittag sogar bewirkt hat, dass die Koliken nicht mehr so häufig und weniger heftig waren.

Wann hören Koliken auf?

Koliken beginnen in der zweiten Lebenswoche, werden zwischen der sechsten und achten Woche am heftigsten und sind dann mit drei bis sechs Monaten gewöhnlich vorbei. In einer Untersuchung an hundert Kolikkindern waren bei der Hälfte der Kinder die Koliken nach drei Monaten vorbei, bei

90% innerhalb von sechs Monaten. Nur bei einem Prozent dauerten die Koliken bis zu einem Jahr (Wessel 1954). In England hat Illingworth (1954) fünfzig Fälle von Abendkoliken untersucht und festgestellt, dass sie bei 85% der Babys innerhalb von drei Monaten und bei allen andern innerhalb von vier Monaten verschwunden waren. Koliken, die länger als drei oder vier Monate dauern, haben möglicherweise medizinische Ursachen, zum Beispiel eine Milch-Unverträglichkeit.
Koliken tauchen in den Entwicklungsphasen der Säuglinge dann am schlimmsten auf, wenn diese am wenigsten in der Lage sind, sich selbst zu trösten und abzulenken. In den ersten drei Monaten sind Babys fast völlig von ihren Bezugspersonen abhängig. Die Heftigkeit der Koliken scheint in dem Masse nachzulassen, wie sich das Kind weiterentwickelt. Ich denke, Koliken bessern sich um den dritten Monat herum auch deshalb, weil Babys dann deutlich sehen können und von den visuellen Reizen und Ablenkungen um sie herum fasziniert sind. Sie können allmählich etwas mit ihren Händen anfangen und lernen, sich selbst zu trösten, indem sie am Daumen lutschen, Blickkontakt aufnehmen und mit den Armen und Beinen rudern, um Dampf abzulassen. Um den dritten Monat herum ist bei den meisten Babys das Zentralnervensystem besser ausgereift, was sich im regelmässiger werdenden Schlafrhythmus zeigt. Ausserdem haben die meisten Eltern inzwischen viel Erfahrung damit, wie sie ihr Kind am besten trösten. Doch obwohl heftige abendliche Kolikanfälle nach spätestens einem halben Jahr aufhören, können Verhaltensweisen, die bei sehr liebebedürftigen Babys üblich sind, bestehen bleiben.
Wieviele Babys haben Koliken? Es ist schwierig, genaue Zahlen anzugeben, da nur die Eltern wirklich wissen, wie es ist. Die meisten Studien kommen zum Schluss, dass 12 bis 16 Prozent aller Babys in den ersten sechs Lebensmonaten manchmal Kolikanfälle haben. Der Anteil der Kolikbabys sowie der sehr unruhigen Babys (Babys, die sonst sehr viel schreien) liegt gesamthaft bei etwa 25%.

Über Koliken sprechen

Da die meisten Koliken nicht während der Sprechstundenzeiten auftreten, haben Kinderärzte und Kinderärztinnen selten Gelegenheit, einem Kolikanfall zuzusehen. Wenn Sie bei einer

Fachperson Hilfe für Ihr schreiendes Baby suchen, sollten Sie zwei wichtige Fragen ehrlich beantworten: Wie sehr quälen die Koliken Ihr Baby und wie sehr Sie selbst? Die untenstehende Liste hilft Ihnen, Informationen zusammenzustellen, die Ihre Ärztin oder Ihr Arzt kennen müssen. Denken Sie zu Hause darüber nach und machen Sie sich Notizen, die Sie zum Arztbesuch mitnehmen.

- Wann haben die Kolikanfälle begonnen, wie häufig sind sie, und wie lange dauern sie?
- Zu welcher Tageszeit und unter welchen Begleitumständen treten sie auf (zu Hause, bei anderen Bezugspersonen als der Mutter, wenn die Familie sehr beschäftigt ist)?
- Wodurch scheinen die Koliken eingeleitet und wodurch beendet zu werden?
- Wo hat das Baby Schmerzen, wie sehen sein Gesicht, sein Bauch und seine Extremitäten aus?
- Wie lässt sich das Schreien beschreiben?
- Einzelheiten über die Ernährung: Wird das Baby gestillt, oder bekommt es die Flasche? Wie oft, wie schluckt es? Hören Sie, dass es Luft schluckt?
- Stuhlgang: Mühelos oder anstrengend, weich oder hart, wie oft?
- Wie viele Winde hat das Baby?
- Spucken: Wie oft, wie bald nach der Mahlzeit, wie heftig?
- Wie sieht der Po des Babys aus? (Hartnäckiges Wundsein oder ein roter, sonnenverbrannt aussehender Po lassen auf eine Nahrungsmittel-Unverträglichkeit schliessen).
- Was haben Sie gegen die Koliken unternommen? Was hat geholfen und was nicht?
- Zu welchem Ergebnis kommen Sie?

Sagen Sie unbedingt, wie sich die Koliken auf die gesamte Familie auswirken. Ich habe schon häufig erlebt, dass Mütter ein Gespräch mit den Worten begannen: «Unsere Familie hält der Belastung nicht stand – ich bin aufgelöst, meinem Kind geht es schlecht und meiner Ehe auch.» Lassen Sie Ihren Gefühlen ruhig freien Lauf. So wird deutlich, wie sehr die Koliken Ihres Babys Ihnen wirklich zu schaffen machen.

Das Kolikbaby

Wenn es sich nicht ergibt, dass Ihre Ärztin oder Ihr Arzt eine Kolikphase beobachten kann, könnten Sie eine Tonbandaufnahme vom Schreien Ihres Babys machen. Allerdings fällt es mir schwer, das Schreien nur nach dem Gehör zu beurteilen; die Körpersprache sagt so viel darüber aus, wie sehr das Baby wirklich leidet. Besser ist deshalb eine Videoaufnahme, die beispielsweise der Vater macht, wenn die Mutter das Kolikbaby während einem Anfall herumträgt. Damit kann man wirklich sehen, wie es Ihnen in dieser verzweifelten Situation geht. Auf manche Eltern hat es eine therapeutische Wirkung, wenn sie sich, nachdem ihr Kind grösser geworden ist, ruhig zurücklehnen und einige Videoaufnahmen mit Schreiphasen anschauen können. Wenn Eltern dann zurückblicken, sind sie oft erstaunt über die totale Persönlichkeitsveränderung ihres Babys. Beim Anschauen oder Anhören können sie dann erleichtert ausrufen: «Das haben wir alles hinter uns!»

Besonders hilfreich ist es auch, wenn die Eltern Tagebuch führen über die Tageszeit, die Aktivitäten des Kindes und der übrigen Familie. Sie werden überrascht sein, welche Zusammenhänge sich da ergeben können. Ich habe zum Beispiel herausgefunden, dass ein Baby selten nachts von einer typischen Kolik erwacht. Schmerzen, von denen das Kind aus dem Schlaf gerissen wird, sind meist nicht emotional bedingt, sondern haben körperliche Ursachen.

Nach Möglichkeit sollten beide Eltern in die Sprechstunde kommen. Wenn der Vater dabei ist, kann die Mutter eher aufrichtig bleiben. Mütter spielen manchmal herunter, wie sehr das Schreien des Babys ihnen zu schaffen macht. Sie haben Angst, dass ihr Image als perfekte Mutter in den Augen des Arztes ins Wanken gerät. Väter sind häufig auch eher dazu bereit zuzugeben, wie sehr das schreiende Baby das gesamte Familienleben beeinträchtigt. Bei einer Familie, die zu mir zu einem Beratungsgespräch über Koliken kam, wurde mir der Ernst der Situation erst deutlich, als der Vater gestand: «Ich habe mich letzte Woche unterbinden lassen, damit wir so etwas nie wieder durchmachen müssen.» Ich hatte verstanden.

Was die Fachperson prüft

Wenn Sie Ihrem Arzt oder Ihrer Ärztin alle erwähnten Informationen geben, hilft das, mögliche verdeckte medizinische Ursachen für die Schreianfälle Ihres Babys zu finden. Wenn eine Fachperson alle Fakten kennt, kann sie leichter herausfinden, was Ihr Baby quält.

Ohrenentzündungen

Die Symptome einer Ohrenentzündung werden bei Babys mit Koliken leicht übersehen, weil sie einfach als weiteres Auftreten des altbekannten Schreiens interpretiert werden. Denken Sie daran, dass das Baby von einem Kolikanfall nicht aus dem Schlaf gerissen wird; bei einer Ohreninfektion ist das aber möglich. Ohrenschmerzen sind in der Nacht sogar heftiger, weil die infizierte Flüssigkeit Druck auf das empfindliche Trommelfell ausübt, wenn das Baby flach liegt. Hat ein Kind im Liegen, jedoch nicht im Sitzen Schmerzen, ist das ein Hinweis auf eine Ohrenentzündung. Symptome einer Erkältung wie Schnupfen, triefende Augen und leichtes Fieber sind häufig Begleiterscheinungen der Infektion. Achten Sie auf Anzeichen eines Durchbruchs des Trommelfells: Das Baby wacht in der Nacht plötzlich schreiend auf, gegen Morgen scheint sich sein Zustand zu bessern. Sie entdecken jedoch um die äussere Öffnung des Ohres herum eine gelblich-weisse, verkrustete Flüssigkeit. Dem Baby geht es nach Durchbruch des Trommelfells wahrscheinlich besser, weil der Druck nachgelassen hat. Sie sollten trotzdem zur Ärztin oder zum Arzt gehen. Denken Sie daran, dass es dem Baby bei einer Ohreninfektion oft auch deshalb am nächsten Morgen besser zu gehen scheint, weil es nicht mehr flach daliegt.

Wundsein

Plötzliches Schreien kann durch Wundsein hervorgerufen werden, speziell dann, wenn die Haut durch sauren Stuhl und Durchfall so in Mitleidenschaft gezogen ist, dass sie verbrannt und rot aussieht oder sogar offen ist. Sprechen Sie mit einer Fachperson.

Harnwegsinfektion

Die ernsteste verdeckte Ursache für Schreianfälle ist eine Harnwegsinfektion. Solche Infektionen beginnen schleichend, sie setzen nicht so plötzlich und heftig ein wie Ohrenentzündungen. Harnwegsinfektionen können schon mehrere

Wochen lang bestehen, bevor sie gefunden werden. Nicht entdeckte Harnwegsinfektionen können zu Nierenschäden führen. Holen Sie unbedingt ärztlichen Rat ein.

Das Kolikbaby beruhigen

Der Koliktanz

Stellen Sie sich vor, wie zehn Mütter oder Väter mit Kolikbabys gleichzeitig im Raum umhertanzen und versuchen, ihr Baby zu trösten. Nach und nach schlummern die Kleinen ein und schmiegen sich in die Arme ihrer Eltern. Alle Mütter und Väter, die ein Kind mit Koliken hatten, haben ihren eigenen Rhythmus entwickelt, einen Tanz, der auf Liebe und Verzweiflung beruht und so lange nicht aufhört, bis entweder das schreiende Kind oder die Tanzenden erschöpft sind.

Jede Tanzbewegung ist zwar so einmalig wie ein Fingerabdruck, doch gibt es Gemeinsamkeiten, die ich bei allen erfahrenen Tänzerinnen und Tänzern bemerken konnte. Sie halten das Baby mit einem entspannten Griff fest im Arm und vermitteln ihm: «Das wird schon wieder.» Sie haben so viel Hautkontakt wie möglich mit dem Baby. Sein Lieblingsplatz ist meist an der Brust der Mutter, doch Vaters Brust kann eine interessante Abwechslung sein (ich nenne dies Kuschelbärhaltung).

Der Tanzrhythmus besteht meist in einer Vor- und Rückwärtsbewegung und wechselt ab mit seitlichen sowie Auf- und Abwärtsbewegungen. Eine wichtige Rolle spielt das von den Knien ausgehende Wiegen. Die erfolgreichsten Rhythmen beinhalten etwa siebzig Schläge pro Minute (was dem Pulsieren des Blutes in der Gebärmutter entspricht, an das sich das Baby im Mutterleib gewöhnt hat). Dieser Tanz ist meist von sanftem Summen begleitet, es hört sich an, als würden die Eltern versuchen, die Geräusche im Mutterleib möglichst naturgetreu nachzumachen.

Väter sind besonders erfinderisch beim Entwickeln ihrer ganz eigenen Tragmethode. Bei mir hat der sogenannte Kolikgriff am besten funktioniert: Das Baby liegt mit dem Bauch auf meinem Unterarm, sein Kopf ruht in meiner Ellenbogenbeuge, meine Hand liegt zwischen den gespreizten Beinen und mein Unterarm drückt gegen den verspannten Bauch. Bei der «Kuschelbärhaltung» liegt die Betreuungsperson da und hält das Baby sicher umfangen, wobei es seinen Kopf in ihrer linken Achselhöhle vergräbt und mit dem Ohr über dem Herzen liegt, die Wange auf der Brust. Der Rhythmus des Herzschlags und die Atembewegungen schläfern das Baby meist ein.

Eine meiner weiteren Lieblingshaltungen ist der Tanz «Hals an Wange.» Das Baby kuschelt sich mit seiner Wange in die Mulde zwischen meinem Kiefer und der Schulter. In dieser Haltung hört es nicht nur mein Summen ganz nah an seinem Ohr, sondern spürt auch die beruhigenden Schwingungen meiner Kieferknochen, die sich auf seine Schädelknochen übertragen.

Manche Babys möchten ganz viel Blickkontakt, wenn ihnen jemand etwas vorsingt. Es kann sein, dass es Ihrem Baby gefällt, wenn es etwa 30 cm von Ihrem Gesicht entfernt so gehalten wird, dass es mit einer Hand fest unter dem Po abgestützt ist und mit der anderen unter dem Rücken. Dann können Sie es rhythmisch bewegen, langsam oder schnell, kräftig oder sanft. Das ist eine gute Möglichkeit, das Weinen des Babys zu stoppen, bevor es sich in seine Lieblingsschmusehaltung einkuschelt. Besonders wirkungsvoll ist die-

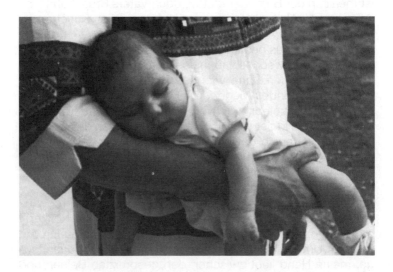

In dieser Lage auf Vaters oder Mutters Unterarm kann sich ein angespannter Bauch ausruhen.

Das Kolikbaby 89

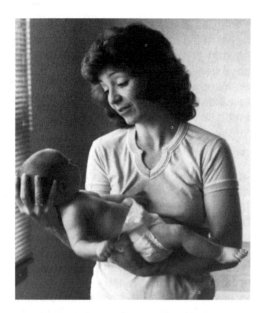

Wenn Sie Ihr Baby etwas von sich weg halten, können Sie besser Blickkontakt zu ihm aufnehmen und haben beim Koliktanz mehr Bewegungsfreiheit.

se Haltung, wenn Sie das Baby anschauen und zärtlich seinen Namen sagen. Seien Sie nicht entmutigt, wenn es einmal auf Ihren Tröstungstanz nicht eingeht, jedoch auf eine andere erfahrene Person positiv reagiert. Oft haben Grosseltern eine sehr beruhigende Art im Umgang mit Babys. Sie können sogar schon mit Ihrem Ungeborenen einen Koliktanz einüben. Manche Mütter, die schon Kinder haben, können das Temperament ihres Babys nach den Aktivitäten in ihrem Bauch beurteilen. Mütter, die schon in der Schwangerschaft ihre äusserst lebhaften Babys durch Singen und Tanzen beruhigt hatten, stellten fest, dass die gleichen Lieder und Tänze auch nach der Geburt das Baby beruhigten.

Massnahmen zur Entspannung des Bauches

Manchmal helfen Wärme und sanfter Druck auf den Bauch, um ein Kolikbaby zu beruhigen. Legen Sie das Baby bäuchlings auf eine halbgefüllte Wärmflasche, die Sie in ein Handtuch einwickeln, damit die Haut des Babys geschützt ist.

Oder legen Sie das Baby bäuchlings auf einem Kissen zum Schlafen, wobei seine Beine vom Kissen herabhängen. Diese Lagerung bewirkt einen lindernden Druck auf seinen Bauch. Manche Babys geniessen es, wenn der Vater mit seiner grossen, warmen Hand sanft auf seinen Bauch drückt. Die Handfläche sollte auf dem Bauchnabel liegen und Finger und Daumen den Bauch des Babys umfangen.

Bauchmassage

Babymassage ist eine Kunst, die Eltern von Kolikbabys mehr und mehr vervollkommnen. Dabei liegt das Kind auf dem Rücken vor ihnen. Folgende Massage haben wir erfolgreich bei unseren Kindern angewendet:
Stellen Sie sich ein grosses umgekehrtes «U» auf dem Bauch des Babys vor. Das ist der Dickdarm, den die Gase passieren müssen. Er beginnt aufsteigend an der rechten Seite des Babys, geht über seine Mitte hinaus und dann auf der linken Seite wieder abwärts, wo er über den Mastdarm seinen Ausgang findet. Indem Sie mit den zur flachen Hand ausgestreckten Fingern halbkreisförmige, tiefe Massagebewegungen im Uhrzeigersinn ausführen (beginnend von links unten, wenn das Kind mit den Füssen zu Ihnen daliegt), können Sie Gasblasen nach draussen befördern. Geben Sie wenig warmes Öl auf Ihre Hände; dadurch wird die Massage für Ihr Kind und für Sie angenehmer. Badet Ihr Kind gerne, so gönnen Sie ihm dies vor der Massage, damit es sich noch besser entspannen kann.

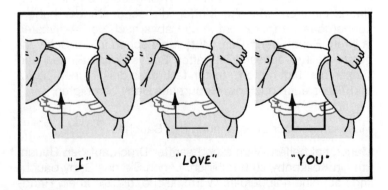

Bauchmassage in Teilschritten.

Das Blubberbad

Massieren Sie Ihr Baby, während sein Bauch in warmes Wasser getaucht ist. Gehen Winde ab, steigen Blasen im Wasser auf.

Zur Bauchlage

Manche Säuglinge schlafen besser und weinen und spucken weniger, wenn sie auf dem Bauch liegen. Untersuchungen haben gezeigt, dass sich der Körper in der Bauchlage besser entspannen kann. Zudem verlangsamen sich der Herzschlag und die Atemfrequenz.

(Anmerkung der Herausgeberin: Grossangelegte Untersuchungen haben in den letzten Jahren einwandfrei bewiesen, dass Säuglinge in Bauchlage häufiger an plötzlichem Kindstod sterben als solche, die in Rückenlage schlafen. Deshalb wird heute wieder die früher übliche Rücken- oder Seitenlage empfohlen.)

Schnuller/Nuggi/Beruhigungssauger

Setzen Sie grundsätzlich jedes Mittel ein, das Ihrem Kolikbaby hilft und ohne Gefahren ist. Dies gilt im zweiten Lebensmonat, wenn die Gefahr von Saugverwirrung nicht mehr so gross ist, auch für den Schnuller. (Sauger und Schnuller lösen eine andere Saugbewegung aus als die Brust der Mutter; für ein Neugeborenes kann das sehr verwirrend sein und zu Stillproblemen führen.) Manche unruhige Babys wollen sehr viel saugen, und da kann ein Schnuller helfen. Hüten Sie sich allerdings davor, ihn als Mutterersatz zu benützen. Persönliche Zuwendung sollte dem Baby immer zur Verfügung stehen. Die Brust der Mutter oder ein Finger zum Saugen sind immer noch die besten Beruhigungsmittel.

Reagieren Sie unverzüglich auf das Schreien Ihres Babys

Ich habe die Erfahrung gemacht, dass das Baby um so weniger schreit, je schneller sich jemand darum kümmert. Die Angst, dass übereifrige Reaktionen der Eltern das Weinen verstärken und zum sogenannten «anerzogenen Schreien» führen, ist unbegründet. Sowohl die Erfahrungen von Eltern wie auch wissenschaftliche Untersuchungen haben bewiesen, dass diese Theorie falsch ist (Bell und Ainsworth 1972). Eine Studie hat ergeben, dass durch elterliche Zuwendung

die Heftigkeit des Kolikanfalls gelindert werden kann (Taubman 1984). In dieser Untersuchung wurden 30 Kolikbabys mit 30 Babys ohne Koliken verglichen. Die Babys mit Koliken wurden in zwei Gruppen unterteilt. Die Eltern der Gruppe I wurden angewiesen, sehr zurückhaltend auf ihre Kinder zu reagieren (siehe Tabelle I). Damit sollte die Hypothese überprüft werden, dass Babys schreien, ganz gleich, was Eltern unternehmen, und dass Überreizung das heftige Schreien nur noch verstärkt. Die Eltern der Gruppe II wurden angewiesen, sofort etwas zu unternehmen, um das Weinen zu beheben (Siehe Tabelle II). Hier wurde davon ausgegangen, dass Säuglinge aus einem Bedürfnis heraus schreien und zwar so lange, bis dieses Bedürfnis befriedigt ist.
Die Untersuchung ergab, dass Babys mit Koliken durchschnittlich 2,6 Stunden (± 1,0 Std.) schrien, Säuglinge ohne Koliken dagegen 1,0 Std. (± 0,5 Std.). Kolikbabys schrien also mehr als doppelt so lange wie Babys ohne Koliken. Nachdem die Kinder in Gruppe I entsprechend den Anweisungen behandelt worden waren, verringerte sich die tägliche Schreizeit nicht. Bei den Säuglingen der Gruppe II jedoch verringerte sich die Schreizeit um 70%, von 2,6 Stunden auf 0,8 Stunden pro Tag. Eine durch Einfühlsamkeit und Zuwendung gekennzeichnete Eltern-Kind-Beziehung scheint also bei vielen Kindern zu einer Verringerung der Koliken zu führen.

Die medizinische Behandlung von Koliken

Ich habe die Erfahrung gemacht, dass die medikamentöse Behandlung von Koliken meist zum Scheitern verurteilt ist. Doch es gibt einige Kinder, denen mit Medikamenten geholfen werden kann. **Sprechen Sie auf jeden Fall mit Ihrem Kinderarzt, bevor Sie Ihrem Baby irgendwelche Mittel gegen Koliken geben.**

Antispasmodika oder Entschäumungsmittel sind die einzigen (rezeptpflichtigen) Medikamente, die bei Koliken offenbar wirksam sind. Ich rate nicht zu Beruhigungsmitteln wie Phenobarbital. Sie sind bei einer eigentlichen Kolik nicht nur unwirksam, sondern haben gelegentlich sogar einen gegenteiligen Effekt, so dass das geplagte Baby noch unruhiger wird. Anticholinergene (belladonnahaltige) Medikamente werden bei Koliken ebenfalls empfohlen, doch ist weder ihre

Das Kolikbaby

Untersuchung:
Elternreaktionen auf das Schreien von Kolikbabys

Tabelle I

Anweisungen an die Eltern der Gruppe I:

Schreit Ihr Kind weiter, trotz aller Beruhigungsbemühungen einschliesslich Stillen oder Füttern, machen Sie folgendes:

1. Legen Sie das Baby in sein Bettchen, und lassen Sie es bis zu einer halben Stunde lang schreien.
2. Schreit das Baby immer noch, nehmen Sie es etwa eine Minute lang hoch, um es zu beruhigen.
3. Wiederholen Sie diese Schritte, bis das Kind eingeschlafen ist oder drei Stunden vergangen sind.
4. Nach drei Stunden sollte das Baby gefüttert werden.

Tabelle II

Anweisungen an die Eltern der Gruppe II:

1. Versuchen Sie, Ihr Baby nie schreien zu lassen.
2. Um herauszufinden, warum Ihr Baby schreit, überprüfen Sie folgende Möglichkeiten:
   a) Das Baby hat Hunger und möchte gefüttert werden.
   b) Das Baby möchte nuckeln, obwohl es nicht hungrig ist.
   c) Das Baby möchte im Arm gehalten werden.
   d) Das Baby langweilt sich und braucht Anregung.
   e) Das Baby ist müde und möchte schlafen.
3. Schreit das Baby fünf Minuten weiter, nachdem Sie den ersten Punkt überprüft haben, wenden Sie sich dem nächsten Tröstungsversuch zu.
4. Entscheiden Sie selber, in welcher Reihenfolge Sie die obenstehenden Möglichkeiten überprüfen wollen.
5. Machen Sie sich keine Sorgen, dass Sie das Baby überfüttern könnten. Das passiert nicht.
6. Machen Sie sich keine Sorgen, dass Sie Ihr Baby verwöhnen könnten. Auch dazu wird es nicht kommen.

Sicherheit noch ihre Wirksamkeit erwiesen. Das heisst, dass vergleichende Untersuchungen und zuverlässige wissenschaftliche Prüfungen über die Anwendung dieser Medikamente bei Koliken nicht vorliegen. Eltern sollten sich darüber im Klaren sein, dass Medikamente in gelöster Form oft sehr viel Alkohol enthalten; ein Sirup kann zu 15 bis 20% aus Alkohol bestehen.

Kräutertees: Kamille und Fenchel können beruhigend wirken. Nehmen Sie einen Teelöffel Tee auf eine Tasse kochendes Wasser. Decken Sie den Tee zu, und lassen Sie ihn fünf bis zehn Minuten ziehen. Ein paar Teelöffel lauwarmen Tees können bewirken, dass es dem Baby besser geht. (Anmerkung der Herausgeberin: Geben Sie den Tee nie vorbeugend; bei manchen Babys können paradoxerweise eben diese Kräutertees Koliken auslösen.) Bei gestillten Kindern sollte die Mutter den Tee trinken, allerdings auch nicht mehr als eine Tasse über den Tag verteilt. Beobachten Sie die Reaktion des Babys – auch bei einer indirekten Teegabe über den Körper der Mutter – und lassen Sie den Tee je nachdem wieder weg.

Was am besten hilft

Die wirksamste «Medizin» zur Beruhigung eines schreienden Babys gibt es im Herzen der Eltern und nicht in der Apotheke. Es ist klug, Koliken nicht als Krankheit zu betrachten, die behandelt werden muss, sondern das Kolikbaby als kleinen Menschen zu sehen, der getröstet und umsorgt werden muss.

KAPITEL 6

Das unruhige Baby trösten

«Es gibt nichts, das immer funktioniert», beklagte sich ein einfallsreicher Vater, der sich ein umfassendes Repertoire an Tröstungstechniken zugelegt hatte. In diesem Kapitel werde ich von Methoden berichten, die in unserer Familie funktioniert haben, und ich gebe die vielen Ideen an Sie weiter, die ich im Lauf der Jahre von anderen Eltern erhalten habe.

Die verschiedenen Möglichkeiten, ein Baby zu trösten, lassen sich in drei Gruppen einteilen:

- Rhythmische Bewegung.
- Körperkontakt.
- Beruhigende Geräusche.

Alle diese Techniken vermitteln dem Baby das Gefühl, wieder im Bauch der Mutter zu sein. Können Sie sich vorstellen, wie es dort wohl sein mag? Das Baby schwebt schwerelos im Fruchtwasser, von dem sein ganzer Körper umgeben ist. Es herrscht eine gleichbleibende Temperatur, sein Hunger wird fortwährend gestillt, und die Geräusche um das Baby herum sind melodisch, rhythmisch und beruhigend. Auch wenn das Baby zeitweise durch ängstliche Reaktionen seiner Mutter oder durch laute Geräusche von aussen aus der Ruhe gebracht wird, hat es die Gewissheit, dass seine kleine Welt bald wieder in den alten, gewohnten Zustand zurückkehren wird. Das Ungeborene ist an dieses Gefühl von Harmonie gewöhnt. Aus diesem Grund zielen alle Tröstungsmassnahmen darauf hin, das vorgeburtliche Wohlbehagen so weit wie möglich wiederherzustellen, denn das Baby erwartet diese Harmonie weiterhin von seiner Umwelt. Betrachten Sie die ersten drei Lebensmonate als das vierte Drittel Ihrer Schwangerschaft.

Harmonische Bewegungen mit Ihrem Baby

Warum ist Bewegung für Babys wichtig?

Im Ohr befindet sich das Gleichgewichtsorgan, der Vestibularapparat. Dieses winzige, sehr kompliziert ausgebildete Organ dient dazu, die unterschiedlichen Körperteile in Beziehung zueinander wahrzunehmen. Der Vestibularapparat lässt sich mit drei kleinen Wasserwaagen vergleichen. Eine dient dem seitlichen Gleichgewicht, die zweite den Auf- und Abwärtsbewegungen und die dritte den Vor- und Rückwärtsbewegungen. Alle drei wirken zusammen, um den Körper im Gleichgewicht zu halten. Bei jeder Bewegung setzt die Flüssigkeit in diesen kleinen Wasserwaagen haarähnliche «Flaumfedern» in Bewegung, die in Schwingung geraten und Nervenimpulse zu den Muskeln aussenden. Wenn Sie sich zum Beispiel zu sehr nach einer Seite lehnen, signalisiert Ihnen Ihr Vestibularapparat, dass Sie sich wieder etwas zur anderen Seite hin bewegen müssen, um im Gleichgewicht zu bleiben. Das Ungeborene hat einen sehr empfindlichen Vestibularapparat, der ständig stimuliert wird, weil es sich im Mutterleib in fast fortwährender Bewegung befindet. Der Normalzustand für das Ungeborene ist deshalb Bewegung, das Baby ist von Geburt an darauf eingestellt, dass sein Vestibularapparat angeregt wird. Das Bilderbuchbaby, das still, doch aufmerksam schauend in seinem Bettchen liegt, entspricht selten der Wirklichkeit. Möglicherweise hat sich das Ungeborene auch noch nicht an die stark veränderten Schwerkraftverhältnisse gewöhnt. Das könnte der Grund dafür sein, warum sehr empfindsame Babys äusserst langsam hingelegt werden müssen.

Wie bewegen Sie sich am besten mit Ihrem Baby?

Da der Vestibularapparat des Neugeborenen an dauernde dreidimensionale Stimulation gewöhnt ist, wird ein unruhiges Baby am besten durch Bewegungen in alle drei Richtungen (zur Seite, vor und zurück, auf und ab) getröstet. Im Schaukelstuhl lassen sich zwar viele Babys beruhigen, doch dabei wird der Vestibularapparat nur vor- und rückwärts (mit kleinen Auf- und Abbewegungen) stimuliert. Um ein sehr unruhiges Baby zu trösten, sind meist Bewegungen in alle drei

Richtungen erforderlich. Personen mit Erfahrung im Babytrösten haben einen Koliktanz entwickelt, der diese Tatsache berücksichtigt: Sie tragen das Baby entweder im Tragtuch, auf Ihrer Schulter oder in Ihren Arm gekuschelt und schaukeln beim Gehen von einer Seite zur andern; nach ein paar Schritten beugen Sie sich dann jedesmal vor und zurück, wobei Sie auf einem Fuss balancieren und den anderen vorschwingen. Der dritte Teil dieses kleinen Tanzes besteht in einer Auf- und Abbewegung, wobei Sie am besten auf die Zehenspitzen gehen. Sie erheben sich auf die Ballen, bis Sie einen leichten Zug in Ihrem Wadenmuskel spüren. Wenn eine Mutter sagt: «Ich tanze mit meinem Baby, um es zu beruhigen», ist das eigentlich passender als nur zu sagen, dass sie mit ihm umhergehe. Der Tröstungstanz bewirkt, dass alle drei Dimensionen im Vestibularapparat des Babys angeregt werden.

Untersuchungen haben ergeben, dass sich die meisten Kinder durch die Auf- und Abbewegungen beim Tanzen am besten entspannen. Manche relativ leicht zu beruhigende Babys sind schon zufrieden, wenn die Eltern sie auf dem Arm umhertragen; das ist die Lage, an die sie sich gewöhnt haben. Das Schaukeln zur Seite hin kommt den meisten Eltern natürlicher vor als die Auf- und Abbewegungen und das Vor- und Zurückbeugen. Deshalb können Sie oft erfahrene Eltern beobachten, die fest auf dem Boden stehen und sich mit ihrem schlafenden Baby im Arm hin- und herbewegen. Sie hoffen, dass es so weiterschläft, vor allem in Situationen, in denen Kinder, und erst recht schreiende Kinder, unerwünscht sind. In den ersten Lebensmonaten des Säuglings sind Eltern tatsächlich so viel in Bewegung, dass dieses Schaukeln zur zweiten Natur wird. Eine Frau erzählte mir, wie sie auf einer Party mit einem Glas Ginger Ale im Raum stand und eine Bekannte auf sie zukam und sagte, dass es ihr so vorkomme, als würde sie vor- und zurückschwanken. Dann fuhr diese Frau fort: «Ich bin sicher, dass Sie nicht zuviel getrunken haben; Sie haben wahrscheinlich ein kleines Baby daheim!»

In Bewegung stillen

Eine sehr wirksame Beruhigungsmethode besteht darin, dass Sie Ihr Baby im Stehen stillen und sich dabei rhythmisch hin- und herbewegen, oder Sie stillen im Schaukelstuhl.

Die Lieblingstanzpartnerin des Babys

Haben Sie sich schon mal gefragt, warum manchmal nur die Mutter das Baby trösten kann? Sehr liebebedürftige Babys sind wählerisch. Oft gelingt es nur der Mutter, den richtigen Beruhigungstanz zu finden, denn nur sie war die vergangenen neun Monate ständig mit dem Baby in Bewegung. Es ist, als würde das Baby zur Mutter sagen: «Dein Tanzstil gefällt mir.» Versuche von Vätern, ihre Frauen zu entlasten und das schreiende Baby zu beruhigen, können frustrierend enden. Es ist möglich, dass sie nach wenigen Minuten den Tanz mit dem völlig aufgebrachten Baby abbrechen und kapitulieren müssen: «Nimm du es lieber. Ich geb's auf!»
Geben Sie nicht auf! Ihr Kind lehnt Sie nicht ab. Es hat sich einfach noch nicht an Ihren Tanzstil gewöhnt. Sie beide haben ja noch nicht neun Monate lang miteinander getanzt. Es gibt Zeiten, wo sich das schreiende Baby in den beruhigenden festen Armen des Vaters besser trösten lässt als in Mutters angespannten Armen, die nach einem anstrengenden Babytag müde sind.

Das Tanztempo

Wie schnell sollen die Tanzbewegungen sein? Untersuchungen haben gezeigt, dass sich Babys am schnellsten durch Schaukeln mit einer Frequenz von 60–70 Bewegungen pro Minute entspannen. Ist es nicht interessant, dass dies dem durchschnittlichen Puls der Mutter und dem durchschnittlichen Gehrhythmus entspricht? Dies untermauert die These, dass ein Säugling sich am besten durch jene Geräusche und Bewegungen beruhigen lässt, die er aus dem Mutterleib kennt.

Wenn die «Gebärmutter» müde wird

Wenn Sie Ihr Baby durch Bewegungen beruhigen wollen, müssen Sie ihm das Gefühl vermitteln, welches es von der Gebärmutter her kennt. Doch über kurz oder lang werden Ihre Arme und Beine müde, die «Gebärmutter» ist erschöpft. Folgende Tips helfen Ihnen, das Gebärmuttergefühl aufrechtzuerhalten, selbst wenn Sie müde sind.

Tragtücher und Tragsäcke

Es gibt die unterschiedlichsten Tragtücher und Tragsäcke (Bezugsquelle von Tragsäcken, Tragtüchern und Bindeanleitung im Anhang). Alle haben den Zweck, dass sich Eltern und Baby möglichst nahe sind. Sie können sich auch selbst ein Tragtuch nähen oder das Baby mit grossen Schals oder Tüchern an Ihren Körper binden. Das Tragen von Babys in Tragtüchern oder Tragsäcken wird als Känguruh-Methode bezeichnet – Känguruhs tragen ihre Neugeborenen aussen am Körper in einer grossen Hautfalte mit sich herum. Wenn Sie mit einem sehr liebebedürftigen Baby gesegnet sind, werden Sie sich gerne daran gewöhnen, Ihr Baby einfach immer mitzutragen.

Babyschaukeln

Wird ein unruhiges Kind in eine Babyschaukel gesetzt, beruhigt es sich oft, und die Eltern haben einige Minuten Zeit, sich auszuruhen. Einige Babys lassen sich in Schaukeln nicht beruhigen, weil die Bewegungen nur in zwei Richtun-

Wenn Sie Ihr Baby im Tragtuch oder Tragsack am Körper tragen, fühlt es sich ähnlich wie in der Gebärmutter, es spürt sanfte Bewegungen und Körpernähe.

gen gehen, vor und zurück und leicht auf und nieder. Andere sehr liebebedürftige Babys sind so anspruchsvoll, dass sie sich nur entspannen, wenn die dritte Möglichkeit, das Hin- und Herschwingen zur Seite, dazukommt. Deshalb funktionieren selbstgemachte Wippen oft besser als kommerziell hergestellte, doch sollte das Kind den Kopf gut aufrecht halten können (was meist erst mit vier Monaten der Fall ist). Die im Handel befindlichen Wippen sind seitlich durch den Ständer fixiert, selbstgemachte Wippen oder Schaukeln werden meist am Türrahmen, an einem Baum oder einem Gestell aufgehängt und sind in alle drei Richtungen beweglich. Auch ermöglichen sie grössere, runde Bewegungen, die wirksamer sind. Manche Babys wehren sich aber gegen schwingende Wippen, weil ihnen davon schwindlig wird.

Weitere Bewegungsmöglichkeiten

Autofahren

Durch Autofahren lassen sich schreiende Babys häufig beruhigen und zum Einschlafen bringen. Legen Sie das Baby in den Autositz und fahren Sie los. Am besten sind freie Strassen. Ständiges Anhalten und Losfahren weckt ein empfindliches Baby, das gleichmässige Bewegungen braucht, wahrscheinlich wieder auf. Autofahrten sind besonders für Väter hilfreich, wenn sich das Baby auf ihrem Arm nicht beruhigt. Sie können daraus auch eine Paar-Zeit machen, in der Mutter und Vater Musik hören – der Vater fährt, die Mutter ruht sich aus – oder die Eltern haben Zeit und Ruhe für ein ungestörtes Gespräch, während das Baby schläft. Wenn Sie mindestens noch zwanzig Minuten lang weiterfahren, nachdem das Baby eingeschlafen ist, kommt es in eine Tiefschlafphase. Bei Ihrer Rückkehr können Sie es dann im Babysitz in die Wohnung tragen, wo es sich ausschlafen kann. Wacht es davon auf, und Sie selbst bräuchten aber dringend etwas Schlaf, dann machen Sie es sich im Auto bequem und halten dort ein Nickerchen. Halten Sie dafür ein Kissen bereit. *(Anmerkung der Herausgeberin: Autofahrten zu diesem Zweck sind zwar umstritten, aber dennoch äusserst wirksam. Sicher können Sie aus der Not eine Tugend machen und das Angenehme mit etwas Nützlichem verbinden.)*

Staubsaugen (Anmerkung der Herausgeberin)
Wenn Sie Ihr Baby in einem Tragtuch oder Tragsack an Ihrem Körper tragen, während Sie staubsaugen, erreichen Sie zwei Ziele gleichzeitig: Das Baby beruhigt sich durch ihre rhythmischen Bewegungen, und Ihre Wohnung wird sauber.

Trampolin
Der Vater eines sehr liebebedürftigen Babys hat mir kürzlich gesagt, dass er sein Baby beruhigen kann, indem er rhythmisch auf einem kleinen Trampolin tanzt. Das kommt den Bedürfnissen des Babys nach Bewegung in alle drei Dimensionen sehr entgegen. Auf dem Trampolin kann der Vater die Auf- und Abbewegungen, das Vor und Zurück und die Bewegungen zur Seite hin sehr gut betonen. Eltern haben die besten Einfälle.

Kinderwagen
Besorgen Sie sich einen altmodischen, gut gefederten Kinderwagen, mit dem Sie schaukeln können. Sanftes Wippen in diesen Kinderwagen funktioniert oft viel besser als Ausfahrten in einem neuen, zusammenklappbaren, kaum gefederten Wagen. Wenn Sie einen Buggy benutzen wollen, sorgen Sie dafür, dass das Baby Sie anschauen kann.

Beweglichen Gegenständen zusehen
Dinge, die sich rhythmisch bewegen und gleichbleibende Geräusche von sich geben, wirken oft beruhigend:
- Deckenventilatoren.
- Dusche. (Legen Sie das Baby in die Babywippe, und nehmen Sie es mit ins Badezimmer, während Sie sich duschen.)
- Wellen am Meer oder am See.
- Wasserfälle.
- Alte Pendeluhren.
- Bäume, die sich im Wind bewegen. (Legen Sie das Baby ans Fenster, damit es sie beobachten kann.)

Körperkontakt beruhigt

Körperkontakt ist eine gute Möglichkeit, das Baby zu beruhigen. Säuglinge möchten menschliche Nähe und so viel Hautkontakt wie möglich spüren.

Ein gemeinsames Bad

Lassen Sie die Badewanne mindestens halb voll laufen. Die Mutter legt sich in die Badewanne und hält das Baby fest (oder ihr Mann reicht ihr das Kind). Wenn Sie das Baby in der Wanne stillen, lassen Sie es halb im Wasser schwimmen, wobei sich Ihre Brustwarze nur wenige Zentimeter über dem Wasserspiegel befindet. Lassen Sie von Zeit zu Zeit Wasser ab- und warmes Wasser dazufliessen. Die dabei entstehenden Geräusche beruhigen das Baby, und das Wasser behält so eine angenehme Temperatur (etwa 37 °C).

Der «Kuschelbär»

Der Vater legt sich das nur mit einer Windel bekleidete Baby auf die Brust. Das Ohr des Babys liegt nahe an seinem Herzen. Der Herzschlag und die Atembewegungen sowie

Körperkontakt, Vaters Herzschlag und seine Atembewegungen beruhigen das Baby.

ein sanftes, rhythmisches Streicheln wirken meist so entspannend, dass Vater und Baby einschlafen. Ich habe die Erfahrung gemacht, dass der «Kuschelbär» in den ersten drei Monaten am besten wirkt; ältere Babys bewegen sich mehr und liegen meist nicht so ruhig da.

Babymassage

Massieren hilft Ihrem Baby, sich zu entspannen und zu beruhigen. Es gibt zahlreiche Bücher (zum Beispiel *Sanfte Hände* von Frederick Leboyer), in denen Massagen für Säuglinge beschrieben werden. In Kapitel 5 bin ich ausführlicher auf die Babymassage eingegangen.

Schmusestillen

Wenn das Kind müde ist, legen Sie sich mit ihm hin, und umfangen Sie es mit den Armen. Indem sich das Baby in Ihre Arme und an Ihre Brust schmiegt, hat es viel Körperkontakt. So können Sie beide beim Stillen einschlummern.

Wasserbett und Lammfell

Einige Babys lassen sich durch Lammfelle und Wasserbetten beruhigen. Die Lammfelle sind so behandelt, dass sie für das Baby sicher und angenehm sind, und sie können, wenn nötig, in der Maschine gewaschen werden. Legen Sie das Fell auf Ihr Wasserbett und das Baby bäuchlings darauf. Wenn es das Lammfell, Ihre streichelnde Hand und die Bewegung des Wasserbetts spürt, schläft es vielleicht ein. Wenn Sie wellenartige Bewegungen auslösen wollen, drücken Sie 60 bis 70 Mal pro Minute in die Matratze. An diesen Rhythmus ist das Baby gewöhnt.

Angespannte Muskeln lösen

Es gibt sehr liebebedürftige Babys, welche zeitweise die Muskeln stark anspannen und sich durchstrecken. Sie sind schwer zu beruhigen, weil sie in diesen Momenten nicht sehr anschmiegsam sind. Einem solchen Baby können Sie helfen, indem Sie es wie in einem «Sitzli» umhertragen (siehe Abbildung S. 104). Wenn die Beinchen des Babys in den Hüften

Wenn Sie die Hüften des Babys beugen, wirken Sie damit der Neigung entgegen, den Rücken durchzustrecken und die Beine steif zu machen.

abgewinkelt sind, entspannt es meistens auch den Rücken und streckt sich nicht mehr so durch, vor allem beim Stillen. Oft helfen auch Radfahr-Bewegungen zur Entspannung. Oder Sie können das Kind auf einen Gymnastikball legen und gut festhalten, damit es seine Muskeln entspannt – das macht vielen Babys Spass.

Beruhigende Geräusche

Auch einlullende Geräusche können das unruhige Baby trösten. Die folgenden Vorschläge mögen Ihnen ungewöhnlich erscheinen, doch sie helfen oft. Geräuschfolgen im Herzschlag-Tempo (das heisst 60–70 Schläge pro Minute) sind bei Säuglingen besonders beliebt. Hier einige Vorschläge für Beruhigungsgeräusche:

- Ein Metronom.
- Eine grosse Pendeluhr. (Stellen Sie das Schlagwerk ab.)

Das unruhige Baby trösten

- Schallplatten von mütterlichen Herztönen und Aufnahmen von Geräuschen in der Gebärmutter.
- Fliessendes Wasser aus dem Wasserhahn oder der Dusche.
- Das Brummen eines Staubsaugers, einer Entlüftung, eines Ventilators, eines Haarföhns oder der Spülmaschine.
- Tonaufnahmen von Meereswellen, Wasserfällen, Regenschauern.
- Wiegenlieder, von Mutter oder Vater gesungen oder auf Tonband aufgenommen. (Je tiefer, monotoner und rhythmischer der Klang ist, desto beruhigender wirkt er.)
- Bandaufnahmen vom Schreien des Babys. (Wenn Sie diese während einer Schreiphase vorspielen, kann es sein, dass das Baby verblüfft innehält und Ihnen so die Möglichkeit gibt, andere Beruhigungsmassnahmen anzuwenden.)
- Klassische Musik, zum Beispiel von Mozart oder Vivaldi, klassische Gitarre oder Flöte.

Am besten beruhigen sich Babys bei tiefen, rhythmischen Wiegenliedern. Beruhigende Geräusche, fröhliches Tanzen und tröstliches Schmusen, das alles sind gute Mittel, welche Eltern und Baby in der schwierigen Kolikzeit helfen können.

Geräusche, die sich wiederholen, monoton sind und alle für das menschliche Ohr hörbaren Frequenzen umfassen, lullen das Baby am erfolgreichsten ein. Sie vermitteln keine Botschaften und machen geistig leer. Sobald Sie herausgefunden haben, welche Art von Geräuschen auf Ihr Baby beruhigend wirkt, können Sie Tonbandaufnahmen davon machen und diese bei Bedarf abspielen. Eine Frau erzählte mir, dass sie mehrmals täglich die Wohnung staubsaugte, bis sie merkte, dass sie ihr Baby auch mit Staubsaugergeräuschen ab Tonband beruhigen konnte. Sie werden noch weitere Methoden entdecken, wie Sie Ihr Baby beruhigen können. Eine Mutter schilderte mir folgende ungewöhnliche Beruhigungsmethode: Sie setzte ihr Baby in den Autositz und band diesen auf die Waschmaschine, während diese in Betrieb war. Die Vibration der Maschine schaukelte das Baby in den Schlaf. Vielleicht sollten Waschmaschinen noch ein Programm mit dem Namen «waschen und schlafen» haben.

Beruhigende Geräusche, frohe Tanzbewegungen und tröstende Liebkosungen sind kreative Methoden, die die besten Eigenschaften in Eltern und Kindern wecken.

KAPITEL 7

Die Ernährung des unruhigen Babys

Während der ersten Lebensmonate Ihres Kindes verbringen Sie wahrscheinlich einen grossen Teil der gemeinsamen Zeit mit Stillen. Unruhige Babys neigen zudem dazu, auch beim Trinken unruhig zu sein. Dieses Kapitel soll Ihnen helfen, die Stillzeit mit Ihrem Baby zu geniessen.

Brust oder Flasche: Wo ist da der Unterschied?

Stillen hat deutliche Vorteile für das unruhige Baby – und für seine Mutter. Unruhe bedeutet sowohl fürs Baby wie auch für die Mutter Stress, deshalb brauchen beide Rat: Stillen hilft Mutter und Kind, sich besser zu fühlen.

Vorteile des Stillens fürs Baby

Weniger Allergien

Durchs Stillen verringert sich die Wahrscheinlichkeit einer Kuhmilch-Allergie, eine der möglichen Ursachen für Unruhe und Koliken. Manche Kinder sind allergisch gegen bestimmte Proteine, oder sie vertragen den Milchzucker (Laktose) in der Kuhmilch nicht. Laktose-Unverträglichkeit ist bei gestillten Kindern selten, denn Muttermilch ist eine lebende Substanz. Sie enthält gleichzeitig das Enzym Laktase, welches den Milchzucker abbaut. Die Laktase in der Kuhmilch wird im Verarbeitungsprozess zu Fertigmilchpulver zerstört, und die Laktose lässt sich daher nicht mehr richtig abbauen. Dieser unverdaute Milchzucker kann dann in den Verdauungsorganen gären und Gase erzeugen, was zu Kolikschmerzen führt; er kann auch sauren Stuhl verursachen: Das Baby wird wund.

Mehr Körperkontakt mit der Mutter

Da Muttermilch schneller verdaut wird als Pulvermilch, benötigen gestillte Babys häufiger Nahrung. Sie werden also öfter im Arm gehalten. Unruhige Säuglinge brauchen gewöhnlich sehr viel Nähe, und durchs Stillen ergibt sich dieser zusätzliche Hautkontakt ganz von selbst.

Vorteile des Stillens für die Mutter

Manche Frau empfindet es als zu anstrengend, ein Baby zu stillen. Dabei übersieht sie, dass Stillen auch Vorteile für die Mutter hat. Sie bekommt vom Baby etwas zurück, denn das Stillen erhöht ihren Prolaktinspiegel. Dieses «Ausdauerhormon» gibt der Mutter in anstrengenden Zeiten Auftrieb. Viele Frauen berichten, dass Stillen auf sie und ihr Baby beruhigend wirke - eine Folge der hormonellen Veränderungen. Möglicherweise gibt es zudem noch nicht identifizierte Stoffe in der Muttermilch, welche das Baby beruhigen – die wissenschaftliche Forschung hat beispielsweise ein schlafförderndes Protein entdeckt; Stillen wirkt entspannend. Die Mutter stellt andere Verpflichtungen zurück, denn sie kann ihr Baby selten einfach vergessen. Stillende Mütter reagieren oft sehr empfindsam auf das Schreien ihres Babys. Es fliesst mehr Blut in ihre Brüste, was zum Impuls führt, den Säugling hochzunehmen und zu stillen. Mütter, die ihr Kindlein mit der Flasche ernähren, empfinden vielleicht auch diese hormonellen Zeichen, sie geben diesen natürlichen Körperregungen jedoch nicht nach. Dies kann zu innerer Verwirrung führen.

Stoffe in der Muttermilch, die zu Unruhe beim Baby führen

Das Stillen selbst wirkt sich zwar beruhigend aufs Kind aus, doch von der Mutter aufgenommene Stoffe können in die Milch übergehen und beim Baby zu Unruhe führen. Trinkt die Mutter Kuhmilch, kann es beim Säugling zu Unruhesymptomen kommen. Kleine Mengen Kuhmilcheiweiss können in ihre Milch übergehen und beim Baby allergische Reaktionen auslösen. Bei manchen Kindern zeigen nur grosse Mengen Kuhmilch, welche die Mutter trinkt, Wirkung. Die Mutter kann dann trotzdem Milchprodukte wie Joghurt oder Hüttenkäse essen. Es kann aber auch vorkommen, dass sich schon die kleinste Menge und jedes Milchprodukt in der Ernährung der

Die Ernährung des unruhigen Babys

Mutter sofort bemerkbar macht. Bei einer ausgewogenen Ernährung können Sie versuchen, eine Woche lang überhaupt keine Milchprodukte zu sich zu nehmen, um festzustellen, ob sich die Koliksymptome vermindern oder ganz verschwinden. Schreiben Sie auf, was Sie essen und trinken und wie sich das Kind verhält. Leidet es wieder unter Koliken, nachdem Sie von neuem Milch getrunken haben, so reagiert es wahrscheinlich empfindlich auf Kuhmilcheiweiss. In diesem Fall meiden Sie Kuhmilch und deren Produkte am besten ganz, solange Sie stillen.

Koffein – zu finden in Kaffee, Tee, Schokolade, Cola, koffeinhaltigen Erfrischungsgetränken und vielen, auch rezeptfreien Medikamenten – kann sich ebenfalls negativ aufs Baby auswirken. Lesen Sie die Produkteinformationen sorgfältig durch, falls Sie oder Ihr Baby empfindlich auf Koffein reagieren.

Blähende Speisen wie roher Kohl, Zwiebeln, Blumenkohl, Peperoni und Brokkoli werden ebenfalls für Koliken verantwortlich gemacht. Wissenschaftlich lässt sich das zwar schwer erklären, doch warum sollte ich erfahrenen Müttern wider-

Eine gute Haltung erleichtert das Stillen eines unruhigen Babys. Das Baby liegt mit seinem Bauch an Ihrem Bauch und ist eng an Ihre Taille geschmiegt.

sprechen, die überzeugt sind, dass diese Speisen Blähungen bei ihrem Kind auslösen? Meistens wirkt sich die Ernährung der Mutter jedoch nicht aufs Baby aus. Wenn Sie den Geschmack Ihrer Milch kennen, riechen und schmecken Sie vielleicht, wann sie anders ist und finden so heraus, warum Ihr Baby plötzlich die Brust verweigert. Entzündungshemmer, koffeinhaltige Medikamente, Vitaminpräparate und die Pille gehören zu jenen Mitteln, welche zu Veränderungen der Muttermilch führen können, und auf die ein Säugling empfindlich reagieren kann.

Stillschwierigkeiten

Bei Stillschwierigkeiten ist es wichtig, schnell etwas zu unternehmen, vor allem bei sehr liebebedürftigen Babys. Durch Stillen lässt sich Ihr Säugling am besten beruhigen. Für Sie beide ist deshalb ein guter Stillstart wichtig. Babys mit Stillschwierigkeiten können eine Abwehr gegen die Brust entwikkeln. Ihr Kind wehrt sich dann, sobald Sie es anlegen wollen. Eine Stillberaterin der La Leche Liga oder eine diplomierte Stillberaterin IBCLC kann Ihnen helfen, diese Schwierigkeiten zu überwinden.

Die richtige Stillposition

«Das ist einfach das Temperament dieses kleinen Biestes», beklagte sich eine Mutter scherzend, während sie versuchte, ihr zappelndes Kindlein anzulegen, das sich von der Brust wegstemmte und zurückbog. Unruhige Babys zeigen nicht gerade die besten Manieren. Oft biegen sie den Kopf nach hinten und strecken den Rücken durch. Dann wird Stillen sehr schwierig. Der gesamte Saugmechanismus gerät durcheinander. Die Zunge rutscht nach hinten, und das Baby kann nicht fest genug ansaugen, um ausreichend Milch zu bekommen. Saugt es nicht richtig an, führt das bei der Mutter zu wunden Brustwarzen, und die Milchbildung wird weniger angeregt; die Milchproduktion geht zurück. Diese kleinen Wildfänge müssen deshalb in eine Stillhaltung gebracht werden, in der sie richtig ansaugen können. Sie können das Baby in der üblichen Wiegenhaltung stillen, doch sollte sich sein Körper dann um Ihren Bauch herum schmiegen. Üben Sie mit der Hand einen festen Druck auf seinen Po und seine Ober-

Die Ernährung des unruhigen Babys

schenkel aus. Eine andere Möglichkeit ist die Seitenhaltung beim Stillen im Sitzen (auch Rückengriff genannt). Das Baby liegt auf der Seite, an der es gerade gestillt wird, auf dem Arm der Mutter. Seine Hüften sind gebeugt, Po und Beine liegen hinten an der Rückenlehne des Stuhls oder Sessels an. Die Mutter stützt dabei den Kopf des Säuglings im Nacken, der obere Teil des Rückens liegt auf ihrem Unterarm. Liegt das Baby so gebeugt da, spannt es die Muskeln weniger an und streckt den Rücken weniger durch.

Neben der Gewohnheit, sich steif zu machen und durchzustrecken, zeigen Kinder mit einem zu starken Muskeltonus wie oben beschrieben oft eine Eigenart, die als tonischer Biss bezeichnet wird: Die Muskeln der Lippen sind so angespannt, dass sie den Warzenhof nicht richtig umfassen können. Für empfindliche Brustwarzen kann das sehr schmerzhaft sein. Das Baby entspannt sich, wenn Sie seine Lippenmuskeln vor dem Anlegen massieren. Dadurch, dass Sie mit einem Finger den Unterkiefer des Babys etwas nach unten ziehen, kann es die Brustwarze mit dem Mund besser umschliessen und gut trinken.

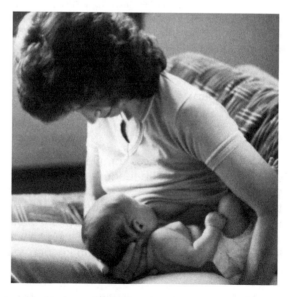

Die Seitenhaltung beim Stillen im Sitzen macht sich die Rückenlehne des Sofas zu Nutze. Das Baby ist beim Stillen in den Hüften gebeugt.

Ungestörtes Stillen

Sehr liebebedürftige Babys sind äusserst sensibel und leicht ablenkbar. Sie lassen während des Stillens mehrmals die Brust los, um sich im Raum umzusehen. Am besten stillen Sie ein solches Baby an einem dunklen, ruhigen Ort.

Stillmarathon

«Meine Tochter möchte ständig gestillt werden, sowohl tagsüber als auch nachts», beklagte sich eine erschöpfte Mutter. Sehr liebebedürftige Kinder geniessen Stillmarathons (gelegentlich tun das alle Babys). Für sie ist Stillen mehr als Nahrungsaufnahme, und das Marathon-Stillen fördert die Anpassung an ihr verändertes Umfeld. Besonders liebebedürftige Babys scheinen sich beim Stillen am allerwohlsten zu fühlen. Sie lernen sehr schnell, dass das Trinken an der Brust die wirkungsvollste Beruhigungsmassnahme ist und ihnen am besten hilft, sich mit ihrer neuen Umgebung vertraut zu machen. Ich sage Eltern oft, dass Kinder zuerst einmal die Nehmenden und Eltern die Gebenden sind. Ein Stillmarathon stellt an die Mutter zwar eine grosse Anforderung, gehört aber zu den wichtigsten Massnahmen, um einen unruhigen Säugling zu besänftigen. Wie so vieles, das Sie als Eltern Ihrem Kind jetzt geben, wird sich auch das Marathon-Stillen lohnen. Wenn Sie es überstanden haben, wächst Ihr besonders liebebedürftiges Baby zu einem freigebigen Kind heran, das sich in seiner Haut wohl fühlt.

Die Milch schnell bereithalten

Fliesst die Milch nicht rasch genug, werden manche Babys äusserst ungeduldig. Sehr liebebedürftige Kinder trinken oft besonders gierig, und wenn sie nicht sofort etwas bekommen, strecken sie sich durch und wenden sich von der Brust ab. Ein verzögerter Milchfluss-Reflex kann dazu beitragen, dass manche ungeduldigen Babys beim Stillen sehr zappelig sind. Hier einige Vorschläge, was Sie tun können, damit die Milch schneller zur Verfügung steht:

- Sorgen Sie für ein ruhiges Stillplätzchen: Reservieren Sie sich fürs Stillen einen ungestörten Ort mit einem beque-

Die Ernährung des unruhigen Babys 113

men Sessel und Kissen, eventuell mit angenehmer Musik. Stellen Sie für sich einen kleinen Imbiss und etwas zum Trinken bereit, und für grössere Kinder Windeln und Spielzeug.

- Nehmen Sie eine warme Dusche oder ein Bad vor dem Stillen.
- Streicheln Sie Ihr Kind vor dem Stillen zärtlich.
- Stellen Sie sich vor, wie der Milchfluss-Reflex einsetzt, wie die Milch in Ihrem Körper gebildet wird und Ihrem Kind wie eine Quelle oder ein Strom zur Verfügung steht.
- Bringen Sie das Baby in eine günstige Stillposition.
- Massieren Sie Ihre Brüste vor dem Stillen, streichen Sie sanft etwas Milch aus, oder benutzen Sie kurz eine Milchpumpe, damit die Milch schon fliesst, wenn Sie das Baby anlegen.

Hilfreich ist auch, sofort auf die andere Seite zu wechseln, wenn Ihr Kind unruhig zu werden beginnt. Während es an der ersten Brust saugt, wird auch bei der zweiten Brust der Milchfluss-Reflex ausgelöst. Wird es dann an der andern Seite angelegt, bekommt es schneller mehr Milch; ein grosser Vorteil für ein ungeduldiges Baby.

Flaschennahrung für das unruhige Baby

«Wir haben alles unternommen, um die richtige Babymilch zu finden», beklagte sich ein verzweifeltes Elternpaar bei mir und legte mir eine Liste aller Präparate vor, die sie ausprobiert hatten. Meine Erfahrung ist, dass ein Wechsel der Milchmarke selten hilft. Um überhaupt etwas zu unternehmen, gehen Eltern von Kinderarzt zu Kinderärztin, und alle schlagen ihnen eine Babymilch nach der anderen vor. Bis die Eltern sämtliche im Handel befindlichen Marken ausprobiert haben, ist das Baby den Koliken wahrscheinlich entwachsen, und die Fachperson mit dem letzten Vorschlag wird gelobt, dass sie endlich die richtige Milch gefunden hat. Bei einigen Babys hilft eine Umstellung auf Sojamilchpräparate, doch Kinder, die allergisch gegen Kuhmilch sind, reagieren häufig auch auf Sojamilch allergisch. Ich habe in meiner Praxis viele Flaschenbabys erlebt, deren Koliken sich durch ein hypoallergenes Präparat wesentlich gebessert haben. Bei dieser Babynahrung ist das Eiweiss in einer Form vorhanden, die für den Säugling leichter verdaulich ist und weniger allergen wirkt. Ein Nachteil ist der hohe Preis. Doch ein Baby mit heftigen Koliken ist eine solche Belastung, dass viele Eltern bereit sind, etwas mehr zu bezahlen. Ich empfehle aber Eltern dringend, weder auf Soja-Babynahrung noch auf ein hypoallergenes Präparat umzustellen, ohne vorher mit ihrer Kinderärztin oder ihrem Kinderarzt gesprochen zu haben. Manche Babys, die Fertignahrung auf Kuhmilch- oder Sojamilchbasis nicht vertragen, gedeihen gut mit Ziegenmilch. Viele Mütter haben berichtet, dass ihre Babys die Milch besser vertragen, wenn sie Körpertemperatur hat.

Tips beim Stillen und Füttern unruhiger Babys

Möglichst wenig Luft schlucken lassen

Wenn Ihr Baby unter Koliken leidet, müssen Sie dafür sorgen, dass es beim Trinken möglichst wenig Luft schluckt. Der Saugschluss beim Trinken ist sehr viel besser, wenn seine Lippen auf das Brustgewebe der Mutter und nicht auf einen Gummisauger treffen; theoretisch müssten gestillte Babys also weniger Luft schlucken als mit der Flasche ernährte.

Stillen von Babys, die viel Luft schlucken

In gewissen Situationen schlucken gestillte Kinder auch zu viel Luft. Ist die Brust sehr prall, zum Beispiel bei einem Milchstau, kann der Säugling die Brust mit seinen Lippen nicht so gut umschliessen. Brustwarze und Warzenhof sind flacher, und das Ansaugen ist schwierig. Das Kindlein saugt dann nur an der Brustwarze und hat den Warzenhof nicht im Mund. Es bekommt nicht genügend Milch, schluckt aber viel Luft. Schreit und protestiert es dann, schluckt es noch mehr Luft. Ein Milchstau lässt sich vermeiden, wenn das Baby nach Bedarf gestillt wird. Lassen Sie es oft und lange genug saugen, damit es wirklich genügend Milch bekommt. Durch warme Umschläge und Ausstreichen von Hand kann schon vor dem Anlegen etwas Milch abfliessen, so dass der Warzenhof weicher wird und das Kind das Brustgewebe besser umschliessen kann. Bei einem heftigen Milchfluss-Reflex kann es ebenfalls passieren, dass das Baby Luft schluckt. Schiesst die Milch gleich am Anfang heraus, schluckt das Baby zusammen mit der Muttermilch viel Luft, weil es versucht, mit dem Überangebot Schritt zu halten. Die Heftigkeit des Milchfluss-Reflexes kann abgeschwächt werden, indem die Mutter vor dem Anlegen ein wenig Milch ausstreicht.

Hilfen für Kinder, die hastig trinken

Babys, die hastig trinken, möchten ihre Milch schnell und in grossen Mengen bekommen. Manche Säuglinge trinken die zur Verfügung stehende Milch deshalb sehr schnell, schlucken dabei jedoch viel Luft. Wenn Sie Ihr Kind mehrmals aufstossen lassen und dann die Seite wechseln, schluckt das Baby weniger Luft, und der Milchfluss-Reflex wird mehrmals ausgelöst. Stillen Sie Ihr Kind an der ersten Seite, bis es etwas langsamer zu trinken beginnt und die Augen schliesst. Lösen Sie es dann von der Brust, und lassen Sie es vorsichtig aufstossen. Dann legen Sie Ihr Baby an der anderen Seite an, bis es wieder langsamer zu trinken beginnt. Wiederholen Sie diesen Vorgang, bis Ihr Kind satt ist. Erfahrungsgemäss wechseln Mütter etwa alle fünf Minuten, doch richten Sie sich nach dem Baby. Es saugt bei jeder Mahlzeit vielleicht zwei- oder dreimal an jeder Seite, doch wegen des häufigen Seitenwechsels saugt es nie, wenn keine Milch mehr fliesst und schluckt so weniger Luft. Nach dem letzten Wechseln lassen Sie es so lange trinken, bis es zufrieden ist, denn jetzt saugt es wahrscheinlich nicht mehr so gierig und schluckt weniger Luft. Diese Vorgehensweise ist auch sehr wirksam bei Babys, die wenig zunehmen. Das Baby bekommt so mehr Milch, weil es durch das sogenannte Wechselstillen die Milchproduktion viel stärker anregt.

Stillhaltungen und Aufstossenlassen

Sehr unruhige Babys erbrechen häufig einen kleinen Teil der Milch wieder – ein Hinweis, dass es sich um ein Kolikbaby handelt. Bei Babys, die Luft schlucken, kommt die Milch wieder hoch, weil sich unter der Nahrung im Bauch eine Luftblase gebildet hat. Zieht sich der Magen beim Verdauungsprozess zusammen, drückt die Luft gegen die Nahrung und befördert sie wie eine Pumpe wieder nach oben. Wenn Sie ein Kolikkind haben, werden Sie in den ersten sechs Monaten eine Menge Stoffwindeln als Spucktücher zu waschen haben; das Spucken lässt deutlich nach, wenn das Baby die meiste Zeit aufrecht gehalten wird. Keine Sorge – die erbrochene Menge sieht immer nach sehr viel mehr aus, als sie tatsächlich ausmacht. Wenn das Kind zunimmt und überhaupt gut gedeiht, dann handelt es sich beim Spucken mit grösster Wahrscheinlichkeit um eine zeitweilige Störung, und das Erbrechen ist kein Hinweis auf ein organisches Problem. Babys, die viel Luft schlucken, wollen meist auch sehr häufig trinken. Sobald die geschluckte Luft nicht mehr drückt, fühlt sich der Magen wieder leer an und signalisiert Lust auf die nächste Mahlzeit.

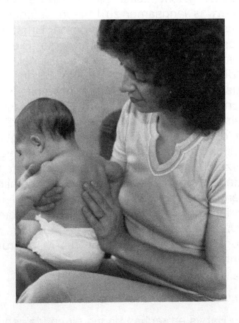

Den meisten Kindern hilft es beim Aufstossen am besten, wenn sie auf dem Schoss von Mama oder Papa sitzen dürfen und diese sanft auf ihren Rücken klopfen.

Die Ernährung des unruhigen Babys

Bei einem Kolikkind müssen Sie dafür sorgen, dass es wenig Luft schluckt und dass möglichst viel Luft wieder aus seinem Bauch hinaus befördert wird. Zu Grossmutters Zeiten war es das Kennzeichen einer erfahrenen Mutter oder Kinderfrau, dass Babys bei ihr erfolgreich «Bäuerchen» machten. Wird der Säugling schon beim Stillen etwas aufrecht gehalten, schluckt er weniger Luft und stösst leichter auf. Halten Sie ihn deshalb in einem 30°-Winkel oder mehr aufgerichtet. So bleibt die Luft oben im Bauch, wo das Baby sie leichter wieder hinaus befördert, bevor sie in den weiteren Verdauungstrakt gelangen und Blähungsschmerzen verursachen kann. Nach dem Stillen halten Sie das Kind mindestens zwanzig Minuten lang in einem 90°-Winkel aufrecht. Sie können es auf Ihren Schoss setzen oder es (beispielsweise im Schaukelstuhl) gegen Ihre Schulter lehnen, oder Sie wiegen sich im Stehen rhythmisch vor und zurück. Vermeiden Sie brüske Bewegungen, sonst kann es passieren, dass sich schwallartig Milch über Ihre Kleidung ergiesst. Wenn Sie das Baby hinlegen, dann betten Sie es auf die rechte Seite und erhöhen das Kopfende des Bettchens ein wenig, etwa im Winkel von 30°.
Der Magen des Babys ist links; in der rechten Seitenlage kann die Luft also nach oben steigen und aufgestossen wer-

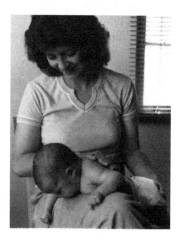

Sie können Ihr Baby auch aufstossen lassen, indem Sie es an Ihre Schulter lehnen oder auf Ihren Schoss legen.

den und wird nicht in die Verdauungsorgane gedrückt. Wenn Ihr Kind aufrecht auf Ihrem Knie oder auf Ihrem Schoss sitzt und leicht vornüber gebeugt gegen Ihre Hand gelehnt ist, die mitten auf seinem Bauch ruht, kann es am leichtesten aufstossen. Klopfen Sie mit der anderen Hand sanft auf seinen Rücken. Manche Babys sind schwer zum Aufstossen zu bringen, andere müssen selten aufstossen. Wenn der Säugling innerhalb von zehn Minuten nicht aufstösst, dann sind weitere Versuche wahrscheinlich vergeblich.

Können Sie das unruhige Baby überfüttern?

Einige liebebedürftige Babys trinken sehr viel, nehmen jedoch nicht übermässig zu, andere trinken viel und werden schnell rundlich. Dies ist ein weiterer Grund, warum Stillen so wichtig ist. Von Anfang an bringen sehr liebebedürftige Kinder das Saugen mit Trost in Verbindung, und deshalb möchten sie oft und lange angelegt werden. Hier liegt ein grosser Unterschied zwischen Stillen und Flaschenernährung. Die Milch gestillter Babys ist nicht immer gleich zusammengesetzt. Wenn der Säugling nur etwas nuckelt – um sich zu trösten oder zu entspannen – bekommt er kalorienärmere Vordermilch. Wenn er lange kräftig saugt, um seinen Hunger zu stillen, kriegt er auch die fettere, kalorienreichere Hintermilch. Ein Flaschenkind dagegen erhält immer die gleiche kalorienreiche Fertigmilch, ganz gleich, ob es aus Hunger oder zum Trost trinkt. Würden Flaschenbabys genauso häufig trinken wie gestillte Kinder, wären Sie alle kleine Dickerchen. Das Bedürfnis nach häufigen Mahlzeiten erklärt vielleicht die Tendenz, bei Flaschenkindern eher mit dem Zufüttern fester Nahrung zu beginnen. Mütter, welche die Flasche geben, müssen sich etwas anderes einfallen lassen, um ihre Babys zufriedenzustellen, denn sie können sie nicht so häufig trinken lassen wie stillende Frauen.

Der Körperbau des Babys hat sehr viel mit seinem Wachstum zu tun, vor allem, wenn es häufig trinkt. Sehr liebebedürftige Babys mit einem schlanken, knochigen Körpertyp (leptosom) trinken vielleicht pausenlos, verbrauchen aber auch sehr viel Energie und bleiben schlank. Kleine Babys mit rundlichen Händen und Füssen und gedrungenen grossen Knochen (pyknisch) werden dick, wenn sie überfüttert werden.

Die Einführung fester Nahrung beim sehr unruhigen Baby

«Jetzt ist es aber an der Zeit, dass das Kind etwas Richtiges zu essen bekommt», sagte die gutmeinende Grossmutter zu ihrer Tochter, als diese das Baby innerhalb von drei Stunden zum dritten Mal anlegte. Das wohlgenährte Baby befand sich in seiner Altersgruppe schon im obersten Bereich der Gewichtskurve. Die Einführung fester Nahrung galt lange als Allheilmittel für alle Beschwerden eines Säuglings. Die Elterngeneration, die ihre Kinder mit der Flasche grossgezogen hat, kann sich noch nicht so ganz mit der Tatsache abfinden, dass ihre Grosskinder den grössten Teil des ersten Lebensjahres sehr gut mit nichts weiter als der Muttermilch gedeihen. Wenn feste Nahrung zu früh eingeführt wird (mit drei oder vier Monaten), kann das die Koliken verschlimmern; im besten Falle ändert sich das Verhalten des Babys dadurch aber wenig, und nur selten trägt feste Nahrung dazu bei, dass das Kind nachts länger schläft. Da Kolikbabys ein leicht erhöhtes Allergierisiko haben, rate ich den Eltern, mit fester Nahrung zu warten, bis das Kind in seiner Entwicklung so weit ist, und sich nicht nach dem Kalender zu richten. Folgende Zeichen weisen darauf hin, dass ein Baby bereit für feste Nahrung ist:

- Es sitzt ohne fremde Hilfe.

- Es kann kleine Gegenstände mit Daumen und Zeigefinger ergreifen.

- Es möchte schon seit mehr als einer Woche fast ununterbrochen an der Brust trinken und scheint nicht mehr satt zu werden.

Ob es schon Zähne hat oder noch nicht, hat keinen Einfluss darauf, ob es bereit für feste Nahrung ist. Auch wenn Ihr Kind die Hände nach Ihrem Essen ausstreckt, heisst das noch nicht unbedingt, dass es feste Nahrung braucht; in diesem Alter strecken Babys die Hände nach allem aus, was sie sehen, besonders wenn die Mutter Interesse daran zeigt.
Für den Anfang ist reife zerdrückte Banane gut geeignet, denn der süsse Geschmack erinnert an Muttermilch. Zum Ausprobieren legen Sie Ihrem Kind ein klein wenig davon auf die Zun-

genspitze. Wenn es die Banane schluckt, ist es bereit für feste Nahrung, spuckt es sie aus, warten Sie besser noch eine Weile. Leider wirkt die beliebteste Babykost, Reisbrei und Banane, auch stopfend. Und Verstopfung kann ein Kolikkind am allerwenigsten brauchen. Wenn Sie feststellen, dass der Stuhl nach Einnahme fester Nahrung härter wird, dann geben Sie Ihrem Baby weniger davon und warten nicht, bis es ganz verstopft ist. Kolikkinder, die gegen Kuhmilch allergisch sind, neigen auch stärker zu einer Allergie gegen andere Nahrungsmittel wie Zitrusfrüchte, Tomaten und Beeren. Es ist ratsam, das Kind langsam an neue Lebensmittel zu gewöhnen. Besonders für sehr liebebedürftige Babys kann die zu frühe Einführung fester Nahrung nachteilig sein. Wenn feste Nahrung das Stillen ersetzt, anstatt es zu ergänzen, hat die Mutter bald weniger Milch. Für das Baby ist das Stillen dann nicht mehr so sättigend und auch nicht mehr so beruhigend. Wird ein Kind nach Einführung von fester Nahrung unruhiger, ist es vielleicht unzufrieden darüber, dass es nicht mehr so häufig angelegt wird und seine Mutter weniger Milch hat. Die Einführung fester Nahrung kann auch bewirken, dass sich eine Mutter der Situation weniger gut gewachsen fühlt. Häufiges Anlegen fördert ja die Prolaktinausschüttung, und Babys trinken weniger, wenn sie Breimahlzeiten bekommen (Quandt 1984). Ein zu frühes Einführen von fester Nahrung ist deshalb sowohl für die Mutter als auch fürs Kind nachteilig.

Hochwertige Nahrungsmittel für Babys

Babys, insbesondere unruhige, sollten keine Lebensmittel bekommen, die künstliche Farb- und Geschmacksstoffe enthalten oder stark gesüsst sind. Sehr liebebedürftige Babys sind oft auch als Kleinkinder anspruchsvoll und reagieren auf minderwertige Nahrungsmittel häufig durch verändertes Verhalten. Es ist zwar unvermeidlich, dass Kinder in unserer «Fastfood-Gesellschaft» Bekanntschaft mit minderwertigen Lebensmitteln machen. Doch wenn sie wenigstens in den ersten Lebensjahren sorgfältig ausgewählte Nahrung bekommen, merken sie, wie gut ihnen das tut. Sie spüren dann vielleicht, dass sie sich nach dem Essen von «Fastfood» nicht besonders wohl fühlen und dass sich das auch auf ihr Handeln auswirkt. Das ist eine Art umgekehrtes Suchtverhalten. Wenn ein Baby die Erfahrung macht, dass es sich nach

Ein liebebedürftiges Baby abstillen

«Was, du stillst immer noch?», meinte die entsetzte Grossmutter zu ihrer Tochter, die ihr zweijähriges, äusserst liebebedürftiges Kind stillte. Liebebedürftige Babys haben nicht nur starke Bedürfnisse, diese dauern auch länger an. Erschöpfte Mütter fragen vielleicht: «Wie lange?» Ich habe ein kleines Schild in meiner Praxis aufgehängt, auf dem steht: «Frühes Abstillen ist für Babys nicht empfehlenswert.» Und ich möchte gerne hinzufügen: «Vor allem nicht für sehr liebebedürftige Babys.» Es ist schwierig, den richtigen Zeitpunkt für das Entwöhnen zu finden. Doch wenn Sie sich über die Bedeutung dieses Entschlusses im Klaren sind, hilft Ihnen das bei der Entscheidung, wann und wie Sie Ihr besonders liebebedürftiges Baby abstillen.
Früher hatte das Wort «abstillen» die gleiche Bedeutung wie reifen. Das Wort wurde gebraucht, wenn Trauben reif waren und von der Rebe gepflückt werden konnten. «Abstillen» war etwas Positives und hatte nichts mit dem Ende einer Beziehung zu tun. Wenn ein Kind abgestillt war, kam der ganze Stamm zusammen und feierte dies – nicht weil die Mutter nun wieder «frei» war, sondern weil das Kind reif und bereit war, neue Beziehungen einzugehen und die Gesetze des Stammes zu erlernen. Das Kind ging aus den Armen der Mutter in die Sicherheit seiner Kultur über.
Der ideale Zeitpunkt zum Abstillen ist gekommen, wenn sich das liebebedürftige Kind im Einklang mit sich selbst befindet und bereit dazu ist. Es scheint dann zu sagen: «Danke Mami und Papi, diese Beziehung hat mich vollauf zufriedengestellt, jetzt bin ich bereit für Neues.» Das Leben besteht für das Kind aus einer Folge von Entwöhnungen. Es wird vom Mutterleib, von der Brust und vom Bett der Eltern entwöhnt; es stellt sich von der häuslichen Geborgenheit auf die Schulsituation um und von der Zeit des Lernens auf die Arbeitswelt. Das Alter, in welchem ein Kind zum Abstillen von der Mutterbrust bereit ist, kann sehr unterschiedlich sein, vor

allem bei sehr liebebedürftigen Babys. Ein Kind, das sich schon auf das nächste Entwicklungsstadium umstellen muss, bevor es selbst dazu bereit ist, kann leicht «Symptome vorzeitigen Entwöhnens» entwickeln: Wut, Aggression, Stimmungsschwankungen; es fühlt sich in seiner Haut nicht wohl. Zu frühes Abstillen ist häufig Ursache einer verzögerten Überaktivität. Eine Mutter sagt beispielsweise: «In den ersten acht Monaten war sie so ein braves Baby, und jetzt führt sie sich so auf.» Wutanfälle kommen besonders oft vor, wenn ein Kind plötzlich abgestillt wird.

Wenn ich das «Wie und Warum» bestimmter Aspekte der Entwicklung beobachten möchte, lehne ich mich zurück und beobachte, was ein Kind tut, wenn die Eltern sein Verhalten anleiten und kanalisieren, ohne es zu frustrieren. Wenn ich mich an all die besonders liebebedürftigen gestillten Kinder erinnere, die ich während ihrer Entwicklung begleitet habe, komme ich zum Schluss, dass Babys, die nach Bedarf gestillt werden, sich meist gegen Ende des zweiten Lebensjahres, manchmal auch später, von selbst abstillen. Das Stillen vor dem Einschlafen wird gewöhnlich zuletzt aufgegeben. In der festen Überzeugung, dass Babys das tun, was ihrer Entwicklung entspricht, würde ich Eltern sehr liebebedürftiger Babys raten, bei der Stilldauer von Jahren und nicht von Monaten auszugehen. Das Abstillen sollte dann passieren, wenn beide, Mutter und Kind, bereit und in der Lage sind, den nächsten Entwicklungsschritt zu wagen.

Denken Sie daran, dass Entwöhnen den Übergang von einer Entwicklungsstufe zur nächsten darstellt. Und vergessen Sie nicht, dass im Verlauf Ihres Elternseins aus sehr liebebedürftigen Babys liebebedürftige Kleinkinder werden. Wenn die Kinder heranwachsen, nehmen ihre Bedürfnisse nicht etwa ab, sie verändern sich nur. Wenn ein Kind von der Brust entwöhnt wird, gewinnt für Eltern die Aufgabe an Bedeutung, kreativ seine Umwelt mitzugestalten. Sehr liebebedürftigen Kleinkindern wird es schnell langweilig, wenn sie nicht von einer anregenden Umwelt in den Bann gezogen werden. Bereiten Sie sich darauf vor, dass Ihr sehr liebebedürftiges Baby im Laufe der Jahre immer wieder hohe Anforderungen an Sie als Eltern stellen wird.

Machen Sie sich darauf gefasst, dass Sie negative Bemerkungen zu hören bekommen, wenn Sie Ihr grösseres Kind stillen. Freundinnen, Freunde und Verwandte, die «es ja nur gut meinen», werden Ihnen erklären, dass Sie Ihr Baby zur Abhängigkeit erziehen. Das ist ein Überbleibsel aus der Zeit, als die Qualitäten einer Mutter danach beurteilt wurden, wie bald das Baby mit drei festen Mahlzeiten pro Tag zufrieden war, nachts durchschlief, abgestillt und sauber war. Frühe Selbständigkeit war das höchste Ziel. Meiner Meinung nach ist das völliger Unsinn. Ein Baby, vor allem ein besonders liebebedürftiges, muss eine ganz normale Zeit der Abhängigkeit durchmachen, ehe es mit Selbständigkeit etwas anfangen kann. Es braucht emotionale Erfüllung, bevor es lernen kann zu geben. Es muss lernen, mit Bindungen umzugehen, bevor es sich ablösen und unabhängig fühlen kann. Müttern, deren Babys Anzeichen dafür geben, dass sie sehr lange gestillt werden möchten, will ich einen tröstlichen Gedanken mit auf den Weg geben: Die selbstsichersten und selbständigsten Kinder in meiner Praxis sind jene, die erst abgestillt wurden, als sie selbst so weit waren. Nehmen Sie an Treffen der La Leche Liga-Stillgruppen teil, wenn Sie Unterstützung brauchen, um mit der Kritik von Freunden, Freundinnen und Verwandten umgehen zu können.

KAPITEL 8

Der Vater des unruhigen Babys

«Ohne meinen Mann hätte ich das nie geschafft», gestand eine Mutter, als ihr besonders liebebedürftiges Kind ein Jahr alt war. In meiner Praxis betreue ich viele Babys mit grossen Bedürfnissen, die sich schliesslich sehr gut entwickeln. Schaue ich mir die Unterlagen dieser Kinder an, fällt **ein ständig an der Kinderpflege beteiligter, Rückhalt gebender Vater** auf. In diesem Kapitel gehe ich auf Gefühle ein, von welchen mir Väter häufig erzählen. Das Kapitel soll Ihnen als Vater ein besseres Verständnis dafür vermitteln, wie sich Mütter sehr liebebedürftiger Babys verhalten. Zudem mache ich Vorschläge, wie Sie mithelfen können, die Belastungen durch den unruhigen Säugling kreativ zu verändern.

Die Gefühle von Vätern sehr unruhiger Babys

- «Sie stillt den ganzen Tag.»
- «Sie ist vom Kind viel zu abhängig.»
- «Wir brauchen auch mal Zeit für uns allein; ich habe schliesslich auch Bedürfnisse.»
- «Sie ist lieber mit unserem Baby zusammen als mit mir.»
- «Das Baby gibt sich mit mir einfach nicht zufrieden. Ich komme mir so hilflos vor.»
- «Seit Wochen haben wir nicht mehr miteinander geschlafen.»

Das sind echte Gefühle von Vätern, die ihre Partnerin und ihre Kinder aufrichtig lieben. Doch sie sind frustriert, dass sie ihr schreiendes Baby nicht beruhigen können, und es ist verwirrend für sie zu sehen, wie eng die Bindung zwischen ihrer Frau und dem Kind ist.

Um Ihnen diese ganz normalen Gefühle verständlich zu machen und Ihnen den Umgang damit zu erleichtern, erläutere ich einige Grundbedürfnisse, denn wenn diese befriedigt sind, ist das Baby im Einklang mit seiner Umgebung. Dies wirkt sich positiv auf sein Temperament aus, es geht ihm gut, und es macht seinen Eltern Freude. Wenn diese Bedürfnisse jedoch nicht erfüllt sind, kann sich das negativ auf sein Temperament auswirken. Das Kind spürt, dass es nicht zu seiner Umgebung passt. Es ist dann nicht im Einklang mit sich selbst und wird dadurch schwierig für seine Eltern. Säuglinge sind dazu geschaffen, zu empfangen, und irgendwer muss geben. Von Natur aus kommt die Aufgabe, einem sehr liebebedürftigen Kind die nötige Zuwendung zu geben, aus zwei Gründen vor allem der Mutter zu:

- Das Baby kennt die Mutter am besten. Schliesslich hatten Mutter und Ungeborenes neun Monate lang eine gemeinsame Zeit.

- Die Mutter ist biologisch und hormonell darauf eingestimmt, auf die Bedürfnisse ihres Babys einzugehen, vor allem in den ersten zwei, drei Jahren.

Das heisst nicht, dass sich Väter aus der Betreuung ihrer Babys heraushalten sollen. Doch für die Väter ist das nicht so selbstverständlich wie für die Mütter; sie müssen sich stärker darum bemühen.
Babys gelingt es, in ihren Müttern all die Energie zu aktivieren, die nötig ist, damit ihre Bedürfnisse erfüllt werden und sie sich in ihre neue Umgebung hineinfinden können. Ihre Partnerin ist darauf vorbereitet, gebend und nährend zu reagieren und die vom Säugling geforderte Energie aufzubringen. Es wirkt das Naturgesetz von Angebot und Nachfrage, welches das Überleben der Nachkommen einer Art garantiert. Mütter sind dafür geschaffen, die Bedürfnisse ihrer Kinder zu erfüllen. Und wer kümmert sich um die Bedürfnisse der Mutter? Dies ist eine wichtige Aufgabe des Vaters.
Es gibt Bedingungen, die erfüllt sein müssen, damit die Mutter ihrer Aufgabe gerecht werden kann. Dann kann sich die Frau entwickeln und innerlich wachsen. Gute Voraussetzungen geben ihr Kraft, sorgen für genügend Milch, regeln den Hormonhaushalt und fördern ihre Sensibilität gegenüber ihrem Baby. Die Frau wird diese Phase nicht nur bloss über-

stehen, sondern auch als Mutter eines sehr liebebedürftigen Babys eine wichtige Entwicklung durchlaufen und in ihrer Rolle als Mutter reifen. Folgende Punkte schaffen die Voraussetzung dafür:

- Positives Geburtserlebnis.
- Ununterbrochenes Beisammensein von Mutter und Baby in der Zeit nach der Geburt.
- Stillen nach Bedarf und ohne Einschränkungen.
- Mutter und Kind schlafen nahe beieinander.
- Auf das Weinen des Babys wird unverzüglich eingegangen.
- Das Baby wird erst abgestillt, wenn es dazu bereit ist.

Diese Verhaltensweisen stellen einige Ansprüche an eine Mutter, doch sie sind unabdingbar, wenn Sie ein besonders liebebedürftiges Baby haben. Sie helfen Ihrer Frau, diesen Anforderungen gewachsen zu sein.
Eine Mutter kann es nicht allen recht machen. Wenn sie sich um ein sehr liebebedürftiges Kind zu kümmern hat, muss sie ihre Kraft gut einteilen. Die Zeit und die Zuwendung, die sie bisher auf mehrere Menschen verteilt hat, braucht sie nun fürs Baby. Andere Menschen, nicht zuletzt ihr Partner, fühlen sich vernachlässigt. Während dieser kurzen Zeitspanne, in welcher der Säugling vollkommen von seiner Mutter abhängt, ist diese einseitige Konzentration von Zeit, Gefühlen und Energie aufs Neugeborene nötig.

Sexuelle Bedürfnisse

Väter sehr liebebedürftiger Babys sind darüber verwirrt, dass ihre Frau kein sexuelles Interesse mehr zu haben scheint. Hormonelle Veränderungen nach der Geburt erklären dieses zeitweise Fehlen sexuellen Verlangens. Vor der Geburt beeinflussen die weiblichen Sexualhormone das Verhalten der Frau stärker als die mütterlichen Hormone. Nach der Geburt ändert sich das, die mütterlichen Hormone überwiegen. Dies dauert in einer unterstützenden Umgebung so lange, wie dies zur Befriedigung der Bedürfnisse des Babys notwendig ist. Das bedeutet nicht, dass die Frau jedes sexuelle Interesse verloren hat; es heisst lediglich, dass die Energie, die vorher dem Partner galt, jetzt dem Baby zukommt. So ist das von der Natur vorgesehen, vor allem bei einem sehr liebebedürftigen Baby. Alle wollen etwas von der Mutter, besonders der Säugling. Geht der Tag zu Ende, ist es eine ganz normale Reaktion, wenn die Frau signalisiert: «Bitte lass mich in Ruhe. Ich möchte nur noch schlafen.» Übersättigt von der ständigen körperlichen Nähe zum Kindlein und allenfalls den Bedürfnissen weiterer Kinder, sagen Mütter liebebedürftiger Babys häufig zu mir: «Ich möchte gar nicht mehr berührt werden.»

Hilfe im Haushalt

Sorgen Sie als Vater dafür, dass Ihre Partnerin Hilfe im Haushalt erhält, so dass sie von anstrengenden Verpflichtungen befreit ist, welche sie Energie kosten, die sie für das Baby dringend braucht. Helfen Sie selbst im Haushalt mit, oder engagieren Sie – wenn Sie sich das leisten können – eine Haushalthilfe, welche putzt und die nötigsten Arbeiten erledigt. Meine Erfahrung hat gezeigt, dass Mütter sehr liebebedürftiger Kinder nicht nur wegen des Babys so erschöpft sind. Es sind die zusätzlichen Anforderungen, die sie überfordern. Erwarten Sie von Ihrer Frau nicht, dass Sie die perfekte Gastgeberin ist, alle sozialen Kontakte aufrecht erhält, Besuch willkommen heisst und den ganzen Haushalt optimal schmeisst. Sie müssen der Tatsache ins Auge blicken, dass Ihr Heim vielleicht nie wieder so ordentlich und aufgeräumt sein wird, wie es einmal war. Eine Entlastung der Mutter ist vor allem wichtig, wenn das Baby gerade eine besonders anstrengende Entwicklungsphase durchläuft. Möchte der Säugling Tag und Nacht nur noch an der Brust trinken, dann sorgen Sie dafür, dass die Mutter von anderen Pflichten befreit ist. Als Väter können wir zwar unser Kind nicht stillen, doch wir können Bedingungen schaffen, welche unserer Partnerin das Stillen erleichtern.

Respektieren Sie, dass die Mutter sensibel aufs Schreien des Babys reagiert

Vermeiden Sie den Ratschlag: «Lass das Baby doch schreien!» Denken Sie daran, dass Mütter eine andere Sensibilität gegenüber dem Weinen des Babys haben als Väter. Schreit ein Kindlein, löst das bei der Frau körperliche Veränderungen aus. Väter spüren nichts Vergleichbares. Die Mutter weiss deshalb mit Sicherheit am besten, wann und wie auf das Weinen des Kindes zu reagieren ist.

Setzen Sie die Mutter nicht unter Druck

In vielen Beratungsgesprächen äussern Mütter das Gefühl, ihr Partner setze sie unter Druck, ihren mütterlichen Impulsen zuwiderzuhandeln. Diese Männer lösen in ihren Frauen Schuldgefühle aus, weil sie nicht die perfekten, anpassungsfähigen Ehefrauen sind. Am häufigsten zeigt sich dieser Druck beim Wunsch des Mannes, endlich wieder einmal mit seiner Partnerin alleine auszugehen. Ein Beispiel soll dies verdeutlichen:
Daniel und Susanne waren die stolzen Eltern der drei Monate alten, ausgesprochen liebebedürftigen Jessica. Susanne gelang es sehr gut, die Bedürfnisse ihrer Tochter zu befriedigen und auch noch Kraft für sich selbst und die Beziehung mit ihrem Mann aufzubringen. Jessica und Susanne kamen gut mit der Situation zurecht, doch Daniel fühlte sich ausgeschlossen. Eines Tages bekam er die Möglichkeit, einen wichtigen Geschäftsabschluss in einer weit entfernten Stadt zu tätigen und fand, dass es an der Zeit sei, dass er und seine Frau allein dorthin reisten. Daniel drängte Susanne, Jessica abzustillen und zu Hause zu lassen, damit sie beide allein fliegen und ihre romantische Liebe wiederaufleben lassen könnten. Daniel hoffte zudem, dass Susanne ihm beim Geschäftsabschluss eine grosse Hilfe sein könnte.
In einem Gespräch mit den beiden konnte ich Daniel erklären, dass er Susanne mit seiner Forderung in eine ausweglose Situation brachte. Einerseits wollte sie gerne mit ihm allein verreisen, doch andererseits spürte sie als Mutter instinktiv, dass Jessica noch zu klein war für eine solche Trennung. Falls sie alleine verreisen würden, könnte die ganze Familie darunter leiden. Susanne wäre nicht die entspannte und verliebte Partnerin, die sich Daniel als Reisebegleiterin wünschte, und Jessica würde ihnen bei ihrer Rückkehr die Rechnung für das vorzeitige Abstillen präsentieren.
Was war die Lösung? Daniel, Susanne und Jessica flogen gemeinsam nach New York. (Jessica wurde während des

ganzen Flugs von der West- zur Ostküste gestillt). Zu ihrer Überraschung war Daniels Geschäftspartner ebenfalls mit Frau und Kind angereist. Die Frau meinte: «Ich bin so froh, dass Sie Ihr Baby auch mitgebracht haben. Unser Kind gehört zu denen, die man nicht einfach mit anderen allein lassen kann.» Die beiden Väter verstanden sich auf Anhieb gut, weil sie deutlich zeigten, dass ihre Kinder in ihrem Leben den ersten Platz einnahmen. Der Geschäftsabschluss war ein voller Erfolg.

Ich hoffe, diese Erklärung normaler mütterlicher Gefühle hilft Ihnen als Vater, mit Ihren eigenen Gefühlen umzugehen. Sie sind nicht von Ihrem Baby verdrängt worden; die Energie und Zuwendung, die früher Ihnen gegolten hat, kommt lediglich jetzt Ihrem Sohn oder Ihrer Tochter zu. Dies ist eine Phase in Ihrer Beziehung, die Zeit des Mutterseins und des Vaterseins.

Wenn Sie Ihrer Partnerin viel Zuwendung schenken – so wie Ihre Frau Ihrem Baby viel Pflege und Aufmerksamkeit schenkt – dann wird die Energie Ihrer Partnerin zu Ihnen zurückkehren. Die Wärme und Intensität der Beziehung wird Ihnen zeigen, dass es sich gelohnt hat.

Die Zeit, in der die Kinder klein sind und sehr viel Zuwendung brauchen, ist nur eine von vielen Phasen einer Ehe.

Der Vater des unruhigen Babys

Mütter brauchen Fürsorge und Zuwendung

Eine Mutter muss auch «bemuttert» werden. Das Wichtigste bei der Betreuung von liebebedürftigen Babys – wichtiger noch als Stillen, gemeinsames Schlafen und sofortiges Reagieren auf sein Schreien – ist eine **stabile, befriedigende Partnerbeziehung der Eltern.** Damit mütterliche Zuwendung wirklich Erfolg hat, braucht sie die Unterstützung des Vaters, welcher der Mutter Fürsorge und Zuwendung schenkt, während sie das gemeinsame Kind umsorgt. Vielleicht denken Sie jetzt: «Das leuchtet mir ein, doch wie kann ich helfen?» Der Vater eines Neugeborenen hat es sehr schön dargestellt: «Nicht immer gelingt es mir, das Baby zu trösten, doch kann ich alles Erdenkliche tun, damit es meine Frau dabei leichter hat.»

Lassen Sie sich früh auf Ihre Vaterrolle ein

Idealerweise übernehmen Sie die Vaterrolle schon bewusst während der Schwangerschaft. Nehmen Sie zusammen mit Ihrer Frau an einem Geburtsvorbereitungskurs und an Stilltreffen teil. Unterstützen Sie Ihre Frau bei der Geburt. Ist Ihr Kind geboren, können Sie immer wieder eine grosse Hilfe sein: Wickeln und baden Sie das Baby, kochen Sie, waschen Sie ab und räumen Sie auf. Tun Sie all die Dinge, die Ihre Partnerin entlasten, damit diese das tun kann, was ausser ihr niemand kann: als Mutter für Ihr Kind da sein. Manche Männer meinen vielleicht, Hausarbeit sei nicht ihre Aufgabe. Doch die Rollen von Vater und Mutter sind nicht mehr so klar getrennt, wie noch vor Jahrzehnten. Damals lebte die Frau im Kreis der Grossfamilie, die sie in den ersten Wochen nach der Geburt eines Kindleins von den Arbeiten im Haushalt entlastete. Heute geniessen nur wenige Familien den Luxus, in der Nähe ihrer Verwandten zu leben. In der heutigen mobilen Gesellschaft übernimmt der Vater eine grössere Rolle in der Familie.

Zeigen Sie Ihrer Partnerin, dass sie sich auf Sie verlassen kann

Nehmen Sie sich immer wieder Zeit füreinander. Zeigen Sie Ihrer Partnerin, dass auf Sie als Mann und Vater Verlass ist. Vielleicht lesen Sie dieses Kapitel auch gemeinsam und diskutieren darüber. In unserer Familie haben wir eine Gewohn-

heit eingeführt, ich nenne sie «Zeit für die Bestandesaufnahme».
Von Zeit zu Zeit setzen sich meine Frau und ich zusammen. Ich frage sie dann, wie es ihr gehe. Sie werden sicherlich überrascht sein, wenn Ihre Partnerin die Fassung verliert und gesteht: «Ich dachte schon, das interessiere Dich nicht. Ich bin sehr erschöpft.» Zeigen Sie Ihrer Frau immer wieder, dass Sie Ihnen wirklich viel bedeutet. Das gibt ihr die Gewissheit, dass Ihnen die Paarbeziehung wichtig ist. Sagen Sie Ihrer

---

Sich auseinanderleben

Maria und Thomas kamen eines Tages mit betretenen Gesichtern in meine Praxis. Sie standen vor der Scheidung. Maria erklärte, dass Jan ein sehr anspruchsvolles Kind sei. Sie bemühte sich sehr, eine «gute Mutter» zu sein: Sie nahm ihn überallhin mit, stillte ihn nach Bedarf, schlief mit ihm, nahm ihn jedesmal hoch, wenn er weinte und war immer für ihn da. Thomas konnte mit Säuglingen wenig anfangen, und schreiende Babys machten ihm Angst. Deshalb überliess Maria Jan nur sehr selten seiner Obhut. Thomas hatte das Gefühl, nicht zu genügen, und blieb deshalb immer länger im Büro. Maria konzentrierte sich mehr und mehr auf ihre Mutterrolle, Thomas auf seinen Beruf. Die beiden lebten sich immer weiter auseinander, und ihr Kind war nach wie vor schwer zu beruhigen. Maria investierte noch mehr in ihre Beziehung zu Jan, und Thomas begann eigene Beziehungen ausserhalb der Familie zu knüpfen. Maria merkte, dass sie und Thomas immer weniger miteinander redeten, doch sie beruhigte sich mit dem Gedanken: «Mein Baby braucht mich, und Thomas ist erwachsen. Er kann selbst für sich sorgen.» Zum Glück war dieses Paar klug genug zu erkennen, dass es sich auf dem falschen Weg befand. Sie holten sich Hilfe und fanden wieder zueinander.

Ich habe diese wahre Geschichte erzählt, um Eltern klarzumachen, dass die Balance in der Familie ausgeglichen sein muss. Vater und Mutter müssen sich gegenseitig ineinander einfühlen, damit es beiden gut geht und ihre Beziehung intakt bleibt. Das ist besonders für Eltern eines sehr liebebedürftigen Kindes wichtig. Ich bin davon überzeugt, dass eine gute Beziehung die Voraussetzung dafür ist, damit sich die Eltern um ihr liebebedürftiges Baby kümmern können. Ziehen Vater und Mutter bei der Betreuung ihres äusserst liebebedürftigen Babys nicht an einem Strang, wird ihre Beziehung einer grossen Belastungsprobe ausgesetzt.

Der Vater des unruhigen Babys

Frau, dass Sie sehen, wieviel Kraft es braucht, ein sehr liebebedürftiges Baby zu versorgen, und versichern Sie ihr, dass Sie diese Zeit gemeinsam meistern werden.

Achten Sie auf Erschöpfungssymptome

Eine Mutter, deren liebebedürftiges Baby grosse Anforderungen an sie stellte, erzählte mir: «Ich musste sehr deutlich werden, bis mein Mann merkte, dass ich völlig erschöpft war.» Mütter sind zwar bekannt für ihre unendliche Energie im Geben, doch spüren sie nicht immer, wann ihre Kräfte am Versiegen sind. Oft machen sie noch lange weiter, ohne sich Hilfe zu holen, obwohl sie kurz vor dem Kollaps stehen. Achten Sie als Vater aufmerksam auf die frühen Warnzeichen, und eilen Sie Ihrer Partnerin rechtzeitig zu Hilfe.

Tips für Väter

Es ist sehr entmutigend für Väter, wenn das Kind auf ihre Tröstungsversuche nicht reagiert. Babys bevorzugen die Mutter, doch gibt es Dinge, die Väter besser können als Mütter. Im fünften Kapitel habe ich verschiedene Beruhigungstechniken beschrieben, zum Beispiel den «Kuschelbären» und den Koliktanz. Hier folgen weitere Tips für Väter, wie sie ihr Baby trösten können.

Singen Sie Ihrem Baby etwas vor

Die meisten Babys reagieren zwar aufmerksamer auf die hohe Stimmlage der Mutter, doch manche lassen sich besser durch tiefe Männerstimmen beruhigen. Singen Sie monotone, summende Lieder, beispielsweise «Schlaf Kindlein, schlaf».

Übernehmen Sie das Kind in schwierigen Zeiten

Babys suchen sich für ihre Schreizeiten nicht gerade die passendsten Momente aus. Meistens sind sie am späten Nachmittag oder frühen Abend besonders unruhig – genau zum Zeitpunkt also, an dem die meisten Väter heimkommen. Unruhige Kinder haben im Laufe des Tages gute und schlechte Momente. Leider lernen Väter abends meist eher die schlech-

ten kennen. Das fördert die Vater-Kind-Beziehung nicht gerade, sondern führt zur Frage: «Ist das Baby immer so?»
Sie können Ihrer übermüdeten Partnerin sehr helfen, wenn Sie ihr während diesen sehr schwierigen Abendzeiten das Kind abnehmen. Das sieht dann so aus: Der Mann kommt abends nach der Arbeit müde nach Hause und wird von einer erschöpften Partnerin und einem schreienden Baby begrüsst. Anstatt sich hinzusetzen und sich ungestört vom anstrengenden Arbeitstag zu erholen, nimmt der Vater das weinende Kind und macht mit ihm einen Spaziergang oder tanzt mit ihm ums Haus. Seiner müden Frau rät er: «Lass es dir jetzt einmal gut gehen!»
Liebe Väter, versuchen Sie das einmal! Wahrscheinlich ist Ihre Frau dann so überrascht, dass sie später auch eine oder zwei Überraschungen für Sie bereit hat.
Die Mutter kann dazu beitragen, diese schwierige Situation am Spätnachmittag zu entschärfen. Wenn sie das Baby am Nachmittag schlafen legt, wacht es kurz bevor der Vater heimkommt auf, und er wird wenigstens nicht von einem müden Kind begrüsst. Das ist für die ganze Familie viel einfacher, als das Baby wachzuhalten und zu hoffen, dass es dann früher einschläft und die Eltern Ruhe und Zeit für sich selbst finden.

Wie werden Väter für ihre Bemühungen belohnt?

Lieber Vater, wenn Sie sich regelmässig an der Pflege Ihres sehr liebebedürftigen Babys beteiligen und Ihrer Partnerin viel Zuwendung geben, werden Sie davon profitieren.
Als Erstes lernen Sie Ihr Kind besser kennen. Wenn Sie viel Zeit mit Ihrem Baby verbringen, auch in Phasen, in denen es besonders viel Zuwendung braucht, sehen Sie allmählich nicht nur die schwierigen Seiten des Temperaments Ihres Kindes, sondern auch seine guten Eigenschaften. Und davon gibt es viele.
Zudem gewinnen Sie Selbstvertrauen als Vater. Männer werden manchmal ungerechterweise als Tolpatsche hingestellt, die schon vom Windelnwechseln überfordert sind. Das stimmt einfach nicht! Es gibt eine väterliche Intuition, doch müssen wir Männer uns darum bemühen. Diese Entwicklung erfordert einfach etwas mehr Zeit, als die der mütterlichen Intuition.

Der Vater des unruhigen Babys

Engagieren Sie sich stark bei der Versorgung Ihres sehr liebebedürftigen Babys, so kommt das auch Ihrer Ehe zugute. Sich um Ihr Baby zu kümmern, ist eine der grossartigsten Möglichkeiten, sich bei Ihrer Partnerin Achtung und Anerkennung zu verschaffen. Ihr liebebedürftiges Kind bringt auch bei Ihnen Ihre besten Seiten zum Vorschein.

KAPITEL 9

Friedliche Nächte mit dem liebebedürftigen Kind

«Warum brauchen besonders liebebedürftige Kinder von allem viel mehr – ausser vom Schlaf?» fragte eine übermüdete Mutter. Anspruchsvolle Babys haben nachts dasselbe anstrengende Temperament wie tagsüber. Mehrere Studien haben aufgezeigt, dass «pflegeleichte» Babys einfacher einschlafen und mehr Schlaf brauchen als «schwierige» Kinder (Sears 1985; Weissbluth und Liel 1983). Die in diesen Untersuchungen erwähnten Babys mit einem empfindsamen Temperament schliefen im Durchschnitt nachts zwei und tagsüber eine Stunde weniger. Für erschöpfte Eltern ist das natürlich paradox. Man sollte meinen, dass sehr unruhige Babys mehr Schlaf benötigen; die Eltern könnten ihn jedenfalls brauchen. Ein Vater meinte dazu treffend: «Was den Schlaf anbelangt, so habe ich die grössten Bedürfnisse.»

Das andere Schlafverhalten sehr liebebedürftiger Babys

Sehr liebebedürftige Babys haben auch nachts eine sehr «wache» Persönlichkeit. Oft beschreiben Eltern ihre anspruchsvollen Kinder als «anstrengend, aber sehr aufgeweckt». Ein aufgewecktes Wesen hält Babys wach. Sie scheinen ständig aufmerksam zu sein, als hätten sie eine innere Flamme, die schwer zurückzudrehen ist.

Die Reizsperre

Babys haben eine Reizsperre, mit der sie unangenehme Störungen ausblenden können. Die meisten Kinder blenden Aussenreize aus, indem sie einschlafen. Bei sehr liebebedürftigen Babys ist diese Reizabwehr noch nicht voll entwickelt;

ihre Reizschwelle ist niedriger. Es braucht wenig, und schon zeigen sie eine Reaktion. Hunger, Unbehagen, Frieren oder Einsamkeit wecken ein anspruchsvolles Baby auf; ein Kind mit einer höheren Reizschwelle schläft bei der gleichen Störung vielleicht weiter. Weil ein besonders liebebedürftiger Säugling seine Umwelt ständig wach wahrnimmt, empfängt er Aussenreize sensibler. Er achtet dauernd auf die Geschehnisse in seiner Umgebung und verarbeitet diese. Sein «Radarsystem» lässt sich nicht so leicht abschalten.

Der Schlafrhythmus

Sehr liebebedürftige Babys schlafen weniger, weil es länger dauert, bis sich ihr Schlafrhythmus entwickelt hat. Wir beobachten zwei Hauptschlaf-Phasen: den leichten Schlaf und den Tiefschlaf. Es ist sehr viel einfacher, jemanden aus einem oberflächlichen Schlummer zu wecken, als aus dem Tiefschlaf. Der Anteil des leichten Schlafs ist bei Kleinkindern sehr viel grösser als bei Erwachsenen – ein Unterschied, der für das Überleben und die Entwicklung Vorteile hat. Wird das Kind älter, nimmt der Anteil des Tiefschlafs zu, und es schläft allmählich besser.

Sehr liebebedürftige Säuglinge scheinen sich länger und häufiger in einer Leichtschlaf-Phase zu befinden. Folglich sind sie während eines Grossteils der Nacht unruhig. (Ich vermute, dass diese Babys dafür einen intensiveren Tiefschlaf geniessen; sie vermitteln den Eindruck, in den Tiefschlaf-Phasen wirklich «total weg» zu sein.) Die ganze Nacht über wechseln Leichtschlaf- mit Tiefschlaf-Phasen ab. Kinder werden beim Übergang vom einen Stadium ins andere sehr leicht wach. Bei sehr liebebedürftigen Babys scheinen diese Übergangsphasen häufiger aufzutreten; sie wachen deshalb öfter auf.

Nächtliche Überlebenstips

Stillen als Einschlafhilfe

Für Eltern eines sehr liebebedürftigen Babys ist es undenkbar, ihr Kind in sein Bettchen zu legen und zu erwarten, es schlummere von selbst ein. Das kommt äusserst selten vor. Diese Kinder müssen auf den Schlaf vorbereitet werden, sie

Friedliche Nächte mit dem liebebedürftigen Kind

lassen sich nicht einfach hinlegen. Um zur Ruhe zu kommen, brauchen sie Hilfe. In unserer Familie hat sich das «Stillen als Einschlafhilfe» sehr gut bewährt. Die Mutter wiegt das Baby im Arm, geht mit ihm umher und stillt es. Langsam blendet es die Ablenkungen aus, und eine Leichtschlaf-Phase wird eingeleitet. Wird es weiterhin gestillt und auf dem Arm getragen, überwindet es die Einschlafphase (das dauert etwa 20 Minuten) und tritt in die Tiefschlaf-Phase ein. Wohlig schmiegt es sich in den Arm der Mutter. Jetzt können die Eltern das Baby hinlegen. Wenn sie das zu früh versuchen, also bevor es in die Tiefschlaf-Phase gelangt ist, dann wacht es höchstwahrscheinlich wieder auf und erwartet eine Wiederholung des gesamten Einschlafrituals. Nur dauert es beim zweiten Mal vermutlich länger. Diese Kinder sind so empfindsam, dass eine Änderung der Lage oder des Schwerpunkts ausreicht, um sie aus dem Leichtschlaf zu wecken. Erfahrene Mütter sagen oft: «Das Baby muss richtig eingeschlafen sein, bevor ich es hinlegen kann.»

Kuscheln beim Stillen

Manchen hochsensiblen Babys reicht das Wiege- und Stillritual nicht aus. Sie beruhigen sich besser, wenn sie kuscheln können und zum Einschlafen weiter gestillt werden. Diese aufgeweckten kleinen Geschöpfe scheinen eine Abneigung gegen eine Veränderung ihres Bewusstseinszustands zu haben (vom Wachen zum Schlafen). Sie brauchen jemanden bei sich zum Einschlafen.

Die Vorteile des gemeinsamen Schlafens

Wo soll das Baby schlafen? Die beste Lösung für die Familie ist jene, bei der alle genügend Schlaf bekommen. Meiner Erfahrung nach schlafen die meisten liebebedürftigen Babys zusammen mit ihren Eltern besser. (Das Wort Kinderbettchen ist für sie ein Fremdwort.) Vater und Mutter schlafen dann meist auch besser. Es gehört zum Wesen dieser sehr sensiblen Babys, dass sie Tag und Nacht eine harmonische Umgebung brauchen. Das gemeinsame Schlafen wird «Familienbett» genannt. Mir persönlich gefällt der Ausdruck **«gemeinsames Schlafen»** besser. Die Babys teilen nicht nur das Bett mit ihren Eltern, sie haben auch gemeinsame Schlafrhythmen.

Gemeinsame Schlafrhythmen

Gemeinsames Schlafen verhilft Eltern und Baby zu einem geregelten Schlafrhythmus; sie befinden sich in Harmonie miteinander. Wenn das Baby in die empfindliche Aufwachphase eintritt und sich zu rühren beginnt, ist es nicht allein. Die Mutter kann den Säugling in dieser Leichtschlaf-Phase stillen, damit er wieder in die Tiefschlaf-Phase gelangen kann, ohne vollständig aufzuwachen. Mütter, die damit schon sehr früh beginnen (gleich nach der Geburt), stellen fest, dass ihre eigenen Leichtschlaf-Phasen mit denen des Babys übereinstimmen. Ihr Tiefschlaf wird dann nicht plötzlich unterbrochen, und sie fühlen sich am Morgen besser ausgeruht.

Gemeinsames Schlafen erleichtert das Stillen

Beim gemeinsamen Schlafen muss das Baby nicht schreiend aufwachen, um auf seinen Hunger aufmerksam zu machen. Ist es hingegen allein beim Erwachen, muss es weinen, damit jemand kommt. Ist niemand in der Nähe, muss es noch lauter schreien. Bis die Mutter dann bei ihm ist, sind beide hellwach und brauchen länger, um nach dem Stillen wieder einzuschlafen. Das Kind lernt, lauter zu schreien. Dies läuft den Bemühungen zuwider, das Temperament des anspruchsvollen Babys zu beruhigen und ihm zu helfen, **wirkungsvoller** zu schreien. Mütter, welche gemeinsam mit ihrem Kind schlafen, können einen höheren Prolaktinspiegel haben. Diese zusätzlichen Hormone helfen ihnen, die Anstrengungen mit ihrem anspruchsvollen Baby zu meistern und sich gemeinsam mit ihm gut zu entwickeln. Säuglinge, die zusammen mit ihren Eltern schlafen, stillen sich selten ab, bevor sie bereit dazu sind.
Ich habe in den letzten zwanzig Jahren in meiner Praxis das gemeinsame Schlafen immer wieder empfohlen und auch in unserer eigenen Familie sehr genossen. Es ist eine schöne Gewohnheit, und es funktioniert! Ich konnte feststellen, dass Babys, die gemeinsam mit ihren Eltern schlafen, ein Gefühl von Harmonie und Geborgenheit ausstrahlen – die heitere Gelassenheit eines Kindes, das sich Tag und Nacht wohl fühlt.

Einschlafrituale

Wird das Kind von den Eltern in den Schlaf begleitet, statt einfach ins Bett gelegt, wirkt sich dies beruhigend auf sein Verhalten tagsüber aus. Der Entspannungszustand unmittelbar vor dem Einschlafen heisst «Alpha-Phase». Man nimmt an, dass Gedanken, die während der Alpha-Phase auftauchen, im Gedächtnis haften bleiben und auch am Morgen noch präsent sind. Schläft das Kind an der Brust der Mutter oder in den Armen des Vaters ein, fühlt es sich wohl und wacht am andern Morgen mit einem guten Gefühl auf. Es startet mit einer positiven Grundstimmung in den nächsten Tag.

Das Baby jedoch, das in sein Bettchen gelegt wird und sich allein in den Schlaf weinen muss, geht wütend zu Bett und wacht wahrscheinlich wütend wieder auf. Der neue Tag beginnt schlecht. Wenn Sie am Abend etwas mehr Zeit mit Ihrem Kind verbringen, kann Ihnen das am nächsten Tag eine Menge Energie sparen.

Die Zeit vor dem Einschlafen ist eine gute Zeit, dem Kind beruhigende Gedanken mitzugeben. Der einfallsreiche Vater eines Zweijährigen brachte seinen überaktiven Sohn mit folgendem Einschlafritual zur Ruhe: Er machte eine Tonbandaufnahme beruhigender Geräusche: ein murmelnder Bach, Wellen am Strand, Flöten- und Harfenmusik. Vaters sanfte Stimme erzählte ein Märchen von freundlichen Tieren im Wald, die den ganzen Tag lieb zueinander waren. Dieses Kind schlief friedlich ein und wachte morgens ruhig wieder auf. Das Einschlafritual ist auch geeignet, den Kindern ethische Gedanken nahezubringen. Dem Kleinkind können Sie einfache Märchen erzählen, die eine lehrreiche Botschaft vermitteln. Grössere Kinder liegen gerne einfach da und reden mit den Eltern. Da kommen viele Themen zur Sprache, die andernfalls vielleicht nie erwähnt würden.

Literatur:

Sears William, Nighttime Parenting. Franklin Park, II 1985 *(Verlag: La Leche League International).*

Deutschsprachige Übersetzung:

Sears William, Schlafen und Wachen. Ein Elternbuch für Kindernächte. Zürich 1991 *(Verlag: La Leche Liga Schweiz).*

KAPITEL 10

Das Burnout-Syndrom vermeiden

«Ich schaffe das nicht mehr. Das Leben als Mutter gefällt mir nicht. Ich komme damit nicht zurecht, aber ich kann ja nicht aussteigen.» So schildert eine fürsorgliche, erschöpfte Mutter ihre Gefühlslage.
Was bedeutet «Burnout-Syndrom»? Jeder Beruf erfordert ein bestimmtes Mass an Energie. Übersteigen die Berufsanforderungen die Energiereserven einer Person, fühlt sich diese überlastet und kann nicht mehr angemessen handeln. Sind die Anforderungen an eine Mutter höher als ihre Energiereserven, ist die Gefahr gross, dass sie vom Burnout-Syndrom erfasst wird; die Mutter ist dann erschöpft und «ausgebrannt». Sie wird der Situation immer weniger gerecht, und ihre Energie sinkt auf ein Minimum. Kurz: Die Frau ist nur noch damit beschäftigt, zu «überleben», nicht mehr zu «leben». Die Versorgung eines äusserst liebebedürftigen Kindes und der damit verbundene Schlafmangel sind eine häufige Ursache für Erschöpfung.
Das Wesentliche eines bindungsfördernden Erziehungsstils ist es, Freude am Kind zu haben. Dies ist für erschöpfte und «ausgebrannte» Eltern schwierig. Deshalb ist es wichtig, die Ursachen einer Überlastung zu kennen und ihre Warnsignale rechtzeitig wahrzunehmen. Nur so können Sie das Burnout-Syndrom vermeiden.

Ursachen des Burnout-Syndroms

Das **Märchen von der Supermutter** ist vielleicht die wichtigste Ursache. Noch nie wurde von Müttern so viel erwartet, und noch nie erhielten sie dabei so wenig Unterstützung. In unserer Kultur darf eine Frau während der schwierigen ersten Monate nach der Geburt nicht einfach «nur Mutter» sein. Auf subtile Weise wird ihr vermittelt, dass es unter der Würde einer modernen Frau ist, ausschliesslich Mutter zu sein. Bald nach dem Wochenbett wird von ihr erwartet, dass sie ihre bisherige Rolle als liebende Ehefrau, Fünf-Sterne-Köchin, tadellose Hausfrau und liebenswürdige Gastgeberin wieder aufnimmt und allenfalls auch noch einen Beitrag zum Lebensunterhalt der Familie leistet. Das Baby hat sich gefälligst in diesen Alltag einzufügen. Doch das Muttersein und dieses «Leben im Eilzugstempo» sind oft nicht miteinander vereinbar – selbst mit Hilfe zeitsparender Haushaltgeräte nicht.

Zudem haben Mütter heute keine Vorbilder und keine Grossfamilie mehr, die ihnen mit Rat und Hilfe zur Seite stehen könnten; sie sind auf sich selber gestellt. All die praktischen Haushaltgeräte können ihnen nichts über Babys oder das Elternsein mitteilen. Viele Frauen werden ohne ausreichende Vorbereitung Mutter, mit unrealistischen Erwartungen und mangelnden Fertigkeiten.

Das Baby ist nicht verantwortlich

Neben dem Märchen von der Supermutter, gibt es die weitere irrige Annahme, dass das Baby für die Überlastung der Mutter verantwortlich sei. Meiner Erfahrung nach trifft das in den seltensten Fällen zu. Es stimmt zwar, dass ein sehr liebebedürftiges Baby zur Erschöpfung der Frau beiträgt, doch habe ich selten einen Fall von Burnout-Syndrom gesehen, dessen Ursache einzig und allein der Säugling war. Bei genauerem Hinsehen sind es meist andere Faktoren, welche die Energie der Mutter von dem ablenken, was sie machen sollte (oder was sie gern tun würde). Ihre Energie wird aufgebraucht von dem, was von ihr erwartet wird (oder was sie denkt, dass es von ihr erwartet wird).

Mutter und Baby bilden eine Einheit. Die Mutter hat genügend Energie für die Bedürfnisse ihres Kindes, wenn zwei Voraussetzungen erfüllt sind:

- Die Mutter lebt in einer Umgebung, in der sie ihre mütterlichen Fähigkeiten und einen fürsorglichen Elternstil entwickeln kann.

- Die Energie der Mutter wird nicht durch zu viele andere Aufgaben in Anspruch genommen.

Zum Burnout-Syndrom kommt es oft bei hochmotivierten Müttern. Fachleute sind sich einig, dass Erschöpfung häufig bei jenen Frauen auftritt, die sich bemühen, perfekte Mütter zu sein, und das Beste für ihr Baby tun möchten (Procaccini und Kiefaber 1983). Ich erwähne dies, um die Ängste zu zerstreuen, die manche Frauen äussern: «Ich bin sicherlich keine gute Mutter, denn ich fühle mich so überfordert.» Das Burnout-Syndrom von Müttern interessiert mich sehr, weil mir auffällt, dass es viele Frauen trifft, die sich ganz auf ihr Baby einstellen. Ein bindungsfördernder Beziehungsstil führt nicht zur Überforderung. Wird die Mutter von ihrer Umgebung dabei jedoch nicht unterstützt, steigt das Risiko des «Ausgebranntseins».

Stresstest für Eltern

Treffen mehrere der untenstehenden Umstände bei Ihnen zu, sind Sie in Gefahr, sich zu überfordern:

- Schwierigkeiten, mit Stress umzugehen, und Neigung zu Depressionen als Reaktion auf grössere Veränderungen.

- Zwiespältige Gefühle während der Schwangerschaft, vor allem darüber, wie das Baby die bisherige Lebensweise verändern wird.

- Sehr grosse berufliche Anerkennung der Frau, bevor sie Mutter wurde.

- Schlechte Vorbereitung auf die Elternrolle während der Schwangerschaft und unrealistische Vorstellungen davon, wie Babys tatsächlich sind.

- Keine Beispiele eines fürsorglichen Erziehungsstils in der Umgebung und keine gute Vorbildfunktion der eigenen Eltern.

- Eine schwierige Geburt, die nicht den Erwartungen entsprach.

- Medizinische Probleme bei der Geburt, die zur Trennung von Mutter und Kind führten.

- Ein sehr liebebedürftiges Baby.

- Mangelnde Übereinstimmung der Temperamente von Eltern und Kind (zum Beispiel ein sehr unruhiges Baby und Eltern mit einer niedrigen Toleranzschwelle).

- Beziehungsprobleme der Eltern und die Erwartung, dass diese durch das Kind gelöst werden.
- Ein desinteressierter Vater.
- Eine hochmotivierte Mutter oder eine Mutter, die in Zwängen lebt.
- Eine Mutter mit zu vielen ausserhäuslichen Aktivitäten und Verpflichtungen.
- Ein Umzug, Umbau oder intensive Renovierungsarbeiten an der Wohnung.
- Krankheit der Mutter, des Vaters oder des Babys.
- Finanzielle Schwierigkeiten.
- Widersprüchliche Ratschläge für den Umgang mit dem Baby.
- Geschwister des Babys mit geringem Altersabstand zu ihm (weniger als zwei Jahre).
- Familienkonflikte, Probleme mit den grösseren Kindern.

Ein Burnout-Syndrom tritt selten aufgrund nur eines dieser Faktoren ein. Wenn aber mehrere ungünstige Umstände zusammentreffen, spitzt sich die Situation zu. Von der Überlastung ist dann die ganze Familie betroffen; selten handelt es sich nur um ein Problem der Mutter.

Erkennen Sie die frühen Warnsignale

In der Heilkunde gilt der Grundsatz: Je früher eine Krankheit erkannt wird, desto milder ist die Medizin und umso wirkungsvoller die Behandlung. Ich versehe deshalb in meiner Praxis die Karteikarte jener Babys, deren Mütter mehrere der angeführten Risikofaktoren aufweisen, mit einem roten Stern. Dadurch werde ich immer daran erinnert, dass bei diesen Frauen das Risiko eines Burnout-Syndroms besteht, und dass vorbeugend etwas unternommen werden sollte.
Zu den frühen Warnzeichen einer drohenden Erschöpfung gehört das Gefühl, am Kind keine Freude mehr zu haben. Das weist darauf hin, dass Sie und Ihr Kind nicht im Einklang miteinander sind. Harmonie zwischen Eltern und Kind ist wichtig, um die Vorteile eines bindenden Elternstils zu nützen. Geniessen Sie Ihr Kind!

Ein weiteres Warnsignal ist der Eindruck: «Ich bin keine gute Mutter.» Gelegentliche Gefühle des Ungenügens sind normal. Diese ergeben sich aus der aufrichtigen Liebe zum Kind. Je mehr Ihnen ein Mitmensch bedeutet, desto empfänglicher sind Sie für Gefühle der Unzulänglichkeit. Doch wenn solche Empfindungen vorherrschen oder zunehmen, sollten Sie Hilfe suchen – bevor Ihr Selbstvertrauen gänzlich erschüttert ist oder andere Möglichkeiten der Selbstverwirklichung Sie von Ihrem Kind weggelockt haben.

Tips zur Verringerung des Burnout-Risikos

Wenn bei Ihnen mehrere der aufgeführten Risikofaktoren vorliegen, oder wenn Sie bei sich frühe Warnzeichen eines Burnout-Syndroms wahrgenommen haben, sollten Sie Vorkehrungen treffen, damit Ihnen die Situation nicht ganz entgleitet. Es ist durchaus möglich, das Risiko des «Ausbrennens» zu verringern.

Bereiten Sie sich aufs Kind vor

Denken Sie während der Schwangerschaft darüber nach, wie das Baby Ihr Leben verändern wird – vor allem dann, wenn Sie einen interessanten Beruf haben, der Ihnen viel Anerkennung bringt. Wenn Sie unsicher sind, ob Sie bereit oder fähig sind, voll auf Ihr Baby einzugehen und Ihre ausserhäusliche Berufskarriere vorübergehend oder ganz aufzugeben, sind solche Gedanken besonders wichtig. Suchen Sie Kontakt mit Müttern, damit Sie ein realistisches Bild davon bekommen, wie der Alltag mit einem Baby aussehen kann. Viele werdende Eltern ahnen nicht, wie zeitaufwendig es sein kann, einen Säugling zu versorgen. Ein vorausgeplanter, geordneter Tagesablauf kann von einem Neugeborenen völlig über den Haufen geworfen werden. «Niemand sagte mir, dass es so anstrengend ist», beklagen sich oft Frauen, die unrealistische Erwartungen vom Muttersein hatten.
Zur wichtigsten Vorbereitung gehört, dass der Partner früh miteinbezogen wird, während der Schwangerschaft, bei der Geburt und wenn das Baby da ist. Ich habe die Erfahrung gemacht, dass Mütter besonders häufig «ausbrennen», wenn der Vater nicht am Familienleben teilhat.

Der Film «Kramer gegen Kramer» ist ein typisches Beispiel dafür, was passieren kann, wenn eine stark gefährdete Mutter und ein unbeteiligter Vater sich nicht miteinander verständigen: Frau Kramer war vor der Geburt des ersten Kindes beruflich sehr erfolgreich. So wie sie eine perfekte Karrierefrau war, wollte sie nun eine perfekte Mutter sein. Herr Kramer wurde als Vater nicht miteinbezogen. Er ging immer mehr in seinem Beruf auf und war immer seltener zu Hause. Daheim sprach er nur über seine beruflichen Erfolge. Damit vermittelte er seiner Frau das Gefühl, dass nur er etwas Sinnvolles leistete. Die Einsamkeit, die mangelnde Anerkennung und das Fehlen sofortiger Erfolge führten dazu, dass Frau Kramer ihre Familie verliess. Niemand, schon gar nicht ihr Mann, erkannte die Warnzeichen ihres drohenden Burnout-Syndroms.

Ein bindungsfördernder Erziehungsstil

Wenn Sie auf Ihr Baby eingehen, hilft Ihnen das, mit ihm in Harmonie zu leben. Sie bekommen eine höhere Toleranzschwelle, haben realistischere Erwartungen, und Ihr Selbstvertrauen wächst. Gehen Sie hingegen nicht auf die Bedürfnisse Ihres Babys ein, wird das Muttersein immer mehr zu einer Enttäuschung. Ein bindungsfördernder Erziehungsstil stärkt Ihre Ausdauer, denn Sie bilden mehr vom «Durchhaltehormon» Prolaktin.

Erkennen Sie Ihre Grenzen

Ich hielt einen Vortrag mit dem Titel «In die neue Aufgabe als Mutter eintauchen». Am Ende sagte eine Grossmutter freundlich zu mir: «Dr. Sears, ist Ihnen klar, dass ‹eintauchen› bedeutet, dass auch der Kopf drin steckt?» – Erschöpfte Mütter haben das Gefühl, ihnen wachse alles über den Kopf. Mütter sollten nicht nur realistische Erwartungen an ihr Leben mit einem Baby haben, sondern auch realistische Erwartungen an sich selbst. Frauen verfügen über ganz unterschiedliche Fähigkeiten im Umgang mit einem anspruchsvollen Baby, das ist keine Kritik, sondern eine Tatsache. Manche Mütter können Stress besser aushalten als andere. Die einen lassen sich von einem schreienden Baby völlig aus der Ruhe bringen, andere bleiben gelassen, selbst wenn daneben noch

«Ich lasse mir vom Baby nicht mein Leben diktieren»

«Als ich schwanger war, stellte ich einige Regeln auf, die ich nach der Geburt meines Kindes befolgen wollte. Ich hatte nicht vor, mich von meinem Baby tyrannisieren zu lassen. Ich wollte es sobald wie möglich an einen festen Zeitplan gewöhnen und war entschlossen, nicht zu jenen Müttern zu gehören, deren Babys die ganze Zeit an ihnen hängen. Die Geburt dauerte lange und war schmerzhaft. Die kleine Christine erbrach jede Säuglingsnahrung im ersten Lebensmonat immer wieder, also versuchte ich es mit Stillen. Man hatte mir zum Abstillen eine Spritze gegeben, und so musste ich eine Stillhilfe benutzen, damit mein Milchfluss wieder in Gang kam. Als meine Tochter acht Monate alt war, hatte ich zwar noch genügend Milch, doch Christine verlangte, die ganze Zeit herumgetragen und gestillt zu werden. Ich wollte nicht, dass sie davon nicht mehr loskäme; deshalb stillte ich meine Tochter mit neun Monaten von heute auf morgen ab. Jetzt werde ich mit gar nichts mehr fertig. Ich fühle mich wie in einer Sackgasse, aber irgendwie muss es doch weitergehen. Ich habe versucht, Christine schreien zu lassen, aber das halte ich nicht aus. Ich hatte kein Vorbild, an dem ich mich orientieren konnte. Meine Mutter hatte mich jedesmal geschlagen, wenn ich ihr nicht gehorchte. Aus Christine ist nun ein sehr wütendes Baby geworden.»

Diese Mutter ist «ausgebrannt». Das Risiko, ein Burnout-Syndrom zu entwickeln, war bei ihr von Anfang an gross: Ihr fehlte ein Vorbild, sie hatte unrealistische Erwartungen, sie hatte eine schwere Geburt, nach welcher sie von ihrem Baby getrennt wurde, und sie bekam eine Spritze, welche die Ausschüttung der natürlichen mütterlichen Hormone verhinderte. Dieser Mutter und ihrer Tochter ist es nie gelungen, in Einklang miteinander zu kommen. Das Baby forderte so lange Zuwendung, bis es diese auch erhielt, doch die Mutter gab sie nur zögernd. Für diese Frau wäre es eine grosse Hilfe gewesen, wenn eine Beraterin oder ein Berater sie rechtzeitig auf die Diskrepanz zwischen ihren Erwartungen und dem wirklichen Leben mit ihrem Baby hingewiesen hätte.
Manche Mütter befürchten, dass ihnen die Situation aus der Hand gleitet, wenn sie sich ihrem Baby ganz öffnen. Ich habe diese Mutter mehrere Monate beraten. Ich empfahl ihr, regelmässig auf Christine einzugehen und versicherte ihr, dass es sich am Ende lohnen würde. Doch das dauerte eine Weile, weil dieses Mutter/Kind-Paar erst mal viel aufholen musste. Am Ende hatten sie und ihre Tochter wirklich Freude aneinander. Im Abschlussgespräch seufzte sie: «Wenn mir das doch schon früher jemand klargemacht hätte!»

mehrere Kinder um sie herumturnen. Seien Sie ehrlich mit sich selbst, und schätzen Sie Ihre Fähigkeiten im Umgang mit Kindern richtig ein. Begeben Sie sich nicht in Situationen, in denen Sie Ihre persönliche Toleranzschwelle missachten. Wenn Ihr erstes Baby sehr liebebedürftig ist und Sie sein Schreien nur schwer ertragen, ist es wahrscheinlich ratsam, mit einem zweiten Kind noch etwas zuzuwarten. Das Risiko eines Burnout-Syndroms ist dann viel geringer.

Während meiner langjährigen Erfahrung als Kinderarzt und Vater war ich immer wieder erstaunt, wie bewundernswert gut Mütter (zumindest nach aussen) mit den zahlreichen Belastungen der Kinderbetreuung und der Familie zurechtkommen. Doch habe ich auch beobachtet, dass viele Frauen ihre Grenzen nicht akzeptieren oder gar nicht kennen. Das trifft besonders auf sehr motivierte Mütter zu, die den Wunsch haben, sich ganz der Familie hinzugeben. Dabei realisieren sie nicht mehr, wenn sie sich überfordern. Möglicherweise ist das eine Folge der hormonellen Situation. Mütter verfügen über ganz unterschiedliche Fähigkeiten, Anzeichen für eine Erschöpfung zu erkennen und darauf zu achten. Manchmal wissen sie aber auch nicht, wie sie auf diese Symptome reagieren sollen.

Väter können helfen, das Burnout-Syndrom bei Müttern zu vermeiden

Wie es Müttern häufig an der Fähigkeit mangelt, die Symptome drohender Überlastung zu bemerken, übersehen auch Männer oft die frühen Warnzeichen bei ihrer Partnerin. Die häufigste Ursache für ein Burnout-Syndrom der Mutter ist, dass der Vater nicht in die Kinderbetreuung miteinbezogen wird.
Männer sollten aufmerksam auf die Faktoren achten, die bei ihren Partnerinnen zu Erschöpfung führen können, und die frühen Warnzeichen eines Burnout-Syndroms kennen. Warten Sie nicht, bis Ihre Frau Ihnen sagt, dass ihr alles zu viel wird. Mütter vertrauen sich selten ihren Partnern an. Sie möchten nicht schwach erscheinen und die Vorstellung ihres Mannes von ihnen als perfekte Mutter zerstören.
Harmonie ist in der Beziehung von Mann und Frau ebenso wichtig wie in jener zwischen Mutter und Kind. Um eine drohende Überlastung wahrzunehmen, muss der Mann mit

der eigenen, speziellen Familiensituation vertraut sein. Als engagierter Vater können Sie eine Atmosphäre schaffen, die Ihrer Frau das Stillen erleichtert. Indem Sie Ihre Partnerin «bemuttern», kann sich zwischen Mutter und Kind eine Stillbeziehung entwickeln, welche der Frau dank dem gesteigerten Hormonspiegel Kraft gibt und ihren Wunsch stärkt, das Baby zu bemuttern. Ihre Beteiligung als Vater ist dann besonders wichtig, wenn Sie ein besonders liebebedürftiges Kind haben. Engagiert sich ein Mann nicht von Anfang an, fühlt er sich vielleicht nie wohl bei der Betreuung seines Babys. Er ist dann unsicher im Umgang mit einem Wutanfall, oder wenn es darum geht, ein wildes Kind zu bändigen. Ist der Vater nicht ins Familienleben integriert, hat das einen Schneeball-Effekt. Je weniger sich ein Mann auf seine Vaterrolle einlässt, desto unzufriedener wird er mit seinem Einfluss als Vater. Bei manchen Männern kann das dazu führen, dass sie sich sowohl von ihrem Kind

«Ich möchte nie mehr ein Kind»

«Jessica war monatelang sehr anstrengend. Mich beruhigte nur der Gedanke, dass ich nie mehr eine so anstrengende Zeit erleben müsste, wenn ich das nicht wollte. Als Jessica sieben Monate alt war, sprach ich meinen Mann auf eine Unterbindung an. Er überlegte es sich und liess dann den Eingriff bei sich durchführen. Heute bereue ich das zutiefst. Wäre Jessica nicht so anstrengend gewesen, hätte ich das nie vorgeschlagen. Doch jetzt wird sie bald ein Jahr alt, und ich sehe, wie gut sie sich entwickelt und wie gut wir unsere Sache gemacht haben. Hätten wir doch mit dieser wichtigen Entscheidung noch zugewartet! Ich würde anderen Eltern raten, nicht in den ersten Monaten mit einem sehr anspruchsvollen Baby darüber zu entscheiden, ob sie noch weitere Kinder möchten. Ist das Kind später ruhiger geworden, könnten sie das bereuen.»

Das ist der weise Rat einer trauernden Mutter. Die Entscheidung für eine Sterilisation wird oft auf der Basis einer momentanen Situation getroffen (die sich ändern kann), aufgrund von Angst vor der Zukunft (die sowieso nicht vorhersehbar ist) und aus einem plötzlichen Impuls heraus. Ihre Entscheidung kann anders ausfallen, wenn Sie selbst oder die Umstände sich verändern. Das oben beschriebene Baby hat die allerbesten Seiten in seinen Eltern zum Vorschein gebracht, doch es hat sie zu einer überstürzten Entscheidung veranlasst.

als auch vom ganzen häuslichen Leben zurückziehen und anderen Interessen ausserhalb der Familie zuwenden. Ein sehr liebebedürftiges Baby, eine erschöpfte Mutter und ein unbeteiligter Vater können zum Zusammenbruch der gesamten Familienstruktur führen.
Die Mutter eines sehr anspruchsvollen Babys, die sich «ausgebrannt» fühlte, beschrieb mir kürzlich eine solche Situation: «Bis mein Mann abends heimkommt, bin ich völlig erledigt. Er erwartet aber, dass das Kind gebadet und im Schlafanzug ist, bereit ins Bett gelegt zu werden. Je schneller unsere Tochter schläft, desto zufriedener ist er. Er geniesst dann den ruhigen Abend, ganz für uns allein.»
Die Situation ist typisch: Am Ende des Tages ist die Mutter müde, und das Baby braucht abends seinen Vater. Der Mann kommt heim in sein Reich und muss feststellen, dass weder die Königin noch die kleine Prinzessin seinen königlichen Erwartungen entsprechen. Ein Vater, der sich nicht regelmässig an der Kinderversorgung beteiligt, weiss mit dieser Situation nichts anzufangen. Der Abend ist für viele Familien äusserst anstrengend. Die Mutter hat kaum noch Energiereserven, der Vater möchte sich entspannen, und das Kind ist voller Erwartungen. Es wünscht sich nach dem Tag mit der Mutter den Abend mit dem Vater. Zudem sind Kinder zu dieser Tageszeit oft am müdesten und bereiten schon deshalb am wenigsten Freude.
Aufs Baby kann nur konsequent eingegangen werden, wenn sich beide Elternteile an der Kinderversorgung beteiligen. Ein Vater, der aufmerksam alle Risiken für ein Burnout-Syndrom bei der Mutter wahrnimmt, kann auch vorbeugende Massnahmen treffen: «Jetzt kümmere ich mich um das Baby. Schau du jetzt zu dir!» Ein Vater schickte kürzlich seine Frau mit der subtilen Botschaft in meine Sprechstunde, dass «es ihre Schuld sein muss, dass wir so ein unzufriedenes Kind haben, mit dem sie nicht zurechtkommt». Da der Vater die Mutter zur Behandlung in meine Praxis geschickt hatte, empfand ich es als meine ärztliche Pflicht, die wirkungsvollste Medizin zu verschreiben, die ich kenne. Ich gab dieser Frau ein Rezept mit und sagte: «Lassen Sie sich das von Ihrem Mann besorgen». Das Rezept lautete: «Dreimal am Tag und vor dem Schlafengehen eine Dosis liebevoller Ehemann und fürsorglicher Vater, bis die Symptome verschwinden.»

Auswirkungen des Burnout-Syndroms auf die Ehe

Ein Burnout-Syndrom bei der Mutter wirkt sich zwangsläufig auf die Ehe aus. Eine erschöpfte Mutter ist auch eine «ausgebrannte» Ehefrau. Ihre Müdigkeit und die Gefühle der Unzulänglichkeit münden oft in allgemeine Minderwertigkeitsgefühle – es kommt zu einer Depression. Die Frau legt immer weniger Wert auf ihre Kleidung und ihre äussere Erscheinung. Möglicherweise überträgt sie ihre Frustration auf ihren Partner, besonders wenn sie das Gefühl hat, dass dieser nicht genügend mithilft und sie kaum unterstützt. Viele Männer denken, dass sie die Situation zu Hause nicht meistern können, wenn ihre Frau damit schon nicht zurechtkommt. Sie ziehen sich zurück, anstatt sich mehr zu engagieren. Weil dann beide Partner die Bedürfnisse des anderen nicht mehr wahrnehmen können, entfernen sie sich voneinander. Die Folge ist eine überstrapazierte Ehe und eine erschöpfte Mutter. Deshalb ist die Beteiligung des Mannes eine gute Investition. Indem Sie als Vater verhindern, dass Ihre Partnerin sich überfordert, wird sich Ihre Ehe positiv entwickeln, und davon profitieren Sie beide.

Gehen Sie aufeinander ein

Männer nehmen die ersten Warnzeichen eines Burnout-Syndroms ihrer Partnerin häufig nicht wahr, und die Mütter vertrauen sich ihrem Partner möglicherweise nicht an. Vielleicht möchten sie ihr Kind nicht der Obhut des Vaters überlassen, oder sie setzen sich nicht genügend dafür ein, dass er sich aktiv an der Kinderversorgung beteiligt. Ohne dass Mann und Frau gegenseitig aufeinander eingehen, ist es für Familien sehr schwierig, den Belastungen der modernen Gesellschaft standzuhalten. Als einfühlsamer Vater könnten Sie die Bedürfnisse Ihrer Frau voraussehen. Und als Mutter sollten Sie offen sein für Vorschläge Ihres Partners, wenn dieser Sie auf Ihre knapp werdenden Reserven aufmerksam macht und Sie entlasten möchte. Setzen Sie sich einmal hin und stellen Sie eine Liste zusammen, in welchen Bereichen Sie Hilfe brauchen. Schreiben Sie alle täglichen Pflichten auf, die Sie davon abhalten, mehr für Ihr Kind da zu sein: Hausarbeit, Einkaufen, Begleiten von grösseren Kindern, Verabredungen und so weiter. Sagen Sie Ihrem Partner genau, wo Sie Unterstützung brauchen, und hören Sie sich seine Ideen an, auch wenn er der Ansicht ist, dass einige dieser offenbar so wichtigen täglichen Verrichtungen gar nicht unbedingt sein müssten.

Setzen Sie Prioritäten

Schon sehr bald nach der Geburt Ihres Babys werden Sie feststellen, dass Sie es nicht allen Leuten recht machen können. Es ist überlebenswichtig, Prioritäten zu setzen. Schätzen Sie realistisch ein, wieviel Zeit und Energie Sie für Ihre Familie brauchen, vor allem, wenn Sie ein sehr liebebedürftiges Baby oder mehrere Kinder mit geringem Altersabstand haben. Machen Sie eine Zusammenstellung aller täglich anfallenden Arbeiten, die Sie viel Energie kosten. Versuchen Sie, mit Hilfe Ihres Partners so viele Aktivitäten wie möglich von dieser Liste zu streichen. Eine erschöpfte Mutter erzählte mir zum Beispiel, dass sie eine leidenschaftliche Hausfrau gewesen sei bis zu dem Tag, an dem sie den Küchenfussboden anschaute und merkte: «Der Fussboden fühlt überhaupt nichts. Kein Mensch leidet darunter, wenn er nicht jeden Tag geschrubbt wird. Mein Baby ist nur kurze Zeit so klein, und mein Kind hat Gefühle.» Es gehört zu Ihrer Entwicklung als Mutter, zu akzeptieren, dass Sie nur acht Dinge erledigen sollten, wenn Sie nur diese acht schaffen, selbst wenn es zehn Sachen zu erledigen gäbe. Achten Sie aber unbedingt darauf, dass die Tätigkeiten, die mit Gefühl zu tun haben, unter den acht erledigten sind!

Tun Sie sich etwas Gutes

Einigen Müttern fällt es schwer sich vorzustellen, dass eine einzige Aufgabe sie vollständig ausfüllen könnte. Und eine unausgefüllte Frau ist in Gefahr «auszubrennen». Es ist eine Tatsache, dass Kinder zuerst die Nehmenden und Mütter die Gebenden sind. Babys sind so lange die Nehmenden, bis ihre Bedürfnisse vollständig befriedigt sind. Das muss so sein, damit sie zu liebevollen, gebenden Erwachsenen heranwachsen können. Eine Frau kann aber nicht immer nur geben, ohne selbst hin und wieder Kraft zu schöpfen. Die meisten Mütter, vor allem die mit sehr liebebedürftigen Kindern, müssen sich zwingen, auch mal Dinge zu tun, die sie gerne machen – nicht nur solche, die sie tun müssen. Frauen, die sich fürsorglich um ihre sehr anspruchsvollen Babys kümmern, können manchmal nicht zugeben, dass sie Zeit für sich selbst brauchen – vor allem in einer Situation, in der es unmöglich scheint, diese Zeit zu finden. Häufig ist es dann notwendig, dass ein aufmerksamer, liebevoller Partner, eine Freundin oder eine Haushalthilfe die Mutter entlastet. Eine Frau hat mir dies so geschildert: «Es war einfach nötig, dass mir jemand die Erlaubnis gab, Zeit für mich selbst zu nehmen. Ich hatte das Gefühl, dass das Kind mich ununterbrochen brauchte.» Angebote von aussen sollen Eltern helfen, sich selbst etwas Gutes zu tun, damit sie nachher wieder voll und ganz für ihr Kind da sein können. Natürlich heisst das nicht, dass eine Mutter darin unterstützt wird, selbstsüchtig zu sein oder ihr Baby zu vernachlässigen. Es soll ihr vielmehr helfen, genügend Durchhaltevermögen zu entwickeln, damit sie sich weiterhin so um ihr Kind kümmern kann, wie es das braucht.

Eine meiner Patientinnen, eine Konzertpianistin, ist ein gutes Beispiel für eine Mutter, die sich Zeit für sich selbst nimmt. Nach der Geburt widmete sie ihrem sehr liebebedürftigen Baby ihre ganze Zeit und Energie. Der sehr engagierte Vater des Kindes und ihre Freundinnen unterstützten sie dabei. Ihr Kind gehörte zu den anspruchsvollen Babys, die 24 Stunden am Tag vollen Einsatz fordern. Trotzdem war diese Frau so klug, sich täglich eine halbe Stunde Zeit zu nehmen, sich ans Klavier zu setzen und sich an ihrem eigenen Spiel zu freuen. Anfangs war ihr Kind zwar unruhig, während sie spielte, doch hatte sie fest beschlossen, dass diese halbe Stunde ihre Zeit war und ihr auch zustand. Dabei liess sie ihr Kleines nicht allein, es konnte im selben Raum spielen. Nach einer gewissen Zeit begann das Kind, diese für die Mutter reservierte halbe Stunde zu respektieren, als würde es spüren, dass es ihr danach besser ging und dass es selbst auch davon profitierte.

In einer anderen Familie weigerte sich die Mutter, sich Zeit für sich selbst zu nehmen, doch der Vater war aufmerksam genug, die ersten Anzeichen einer Überlastung bei ihr zu bemerken. Zweimal in der Woche kam er früher von der Arbeit heim und bestand darauf, dass seine Frau in die Gymnastikstunde ging, was ihr sehr gut tat. Zwei Dinge halfen dieser Mutter dabei, den Vorschlag ihres Partners anzunehmen: Sie vertraute dem Urteil und der Weitsicht ihres Mannes (ein Beispiel für Familienharmonie), und sie wusste, dass das Baby in den Armen des Vaters gut aufgehoben war. Er hatte sich seit der Geburt des Kindes an der Babypflege beteiligt. Selbst in Völkern, in denen Säuglinge praktisch immer getragen werden, befinden sie sich oft in den Armen anderer Familienmitglieder, also nicht immer bei ihrer Mutter. Eine Frau erzählte mir: «Ich habe das Gefühl, dass meine Wehen nach der Geburt noch nicht zu Ende waren und dass ich immer noch mit einer jetzt Zweijährigen schwanger bin. Mein Leben kreist um sie. Ich bräuchte ein Quadrat, das ihren Kreis umschliesst, mir aber auch ein paar Ecken übrig lässt.»

Schlafschwierigkeiten können Familien überfordern

Schlafschwierigkeiten bei Kindern können für alle eine grosse Belastung werden und bei Kindsmisshandlungen und gescheiterten Ehen eine Rolle spielen. Übersteigt das häufige Aufwachen des Babys die Kräfte der Eltern, betreffen diese Schlafschwierigkeiten die ganze Familie. Was passiert, wenn Sie alle möglichen Ursachen des nächtlichen Aufwachens untersucht und alle Einschlaftips ausprobiert haben – und nichts hat funktioniert? Manchmal unterhalte ich mich mit Frauen, die versuchen, auch in der Nacht perfekte Mütter zu sein. Sie sind davon so erschöpft, dass tagsüber auf sie als Mutter, Ehefrau und Mensch kaum noch zu zählen ist. Wenn so eine Frau praktisch die ganze Nacht mit ihrem Kind durchwacht, und wenn sie dann auch noch tagsüber für alle da sein sollte, so ist dafür einfach nicht genug Energie vorhanden. In dieser Situation ist Eltern schwer zu raten. Ich sage dann: «Sie haben ein Problem, und Sie werden keine der vorgeschlagenen Lösungen akzeptabel finden, aber Sie werden mit mir einig sein, dass etwas geschehen muss. Die ganze Familie leidet darunter.» Wir besprechen dann oft die gesamte Familiensituation durch und diskutieren individuelle Einschlaftechniken, deren Beschreibung jedoch den Rahmen dieses Buches sprengen würde. Geht Ihr nächtliches Engagement als Eltern auf Kosten Ihrer Leistungsfähigkeit während des Tages, sollten Sie das als Warnsignal erkennen und sich sobald wie möglich Hilfe suchen.

Im Leben einer Familie sind oft wichtige Entscheidungen notwendig. Sie müssen sich darüber klar werden, wo Ihre Belastungsgrenze liegt. Sie sollten sich ehrlich überlegen, wann und welche Unterstützung Sie brauchen, damit Sie Ihr Kind wirklich geniessen können. Mütter müssen lernen zuzugeben, wenn sie als Gebende am Ende ihrer Kräfte sind und auch mal Ruhe brauchen, während sich der Vater, die Grossmutter oder eine verlässliche Freundin ums Baby kümmert.

KAPITEL 11

Resignierte Kinder

Mir fällt je länger je mehr eine Gruppe sehr liebebedürftiger Babys auf, die verschiedene Entwicklungsverzögerungen zeigen. Dies ist eine Reaktion darauf, dass sie weniger Aufmerksamkeit bekommen als sie brauchen. Die folgenden Briefe stammen von zwei Müttern, welche bei mir wegen eines Entwicklungsrückstandes ihres Babys Rat gesucht haben.

Erster Brief: Die Folgen des «Schreienlassens»

«Ich bin eine erfahrene Mutter, aber jetzt bin ich am Ende meiner Weisheit. Andy war so ganz anders als seine zwei älteren Geschwister, und meine ganze Erfahrung nützte mir nichts bei ihm. Ich las all meine Bücher über Babys und Säuglingspflege noch einmal, doch fand ich nichts, was mir bei ihm hätte helfen können.
Meine erste Tochter war als Neugeborene sehr krank gewesen. Sie genoss es nicht, wenn sie im Arm gehalten oder gewiegt wurde, denn sie hatte ständig Schmerzen. Sie konnte nur ein bestimmtes Mass an Berührungen und Reizen ertragen und brach dann in unstillbares Schreien aus. Zu meinem Bedauern stillte sie sich mit neun Monaten ab. Unsere zweite Tochter war in jeder Hinsicht normal. Ich trug sie im Tragtuch mit mir herum. Sie schlief nachts beim Stillen neben mir ein. Manchmal legte ich sie dann in ihr Bettchen neben mir, manchmal schlief ich so schnell wieder ein, dass sie bei mir liegen blieb. Sie stillte sich mit zwölf Monaten selbst ab. Beide Kinder spielten sehr gut allein im Laufgitter, wenn ich mal etwas erledigen musste.
Dann wurde Andy geboren. Er war goldig und liebenswert. Als Neugeborener schlief er gern auf meinem Bauch, beruhigt durch meine Atmung und meinen Herzschlag. Ein kleines Baby und zwei weitere Kinder unter vier Jahren ermüdeten mich sehr. Andy schlief nicht oft in seinem Bettchen, sondern meistens bei mir. Es machte Spass, ihn im Arm zu halten. Ich trug

ihn auch tagsüber viel umher. Er machte sich nie steif, warf nie den Kopf zurück und wollte nie weg von mir. Er schmiegte sich einfach an meinen Körper und war dort zufrieden. Andy wuchs sehr schnell. Bald war er für mich zu schwer zum Herumtragen, deshalb legte ich ihn in einen Wagen. Fünf Minuten war er zufrieden, dann begann er zu schreien und hörte erst auf, wenn ich ihn auf die Arme nahm. Er wurde zu gross für sein Bettchen und schlief sehr unruhig. War er bei uns im Bett, kamen die anderen beiden nicht zu ihrer Schmusezeit, weil er dann aufwachte und schrie. Ich war sehr müde und wurde ärgerlich auf die Mädchen. Andy schlief von nun an, wie schon tagsüber, auch nachts im Kinderzimmer. Aber das Einschlafen klappte dort nie, auch nicht durch Hin- und Herwiegen. Also stillte ich ihn bei mir im Bett bis er eingeschlafen war, und trug ihn dann in sein Zimmer.

Als er zu krabbeln begann, konnte ich ihn nicht mehr immer neben mich hinlegen – wenn ich beispielsweise den Fussboden putzte. Also stellte ich das Laufgitter auf. Jedesmal, wenn ich ihn da hineinsetzte, geriet er ausser sich. Ich war nicht daran gewöhnt, ihn schreien zu hören. Wenn ich fertig geputzt oder geduscht hatte, war ich auch mit meinen Nerven fertig.

Andy ass jetzt Breimahlzeiten. Er zappelte auf meinem Schoss, weil er auf den Tisch zum Essen und zu den Tellern wollte. Deshalb setzte ich ihn in den Kinderstuhl. Er ass, spielte und genoss es wirklich, so lange ich (und nicht etwa sein Vater) ihn fütterte. Sobald ich wegging, um das Essen anzurichten oder auch nur etwas für ihn zu holen, begann er zu schreien. Wenn er weinte, hörte er natürlich auf zu essen. Die Leute meinten: ‹Er ist verzogen. Er wickelt dich um den Finger.› oder: ‹Du hast wirklich ein Problemkind mit vielen Wutanfällen. Du zeigst ihm seine Grenzen besser jetzt, bevor es zu spät ist.›

Er wollte auch während des Gottesdienstes spielen und war laut, also brachte ich ihn zur Kinderbetreuung. Sie hörten uns jeweils schon von weitem kommen, weil Andy laut schrie. Ich musste ihn dann gewaltsam von meinem Körper lösen. Ganz allmählich gewöhnte er sich an eine der Kinderbetreuerinnen, doch musste sie ihn die ganze Zeit herumtragen, und Andy klammerte sich an sein Schmusekissen. Als Pfarrersfrau war ich von vielen wohlmeinenden Frauen jeden Alters umgeben, die mir alle gute Ratschläge erteilten: ‹Geben Sie ihm mehr

Resignierte Kinder

Breinahrung!› oder: ‹Lassen Sie ihn schreien!› Die meisten Leute waren der Ansicht, dass Andy ein sehr abhängiges Kind werde, wenn ich nicht bald etwas unternähme. Am schlimmsten war es, als ich einmal meinen Vater und meine Stiefmutter besuchte. Ich kam voller Stolz dort an mit meinem Baby, doch als ich wieder wegfuhr, fühlte ich mich mies und kam mir wie eine Versagerin vor. Meine Stiefmutter meinte es gut und wollte mir helfen. Sie ist Grundschullehrerin, hat viele Fortbildungskurse absolviert und ist speziell für den Umgang mit kleinen Kindern ausgebildet. Sie wurde Zeugin einiger Schreianfälle im Laufgitter. Sie sagte mir, dass es meine Schuld sei, weil ich Andy im frühen Säuglingsalter zu sehr verwöhnt hätte. Sie meinte, ich hätte acht Monate gebraucht, um ihn zu einem so wütenden Baby zu machen. Deshalb werde sich das Problem auch nicht von einem Tag auf den anderen lösen lassen. Sie fand, dass er gesund sei und ich ihn einmal im Laufgitter lassen solle, wo ihm ja nichts passieren könne, solange genug zu spielen da sei und er trockene Windeln habe. Wie konnte ich einer solchen Expertin widersprechen? Also liess ich den armen Kleinen dort und ging mit meinem Vater spazieren. Lange hielt ich es nicht aus und kehrte wieder um. Obwohl Andy bitterlich weinte und seine Arme nach mir ausstreckte, sagte meine Stiefmutter: ‹Es geht ihm prima. Es ist nicht nötig, dass du dich dauernd um ihn kümmerst.›
Einige Zeit später rief ich meinen Kinderarzt an und erzählte ihm von meinem schreienden Sohn im Laufstall. Ich äusserte auch meine Ängste, dass mein Baby ein «Muttersöhnchen» werden könnte. Der Arzt riet mir, Andy im Laufgitter zu lassen und meine Hausarbeit zu erledigen. Der Kleine würde sich schon beruhigen und aufhören zu weinen. Das war an einem Montag. Der Arzt sagte noch, dass ich am Freitag wieder anrufen solle, falls mein Sohn dann immer noch schreie. Länger als fünf oder sechs Tage dürften wir ihn nicht schreien lassen! Am ersten Tag hörte Andy überhaupt nicht auf zu schreien. Er war ganz nass geschwitzt und fiel dann erschöpft in tiefen Schlaf. Doch der Kleine schrie im Schlaf auf, erwachte, und das Ganze begann von vorn. Ich hielt es nicht aus. Es ging mir völlig gegen den Strich. Ich weinte. Ich versuchte, die Hausarbeit zu tun, doch ich kam nicht voran. Ich ging nach draussen und flehte Gott um Hilfe an. Ich ging ins Schlafzimmer, schloss die Tür und bedeckte meine Ohren mit einem

Kopfkissen, damit ich nichts mehr hörte. Wenn ich es gar nicht mehr aushielt, rief ich eine Freundin an. Diese sagte: ‹Also, Jeannette, du hast es doch gehört, Andy ist nicht von heute auf morgen so geworden, also wird es eine Weile dauern, bis er sich ändert. Halt durch und bleib hart!› Am zweiten Tag musste Andy erbrechen. Auch ich konnte abends nichts essen, so schlecht ging es mir. Sobald ich ihn am nächsten Morgen ins Zimmer mit dem Laufgitter brachte, begann er zu schreien und erbrach die ganze letzte Stillmahlzeit. Ich beschloss: ‹Genug ist genug. Das tue ich meinem Sohn nicht länger an.›
Seit jenem Tag war er noch anhänglicher. Ich setzte ihn in den Kinderstuhl, er ass ein paar Bissen, dann begann er zu weinen. Er wollte nur noch an der Brust trinken, aber auch das nicht oft genug und nicht sehr lange.

Bei der Vorsorgeuntersuchung mit neun Monaten war er auf der Gewichtskurve von der 70er Normkurve in die 40er Normkurve gerutscht. Einen Monat später befand sich sein Gewicht auf der 20er Normkurve. Der Kinderarzt überwies uns an die Klinik, doch die Tests ergaben keine Störung. Einen Monat später war Andys Gewicht so sehr abgesunken, dass es auf der Gewichtskurve gar nicht mehr vorkam. Vier Tage vor dieser letzten Untersuchung hatte ich damit begonnen, Andy während der Mahlzeiten auf den Schoss zu nehmen und liess ihn von meinem Teller essen, anstatt ihm jede Woche eine neue Sorte Babybrei anzubieten. Er schien sich mehr für normales Essen zu interessieren und ass auch mehr als sonst. Der Kinderarzt wollte uns an einen Spezialisten überweisen, doch als ich ihm sagte, dass Andy seit neuestem mehr Appetit habe, war er einverstanden, noch einen Monat abzuwarten. Ich habe dem Kinderarzt nie gesagt, dass ich seinen Rat, Andy schreien zu lassen, nicht mehr befolgte. Ich wollte nicht, dass er mich für eine Versagerin hielt. Ich wollte mit Andy auch zu keinem Spezialisten gehen. In dieser Situation baten mein Mann und ich die Gemeinde darum, für Andy zu beten. Eine Frau rief mich daraufhin an und riet mir, einmal Dr. Sears' Radiosendung anzuhören. Ich schaltete den Sender ein. Eine Mutter stellte eine Frage wegen ihres sehr liebebedürftigen Babys. Sie erklärten, dass ‹aufgeweckte Babys es nicht zulassen, dass ihre Mütter sie einfach hinlegen›. Ich hatte noch nie von solchen Kindern gehört, doch als Sie mehr über besonders liebebedürftige

Babys erzählten, wurde mir klar, dass Andy ein solches Kind war. Ich war ganz aufgeregt! Es gab jemanden, der sich mit meinem Sohn auskannte; vielleicht war es gar nicht meine Schuld, dass Andy so war! Ich erinnerte mich an die Zeit, als ich Andy ständig bei mir hatte. Dann begriff ich, dass ich ihn innerhalb einer Woche unbewusst von mir weggestossen hatte – von meinem Arm in den Kinderwagen, von meinem Bett in ein separates Zimmer, von meinem Schoss in den Kinderstuhl, von meinem Körper in ein Laufgitter. Das war zu viel für Andy; er schrie alles aus sich heraus. Ich war traurig, dass ich Ihre Radiosendungen nicht schon früher gehört hatte. Das hätte mir viele Sorgen und viel Leid erspart, vom Geld und den Klinikaufenthalten ganz zu schweigen. Ich erkannte, dass Andy von dem Moment an nicht mehr gegessen hatte, als ich ihn hatte schreien lassen.
Nach dieser Sendung betrachtete ich Andy als besonders liebebedürftiges Baby. Ich kaufte eine Rückentrage. Wir wurden unzertrennlich, und ich trug ihn überall mit mir herum. Wenn ich abspülte oder telefonierte, hatte ich Andy auf dem Rücken. Ich setzte ihn nicht mehr in den Kinderstuhl. Er ass auf meinem Schoss. Ich stillte ihn zum Einschlafen in meinem Bett. (Er hatte schon immer gerne meinen Bauch mit seinen Zehen geknetet.) Nachts holte ich ihn zu uns ins Bett, wenn er um elf Uhr Hunger hatte. Dem Stillen folgte eine lange Schmusestunde mit sehr viel Berührung und Lauten, die er imitierte. Er genoss das. Dann legte ich ihn wieder in sein Bettchen, so dass die anderen beiden ihn nicht aufweckten, wenn sie zwischen drei und sechs Uhr zu uns ins Bett krabbelten.
Ich verkaufte den bisherigen Kinderwagen und besorgte einen anderen, in dem Andy so sass, dass er mich anschauen konnte. Ich redete mit ihm, um ihn zu beruhigen, streckte meine Hand nach ihm und berührte ihn, wenn er das brauchte. Je mehr solche kleine Zuwendungen er bekam, desto mehr Appetit hatte er. Je zufriedener er war, desto weniger anhänglich war er. Bis zur nächsten Vorsorgeuntersuchung hatte er fast zwei Kilo zugenommen. Es ging ihm ohne Zweifel wieder besser.
Nach einem weiteren Monat hatte sich Andy noch mehr verändert. Er hatte noch ein Kilo zugenommen. – Jetzt ist sein Gesicht wieder breiter und jungenhafter, und seine Ober-

schenkel weisen schöne Speckfalten auf. Er hat grossen Appetit auf feste Nahrung und auf Muttermilch. Unterdessen isst er sogar in seinem Kinderstuhl. Andy ist wieder gut gelaunt, lacht viel und hat Freude am Leben. In Anwesenheit von Fremden oder von Babysittern wird er immer noch teilnahmslos oder schreit ununterbrochen, bis ich wieder auftauche. Doch ich muss ihn nicht mehr dauernd auf dem Rücken im Haus herumtragen. Nur wenn ich mich mehr als einen oder zwei Meter von ihm entferne, wird er zu einem Häufchen Elend und weint erbarmungswürdig. Also trage ich ihn von einem Zimmer zum anderen. Er spielt gerne mit seinen beiden Schwestern, solange er im Mittelpunkt steht. Ich kann ihn sogar ins gefürchtete Laufgitter setzen, wenn ich dusche und mich dabei beeile – und wenn ich mich vorher genügend um ihn gekümmert habe.

Diese zusätzliche Aufmerksamkeit, die Berührungen, das Schmusen und das Stillen haben wir beibehalten. Andy möchte an allem teilnehmen, was in der Familie geschieht. Wir können ihn nicht auf die Seite stellen, weil er noch ein Baby ist. Wir beziehen auch unsere beiden Töchter (drei- und fünfjährig) in seine Pflege mit ein. Sie massieren Andy, streichen ihm übers Haar und singen ihm etwas vor. Er ist ganz begeistert darüber und liebt die beiden innig.»

Zweiter Brief: Babys brauchen Aufmerksamkeit

«Mein Arzt riet mir, Jennifer nicht mehr so viel Aufmerksamkeit zu schenken und sie auch mal allein zu lassen. Er meinte, sie müsse um sieben Uhr in ihrem Bettchen sein, und wir sollten sie weinen lassen und nicht mehr in den Schlaf wiegen. Wenn Jennifer nachts aufwache, sollten wir sie so lange schreien lassen, bis sie wieder eingeschlafen sei und nicht zu ihr gehen oder unsere Tochter gar zu uns ins Bett holen. Jennifer wurde daraufhin teilnahmslos und ängstlich. Jedesmal, wenn ich aus dem Zimmer ging, geriet sie in Panik und schrie auch noch, wenn ich wieder zu ihr hineinging. Sie sass oft am Boden und starrte ins Weite, ohne an irgend etwas Interesse zu zeigen. Sie fiel in ihrer Entwicklung zurück und machte keine Anstrengungen, etwas Neues zu lernen. Trotzdem befolgten wir den ärztlichen Rat und liessen sie schreien, bis sie eingeschlafen war. Wenn sie aufwachte, unternahmen wir nichts, um sie zu trösten.

Resignierte Kinder

Doch wir waren sehr besorgt, weil Jennifer so teilnahmslos und unruhig war. Wir wussten nicht mehr, was wir tun sollten. Ich hätte auf meine instinktiven Regungen hören sollen; ich fühlte mich überhaupt nicht wohl, wenn ich die Anweisungen meines Arztes befolgte. Schliesslich erzählte mir meine Grossmutter von Ihnen, Dr. Sears. Ihr Rat kam genau zur richtigen Zeit. Mein Mann und ich befolgten nun Ihre Anweisungen genau. Wir liessen Jennifer nicht mehr schreien, sondern wiegten sie in den Schlaf und nahmen sie nachts zu uns. Tagsüber trug ich Jennifer mit mir herum, spielte mit ihr und schenkte ihr sehr viel Zeit und Aufmerksamkeit. Schon nach zwei Tagen zeigten sich erste Erfolge. Unsere Tochter war aufmerksamer, wacher und viel fröhlicher; sie schien sich wieder für Neues zu interessieren. Jennifer lernte, in die Hände zu klatschen und schlief das erste Mal seit Monaten eine ganze Nacht durch: Ich hatte sie in den Schlaf gewiegt und bei uns im Bett behalten. Ein paar Mal war sie unruhig geworden, doch sobald sie merkte, dass wir da waren, nahm sie meine Hand und hielt sie fest; dann schlief das kleine Mädchen wieder ein. Wir gaben ihr selbst zubereitetes Essen, das wir zerkleinerten, und kauften keine Gläschen mehr. Jennifer reagierte sehr positiv und wurde wieder selbstsicher und zutraulich. Mein Mann spielte viel mit ihr und wiegte sie in den Schlaf, wie er das auch früher getan hatte. Nach einem Monat war sie ein fröhliches und in sich selbst ruhendes Kind. Unsere Tochter war wieder wie vorher, zum Lachen aufgelegt und verspielt.»

Was war geschehen?

Diese zwei Beispiele zeigen, was passieren kann, wenn die Eltern-Kind-Beziehung nicht so verläuft, wie sie von der Natur vorgesehen ist. Ich glaube, dass jedes Baby mit einem bestimmten Bedürfnis nach Berührung und Getragenwerden auf die Welt kommt. Wird dieses erfüllt, hat das Baby bessere Aussichten, seine Entwicklungsmöglichkeiten voll auszuschöpfen. Wenn nicht, besteht die Gefahr einer verzögerten Entwicklung oder Resignation. Die beiden beschriebenen Kinder zeigten offensichtliche Folgen von Resignation. Ich frage mich, wieviele sehr liebebedürftige Babys, die zuwenig

Zuwendung bekommen, ganz subtile Auswirkungen von Resignation zeigen, die nicht erkannt werden. Lässt man ein Kind weinen, kann es resignieren und mit einer bedrückten Stimmung reagieren. Es trauert über den Verlust einer wichtigen Beziehung, wie auch Erwachsene auf einen Verlust mit körperlichen und emotionalen Veränderungen reagieren können. Diese Trauer schreitet noch weiter fort, wenn niemand auf die Signale des Kindes achtet. Schreien ist das wirkungsvollste Zeichen eines Babys. Es möchte damit die elterliche Zuwendung auf sich ziehen. Können Sie sich vorstellen, wie traurig ein Kind wird, wenn niemand auf sein Schreien reagiert? Das Kind hat nur sehr begrenzte Möglichkeiten, diesen Verlust von Zuwendung wettzumachen.

Die Ergebnisse zahlreicher Untersuchungen zeigen, wie vorteilhaft sich eine gute Eltern-Kind-Beziehung auf die kindliche Entwicklung auswirkt. Selbst das Organsystem des Kindes wird beeinflusst, je nachdem, wie häufig es berührt und im Arm gehalten wird. Manche äusserst liebebedürftige Babys – wie beispielsweise die beiden in den Briefen beschriebenen – ziehen sich ganz und gar in sich selbst zurück, wenn auf ihre Bedürfnisse nur sehr beschränkt eingegangen wird. Ein Baby, das im Stich gelassen wird, resigniert möglicherweise ganz.

KAPITEL 12

Ein liebebedürftiges Kind erziehen

«Er ist so trotzig, er gehorcht einfach nicht», beschwerte sich die Mutter eines sehr liebebedürftigen Zweijährigen. Da jedes Kind einmalig ist und alle Eltern einen eigenen Erziehungsstil haben, gibt es so viele verschiedene Erziehungsmassnahmen, wie es Kinder gibt. In diesem Kapitel möchte ich Ihnen einen Erziehungsstil vorstellen, der sich in unserer und anderen mir aus meiner Praxis bekannten Familien bewährt hat. Liebebedürftige Kinder reagieren kaum auf Bestrafungen. Dieses Kapitel möchte deshalb Eltern helfen, eine Atmosphäre zu schaffen, die solche weitgehend überflüssig macht. Wird Strafe trotzdem mal nötig, dann helfen Ihnen die Überlegungen in diesem Kapitel, dass sie angemessen ist.

Sehr liebebedürftige Kinder sind schwieriger zu erziehen

Die Temperamentsmerkmale, die beim älteren liebebedürftigen Kind vorteilhaft sind, bringen ein Baby in Schwierigkeiten. Da diese Kinder so intensiv leben, nehmen sie sich auch Dinge vor, die sie noch gar nicht beherrschen. Schon manche Mutter ist den ganzen Tag hinter ihrem Baby hergesaust, welches das ganze Haus auf den Kopf stellen wollte. Diese Kinder sind meist sehr spontan, sie stürzen sich kopfüber in ein neues Abenteuer oder auf einen begehrten Gegenstand, ohne die Folgen abschätzen zu können. Ihr impulsives Wesen bringt sie in Schwierigkeiten. Weil diese Kinder ihre Umgebung so deutlich wahrnehmen, sind sie extrem neugierig. Sie möchten alles ergreifen, alles umdrehen, und alles, was sich vorwärtsbewegen lässt, herumschieben. Sie protestieren sofort, wenn ihrem Forschungsdrang Grenzen gesetzt werden. Sehr liebebedürftige Kinder sind nicht besonders vorsichtig. Sie klettern überall hinauf, turnen umher und laufen plötzlich auf die Strasse, weil sie auf der anderen Seite etwas Interessantes entdeckt haben. «Er fordert mich so heraus», beklagte sich eine erschöpfte Mutter. Sie hatte schon tausendmal «Nein!» gerufen und war langsam frustriert, weil ihr Sohn nicht auf sie hörte. Viele sehr liebebedürftige Kinder haben einen starken Willen, und es kommt deshalb immer wieder zu Auseinandersetzungen mit ihren Bezugspersonen. «Ich kann das allein», ist ihr häufigster Satz. Liebebedürftige Babys, welche genügend Zuwendung genossen haben, entwickeln im späteren Leben die Charaktereigenschaften Stolz, Selbstbewusstsein und Durchsetzungsvermögen. Geben die Eltern jedoch den Bedürfnissen und Forderungen ihrer Kinder nicht nach, wirkt sich das hemmend auf ihre Persönlichkeitsentwicklung aus. Sie verlieren das Vertrauen in ihre Umwelt, und das kann zu einem schwach ausgeprägten Selbstwertgefühl führen.

Was passiert eigentlich im Hirn eines Zweijährigen, wenn Sie «Nein!» rufen? Ein neugieriges, lebhaftes Kind in diesem Alter unterscheidet beispielsweise noch nicht zwischen gefährlichen und ungefährlichen Knöpfen an einem Elektrogerät. Möchte es einen gefährlichen Knopf anfassen und Sie rufen innerhalb einer Tausendstelsekunde «Nein!», dann lernt es, dass «Nein» so viel bedeutet wie «sofort aufhören», vor allem wenn Sie es gleichzeitig hochheben und wegtragen. Ermahnen Sie es nochmals: «Nicht anfassen, das tut weh!» Kinder mit einem einfachen Temperament verstehen das recht schnell, die Eltern brauchen sie nur streng anzuschauen, und sie gehorchen sofort. Bei einem besonders liebebedürftigen Kind dagegen ist es nötig, dieses «Nein» entschiedener durchzusetzen. Der Knirps muss sofort hochgenommen werden und braucht zusätzlich direkten Blickkontakt. Er muss mit Entschiedenheit von der Gefahrenquelle entfernt werden. Die Eltern müssen ihre Ermahnungen möglicherweise viele Male wiederholen, ehe das Kind sie begreift. Das «Nein» muss vielleicht jedes Mal von noch strengeren Ermahnungen begleitet werden, doch irgendwann hat auch das lebhafteste Kind verstanden, worum es geht.

Geduld

Es ist entmutigend, wenn Sie das Gefühl haben, nicht zu Ihrem Kind durchzudringen. Geben Sie nicht auf! Ihre Ermahnungen erreichen Ihren Sohn oder Ihre Tochter schon, doch es braucht Zeit und Geduld, den Willen sehr liebebedürftiger Kinder zu formen. Deshalb ist es so wichtig, wie sie in den ersten Monaten mit Ihrem besonders unruhigen Baby umgehen. Haben Sie in dieser Zeit Vertrauen aufgebaut, bildet dies die Grundlage für die Wirkung Ihrer Erziehungsmassnahmen. Gehen Sie regelmässig auf die kindlichen Bedürfnisse ein, können Sie Ihrem Kind gegenüber auch unnachgiebig sein, wenn das nötig und sinnvoll ist. Sie und Ihr Kind haben eine gemeinsame Vertrauensbasis. Eltern, die sich immer wieder in ihr Kind einfühlen, werden feststellen, dass auch das Kind sensibel auf ihre Stimmungen reagiert. Schwierigkeiten mit der Disziplin gibt es meist, wenn der Vater oder die Mutter im Stress ist und die Eltern-Kind-Beziehung gerade nicht sehr harmonisch verläuft. Ein Vater hat treffend gesagt: «Wenn es mir gut geht, habe ich auch ein braves Kind.»

Wutanfälle

Die meisten liebebedürftigen Kleinkinder neigen im Alter zwischen ein und drei Jahren zu Wutanfällen. Sie protestieren energisch gegen jede Einschränkung ihres spontanen Verhaltens. Es gibt zwei Ursachen für die Wutanfälle bei diesen

---

«Sie schlug, trat und biss mich»

«Zwischen mir und meiner zweieinhalbjährigen Tochter bestand ein inniges Verhältnis. Wir waren von der Geburt an zusammen. Sie wurde nach Bedarf gestillt und schlief bei mir im Bett. Wir hatten eine grossartige Beziehung. Doch jetzt hat sie angefangen, nach mir zu schlagen, zu treten und mich zu beissen.»

Diese Frau hatte vor kurzem eine Halbtagesstelle angenommen, nicht aus einem inneren Wunsch oder einer Notwendigkeit heraus, sondern weil sie sich von der Gesellschaft dazu gedrängt fühlte. Ihre Tochter reagierte heftig auf den Verlust der engen Beziehung zur Mutter. Sie war wütend, weil die Bindung verändert wurde, bevor sie dazu bereit war. Je stärker die Mutter/Kind-Beziehung ist, umso heftiger die Trauerreaktion, wenn diese gelockert wird. Sobald diese Frau wieder ganz für ihr Kind da war, hörte das aggressive Verhalten auf. Sehr liebebedürftige Babys sind zu starken Beziehungen fähig, doch sie reagieren empfindlich, wenn diese Bindung in Gefahr ist.

offenbar widerspenstigen Kindern: Erstens sind sie nicht fähig, sich dem Willen anderer zu fügen, und zweitens sind sie wütend, dass sie nicht alles kontrollieren können. Diese Kinder befinden sich in einem Zwiespalt. Sie sind sehr impulsiv, verfügen jedoch nicht über innere Kontrollmechanismen, mit ihrer Impulsivität umzugehen. Ein liebebedürftiger Knirps in diesem Alter möchte viel mehr, als er kann. Wutanfälle sind oft Ausdruck des kindlichen Ärgers über sich selbst und seine Umgebung. In diesem Alter verfügt das Kind noch nicht über die sprachlichen Fähigkeiten, seine Wut auszudrücken und anderen mitzuteilen, also versucht es dies durch Handeln. Es gibt Wutanfälle, bei denen das Kleinkind so heftig schreit und so wütend wird, dass es am Ende den Atem anhält, blau und schlaff wird und kurz vor der Bewusstlosigkeit zu stehen scheint. Das ist sowohl für die Eltern wie für das Kind sehr beängstigend. Zum Glück beginnt das Kind von selbst wieder zu atmen, und es fügt sich damit auch keinen Schaden zu. Mütter sehr liebebedürftiger Kinder sagen oft: «Mein Kind ist nicht mehr bei sich, wenn es einen Wutanfall hat.» Eltern haben die frustrierende Aufgabe, dafür zu sorgen, dass ihr Sohn oder ihre Tochter am Schluss nicht völlig aufgelöst ist und wieder zu sich selbst zurückfindet.

Sehr liebebedürftige Babys wachsen zu starken Persönlichkeiten heran, wenn ihre Umgebung flexibel auf ihr Temperament eingeht. Innere Kraft und eine starke Persönlichkeit können zu Widerspenstigkeit führen, das Kind wird dann «sehr willensstark» genannt. Sagen solche kleinen Persönchen «Ich will», so fassen Eltern das oft als «Ich will nicht» auf. Spielt beispielsweise ein Zweijähriges zufrieden mit seinem kleinen Freund und geht in der gegenwärtigen Situation völlig auf, dann protestiert es natürlich laut, wenn die Mutter reinkommt und sagt: «Komm, es ist Zeit zum Heimgehen!» Dieses Kind möchte unbedingt weiterspielen und unterwirft sich nicht gerne dem Willen der Mutter. Sein Protest klingt dann wie «Ich will nicht nach Hause!» Die Mutter empfindet ihr Kind als widerspenstig und möchte sich als Autoritätsperson durchsetzen, es kommt zu einem Machtkampf, den niemand gewinnen kann. Es gibt einen feinen Unterschied zwischen dem «das möchte ich nicht», einer willensstarken Persönlichkeit und dem «das tue ich nicht» eines trotzigen Kindes. Es gehört zum Schwierigsten bei der Erziehung von Kindern, sie einen gesunden Respekt gegenüber Autoritäten zu lehren, ohne ihre Willenskraft zu unterdrücken. Dr. James Dobson beschreibt dieses Dilemma folgendermassen: «Den Willen des Kindes formen, ohne sein Wesen zu zerbrechen.»

Ein Erziehungsansatz für sehr liebebedürftige Kinder

Eltern verwechseln Erziehen oft mit Bestrafen. Strafe ist eine äussere Kraft, die eingesetzt wird, wenn das Kind vom geraden, schmalen Weg abgewichen ist. Bestrafung ist nur eine mögliche Erziehungsmassnahme. Mein Wunsch ist es, dass Eltern folgendes Erziehungsziel anstreben: Das Kind zu motivieren, aus dem Innern heraus auf dem richtigen Weg zu bleiben. Weil es sich wohl fühlt, wenn es so handelt, und unwohl, wenn es sich anders verhält.
Liebebedürftige Kinder sind resistent gegen Bestrafung, speziell gegen körperliche Strafen. Deshalb ist es so wichtig, dem Kind eine innere Haltung beizubringen, die ihm den richtigen Weg weist. Zudem ist eine häusliche Atmosphäre nötig, die Bestrafen möglichst überflüssig macht. Kinder wissen nicht immer, was das Beste für sie ist, und es gibt Situationen, in denen eine Strafe nötig ist; dann ist es wichtig, dass diese angemessen ist.

Starke Eltern

Ist das Baby etwa ein Jahr alt, übernehmen die Eltern nicht mehr nur eine fürsorgliche Rolle, sie werden zudem zu Autoritätspersonen und müssen für eine sichere Umgebung sorgen. Es braucht starke Eltern, um sehr liebebedürftige Kinder zu erziehen. Es muss klar sein, wer die Verantwortung trägt.

Autoritätspersonen

Wie werden Sie zu einer Autoritätsperson? Am Anfang dieses Buches wurde betont, wie wichtig es ist, aufs Baby einzugehen und aufmerksam auf seine Signale zu achten. So entwikkelt sich eine vertrauensvolle Beziehung zwischen Eltern und Kind. Vertrauen ist die Grundlage von Autorität. Bedient ein lebhaftes Kleinkind den Knopf am Elektroherd und Sie weisen es mit einem autoritären «Nein» zurecht, dann fordern Sie von ihm, dass es seinen Willen dem Ihren unterordnet. Das Kind muss Ihnen bedingungslos vertrauen, damit es das tun

kann – je willensstärker es ist, desto mehr Vertrauen braucht es.
«Aber wie gehe ich mit Wutanfällen um?» lautet die verzweifelte Frage hilfloser Eltern. Ich bin dagegen, Wutanfälle zu ignorieren. Kinder sind in diesem Zustand nicht mehr bei sich selbst und erwarten von einer Autoritätsperson, dass diese sie da wieder herausholt. Die Mutter oder der Vater können diese Wutanfälle nicht fürs Kind bewältigen, aber ihm dabei helfen. Meiner Erfahrung nach nützt es am meisten, das zappelnde Kind fest und liebevoll in die Arme zu nehmen und festzuhalten. Reden Sie gleichzeitig beruhigend mit dem Kind und sagen Sie ihm: «Ich halte dich, bis es dir wieder besser geht.» Selbst ein sehr trotziges Kind kommt gewöhnlich so zur Ruhe und überlässt sich der Person, die ihm Sicherheit bietet. Es wird sich an Sie anschmiegen, als würde es sich dafür bedanken, dass Sie es vor sich selbst gerettet haben.
Schauen Sie Ihrem Kind bei Auseinandersetzungen in die Augen. Dadurch sagen Sie ihm ohne Worte, dass Ihre Reaktion von Herzen kommt, und dass Sie es lieb haben. Sind Sie schliesslich zu Ihrem Kind durchgedrungen, wird es Respekt gegenüber Ihrer Fairness entwickeln. Dieser Erziehungsstil ist nicht nachlässig oder nachgiebig. Er erfordert Weisheit und viel Zeit.

Realistische Erwartungen

Haben Sie realistische Erwartungen bei der Erziehung Ihres sehr liebebedürftigen Kindes. Stellen Sie keine Anforderungen, die seine Fähigkeiten übersteigen. Es ist unrealistisch, von einem lebhaften Zweijährigen zu erwarten, dass er im Laden an den Regalen vorbeigeht, ohne all diese verführerischen Köstlichkeiten anzufassen. Eltern eines besonders liebebedürftigen Kindes zeigen gewöhnlich mehr Verständnis für dessen Verhalten. Sie führen kleinere Probleme auf seine Persönlichkeit zurück und gehen sehr anstrengenden Situationen, zum Beispiel Einkaufen mit dem Kind, aus dem Weg. Denn dabei zeigen sich meist weder Eltern noch Kinder von ihrer besten Seite.
Ist eine anstrengende Situation unvermeidlich, stellen Sie sich auf einen kreativen Umgang damit ein, indem Sie Ihr Kind beispielsweise als kleinen Helfer einspannen. Zeigen Sie

ihm beim Einkaufen, was es Ihnen aus dem Regal bringen und in den Einkaufskorb legen darf. Loben Sie es für seine Hilfe. Das erfordert natürlich mehr Zeit, doch Zeitdruck und Termine stören die Harmonie zwischen Eltern und Kind.

Schläge

«Ich kann ihn nicht zur Vernunft bringen. Je mehr ich ihn schlage, desto schlimmer wird es», beklagte sich eine ratlose Mutter bei mir. Ich habe die Erfahrung gemacht, dass sehr liebebedürftige Kinder auf körperliche Strafen nicht reagieren. Man vermutet, dass Schlagen folgenden Effekt hat: Eine unerwünschte Handlung zieht eine unerwünschte Reaktion (Schlagen) nach sich. Kinder sehen oft keinen Zusammenhang zwischen der Handlung und der Reaktion. Für sie sind Schläge unverständlich und unfair. Gewisse Knirpse begreifen schnell, dass sie den Herd besser in Ruhe lassen, wenn das Drehen an den Knöpfen zu einer Bestrafung führt. Andere jedoch sehen Schläge nicht als Konsequenz ihrer fehlerhaften Handlung. Sie sind nicht absichtlich trotzig; sie verstehen einfach nicht, was gemeint ist. Hochsensible Kinder sehen möglicherweise nicht nur keinen Zusammenhang zwischen den Schlägen und ihrem Verhalten, sie verbinden die negativen Folgen vielleicht sogar mit der Person, die sie bestraft. In einer fürs Kind lebensgefährlichen Situation (wenn es zum Beispiel mit dem Dreirad auf eine verkehrsreiche Strasse fährt) können körperliche Strafen als emotionale Reaktion entschuldbar sein. Sie können dann auch wirken, weil das Kind begreift, dass es Ihnen um seine Sicherheit geht. Andere Massnahmen sind jedoch meist sehr viel wirksamer.

KAPITEL 13

Der Lohn für Ihre Anstrengungen

«Es war lange, harte Arbeit, doch endlich ernten wir die Früchte unserer Anstrengungen», meinten die Eltern eines zweijährigen, sehr liebebedürftigen Kindes. Je mehr Energie, Kraft und Liebe die Eltern in die Erziehung ihres besonders liebebedürftigen Babys hineinstecken, desto mehr bekommen sie zurück. Als ich an einem heissen Sommertag an diesem Buch schrieb, fiel mein Blick auf die Flasche Mineralwasser neben mir. Dort stand: «Kein Pfand, keine Rückgabe.» Das trifft auch auf den Umgang mit einem sehr liebebedürftigen Kind zu.

Das Kind trägt zur Entwicklung seiner Eltern bei. Wenn Mutter und Vater das Temperament ihres Kindes bereitwillig annehmen, seine Bedürfnisse anerkennen und einen Erziehungsstil entwickeln, mit dem die ganze Familie zurechtkommt, dann zeigt sich das Kind von seiner besten Seite. Die Reaktion des Babys bringt umgekehrt die besten Eigenschaften seiner Betreuungspersonen zum Tragen. Dieses gegenseitige Geben bewirkt, dass die Eltern-Kind-Beziehung gut funktioniert. Eltern und Kindern geht es am besten, wenn sie sich harmonisch miteinander entwickeln.

Charakterstarke Kinder

Oft fragen sich Eltern: «Wie wird sich mein Baby wohl entwikkeln? Wird es ein überaktives Kind? Bringen wir es jemals dazu, in seinem eigenen Bettchen zu schlafen? Wird es je aufhören, an der Brust zu trinken?» Sehr liebebedürftige Kinder sind ganz verschieden, doch der Vergleich der anspruchsvollen Babys, denen ich begegnet bin, zeigt einen gemeinsamen Entwicklungstrend.

Sehr liebebedürftige Kinder können ihren Eltern wirklich Spass machen; ihr anspruchsvolles Verhalten kann zu positiven Charakterzügen geformt werden. Gemäss meinen Beobachtungen hatte ein Erziehungsstil, der aus besonders liebebedürftigen Babys charakterstarke Kinder machte, in allen Fällen folgende Merkmale:

- Das Kind wurde während mindestens zwei Jahren ohne Einschränkung gestillt.
- Die Eltern reagierten offen auf das Schreien ihres Babys, auf seine Signale und sein Temperament.
- Eltern und Kind schliefen in den ersten zwei Lebensjahren oder länger im selben Bett.
- Ein engagierter Vater nahm am Leben der Familie teil.
- Die Eltern schufen sich ein Netzwerk von Unterstützungspersonen, welche ihre Entscheidungen als Eltern mittrugen.

Aus den sehr liebebedürftigen Babys, deren Eltern dieser Linie gefolgt sind, wurden sensible, fürsorgliche, vertrauensvolle und angstfreie Persönlichkeiten.

Problembaby = Problemkind?

Zwei Wissenschafter haben 1956 eine Langzeitstudie begonnen, welche untersuchen sollte, ob aus schwierigen Babys Problemkinder würden (Thomas et al 1968). Sie verfolgten die Entwicklung von 136 Kindern vom Säuglingsalter bis zur Schulzeit. Sie teilten die Kinder aufgrund von neun Temperamentskategorien (Aktivitätsgrad, Rhythmus der biologischen Funktionen, Anpassungsverhalten, Annäherungs- bzw. Rückzugsreaktionen in neuen Situationen, Reizschwelle, positive oder negative Stimmung, Stimmungsintensität, Ablenkbarkeit und Ausdauer) entweder in die Gruppe der «pflegeleichten» oder der «schwierigen» Babys ein. Das pflegeleichte Kind zeigte eine biologische Regelmässigkeit, konnte problemlos mit neuen Situationen umgehen, war im allgemeinen guter Stimmung und passte sich gut an. Schwierige Kinder hingegen zeigten unregelmässige biologische Funktionen, zogen sich in neuen Situationen zurück, waren häufig schlechter Stimmung und drückten diese intensiv aus; ausserdem stellten sie sich nur sehr langsam auf Veränderungen ein.

Diese Untersuchung ergab, dass die Gruppe der «schwierigen» Babys im fortschreitenden Kindesalter häufiger Verhaltensstörungen aufwies – hauptsächlich was Schlaf, Stimmungen, Einhalten von Grenzen und das Verhältnis zu Gleichaltrigen anbelangte. In der Untersuchung zeigte sich zwar oft ein Zusammenhang zwischen dem Verhalten als Säugling und späteren Schwierigkeiten, doch war dieser nicht eindeutig. Sehr brave Babys wurden manchmal später schwierige Kinder und umgekehrt. Die Autoren kamen lediglich zum Schluss, dass schwierige Babys einem grösseren Risiko ausgesetzt sind, schwierige Kinder zu werden.

Die Absicht der Autoren war es zwar nicht, die Auswirkung unterschiedlicher Erziehungsmethoden zu beobachten, doch ergab die Untersuchung, dass kein einziger Erziehungsstil bei jedem Kind immer funktionierte. Die erfolgreichste Eltern-Kind-Beziehung war dadurch gekennzeichnet, dass die Betreuungspersonen sowohl konsequent als auch flexibel waren. Das entspricht dem Erziehungsstil, den dieses Buch empfiehlt. Die Untersuchung zeigte weiter: Am besten entwickelten sich Babys, wenn flexibel auf ihre Bedürfnisse eingegangen wurde. Schwierige Babys veränderten sich zu ihrem Vorteil, wenn Eltern nie davon ausgingen, dass ihr Kind verhaltensgestört sei, sondern dass das beunruhigende Verhalten des Kindes Ausdruck seiner ganz eigenen Persönlichkeit war, welche geformt werden musste. Kinder, die sich schlecht entwickelten, waren grossem Stress und einem inkonsequenten, fürs Kind verwirrenden Erziehungsstil ausgesetzt.

Vorteile eines fürsorglichen Erziehungsstils fürs Kind

Bessere Entwicklungschancen

Sehr liebebedürftige Babys, die sich im Einklang mit ihrer Umwelt befinden, machen wichtige Entwicklungsschritte oft sehr früh. Weil die Eltern für eine harmonische Umgebung sorgen, spart das Kind Energie. Es braucht seine Kräfte nicht, um inneren Stress abzubauen, sondern kann diese für die Entwicklung seiner Fähigkeiten nutzen.
Wissenschafterinnen und Wissenschafter studierten schon früh die Betreuung von Kindern in anderen Kulturen und machten interessante Beobachtungen bei Babys, die fast ununterbrochen Kontakt zu ihren Müttern hatten (Geber 1958). Die Frauen tragen diese Kinder in einem Tuch am Körper. Die

Babys können jederzeit trinken – sie scheinen ununterbrochen gestillt zu werden. Sie werden ständig von jemandem im Arm gehalten; wird die Mutter müde, trägt ein anderes Mitglied der Grossfamilie das Kind. Die Babys schreien selten, denn alle gehen zuvorkommend und bereitwillig auf deren Bedürfnisse ein. Baby und Mutter schlafen zusammen, und auch nachts wird das Kind immer wieder gestillt. Die Wissenschafterinnen und Wissenschafter stellten fest, dass Kinder aus solchen Kulturen sowohl körperlich wie geistig einen deutlichen Entwicklungsvorsprung gegenüber jenen in «fortschrittlichen» Gesellschaften aufwiesen.

Babys, die in einer weniger günstigen Umgebung aufwachsen, sind in ihrer geistigen und körperlichen Entwicklung oft langsamer. In der Pädiatrie wird das als «Deprivationssyndrom» bezeichnet (körperlicher und geistiger Entwicklungsrückstand).

Wenn ich Kleinkindern beim Spielen zuschaue, sehe ich sofort, wie intensiv die Eltern-Kind-Beziehung ist. Stellen Sie sich zwei Kinder vor, die zusammen mit ihrer Mutter oder ihrem Vater in einem Zimmer sind. Das liebebedürftige Kind ohne enge Beziehung zu den Eltern wechselt von einem Spielzeug zum anderen, es beschäftigt sich mit keinem sehr lange. Es hat eine sehr kurze Aufmerksamkeitsspanne und nimmt seine Betreuungsperson selten wahr. Das liebebedürftige Kind mit einer starken Bindung an die Eltern wechselt auch von einem Spielzeug zum nächsten, doch es untersucht dies aufmerksamer und wendet sich von Zeit zu Zeit seiner Mutter oder seinem Vater zu, um sich zu vergewissern, dass alles in Ordnung sei. Beide Kinder sind selbständig, doch die Selbständigkeit des Kindes ohne starke Bindung zu den Eltern ist nicht zielgerichtet. Das Kleinkind mit intensiver Elternbindung lernt mehr, wenn es seine Umwelt erforscht. Es ist sicher und geborgen und kann dank der Bindung zu seinen Eltern ungehindert Neues erkunden.

Freigebige Kinder

Sehr liebebedürftige Babys mit grossherzigen Eltern werden selbst grosszügig. Kindern, die gut etwas annehmen können, fällt es später leicht, zu geben. Sie sind an einen solchen Umgang miteinander gewöhnt. Ihnen fällt das Teilen leichter – und Teilen ist etwas, das für viele Kinder schwierig ist. Sie

Der Lohn für Ihre Anstrengungen

scheinen aufmerksamer gegenüber den Bedürfnissen und Rechten anderer Kinder zu sein. Ihre Eltern haben ein gutes Gleichgewicht erlangt, sie waren weder zu nachgiebig noch zu zurückhaltend. «Verzogene» Kinder hatten ein schlechtes Vorbild in ihren Eltern: Diese gaben entweder unangemessen viel oder eben zu wenig.

Höhere Sensibilität

Wenn besonders liebebedürftige Babys in einer Umgebung aufgewachsen sind, in der einfühlsam auf ihre Bedürfnisse eingegangen wurde, reagieren sie sensibel auf die Bedürfnisse anderer Kinder. Sie sind besorgt, wenn ein Baby weint oder ein anderes Kind sich wehtut. Warum? Weil sie eine solche Reaktion erlernt haben, als sie selbst schrien oder sich wehtaten. Von dieser Sensibilität profitieren vor allem die Eltern. Eine Mutter erzählte mir, wie sie an einem schwierigen Tag dasass und weinte. Ihre Dreijährige (die als Baby sehr anspruchsvoll gewesen war) eilte zu ihr, legte die Arme um sie und sagte aus ganzem Herzen: «Weine nicht Mami, ich helfe dir ja.»

Sich gut fühlen

Besteht zwischen einem sehr liebebedürftigen Baby und seinen Eltern Eintracht, so hat das Kind ein Gefühl innerer Harmonie, die Teil seiner Natur wird. Solche Kinder strahlen Frieden aus, sie passen in die Welt, und die Welt passt zu ihnen. Ein friedliches Kind kann besser mit den vielen Stresssituationen umgehen, die es im Laufe seines Wachstums und seiner Entwicklung antrifft. Es wird sich fortwährend um dieses Gefühl von Harmonie bemühen, indem es entsprechend auf sein Temperament und seine Umgebung einwirkt. Ein Kind jedoch, das von seiner Säuglingszeit an ständig mit dem Gefühl lebt, dass etwas mit ihm nicht stimmt, wird eher ein zorniges, aggressives Kind.

Vertrauen statt Wut

Anspruchsvolle Babys sind als Kinder oft impulsiv, und das bringt sie in Schwierigkeiten. Oft stellen Eltern mir die Frage, ob aus ihrem unruhigen Baby ein überaktives Kind werde.

Die meisten Eltern hyperaktiver Kinder sagen, dass diese «schon immer so waren». Es stimmt, unruhige Babys haben ein grösseres Risiko, überaktive Kinder zu werden. Deshalb zahlt sich die Geduld der Eltern tatsächlich aus, wenn sie beruhigend auf ihr Baby einzuwirken versuchen. Kinder, deren Eltern sie dabei unterstützt haben, schon früh die Kontrolle über sich zu behalten, beherrschen sich auch später besser.

Eltern, die zuverlässig auf ihr Baby eingegangen sind, kennen es unterdessen so gut, dass sie nun besser in der Lage sind, das impulsive und destruktive Verhalten eines hyperaktiven Kindes aufzufangen. Ohne diese Grundlage werden Mutter und Vater immer unsicherer. Sie lassen sich bei ihrer Erziehung von Fachleuten beeinflussen, anstatt selbst die Verantwortung zu übernehmen und ihren Sprössling intuitiv anzuleiten. Überaktive Kinder ohne solide Vertrauensbasis sind oft sehr aggressiv, wenn dies auch nicht auf den ersten Blick zu sehen ist. Die Wut, welche den meisten Verhaltensproblemen zugrunde liegt, wird häufig übersehen. Meiner Erfahrung nach ist der Umgang mit einem hyperaktiven, wütenden Kind am schwierigsten. Eines der Ziele dieses Buches ist es, Kindern Wutgefühle zu ersparen. Gehen Eltern auf unruhige Babys (bei denen die Möglichkeit besteht, dass sie später überaktiv werden) ein, schaffen sie eine Basis des Vertrauens und nicht der Wut.

Keine Angst

Wenn fürsorgliche Eltern ihr sehr liebebedürftiges Baby beschreiben, sagen sie oft, dass es nie Angst habe. Es ist in einer Umgebung aufgewachsen, in der um jeden Preis vermieden wurde, dem Kind Angst zu machen. «Sie braucht sich nicht zu fürchten», meinte eine Mutter, die sich sehr um eine friedliche Atmosphäre bemüht hatte. Werden Ängste später unvermeidbar, hat das Kind eine gute Basis, damit umzugehen.

Vertrauen

Müsste ich ein Schlüsselwort nennen für ein besonders liebebedürftiges Baby, das in einer harmonischen Umgebung aufgewachsen ist, würde ich das Wort «Vertrauen» wählen. Wenn einem Kind Vertrauen entgegengebracht wird, lernt es zu vertrauen. Wird auf ein liebebedürftiges Baby bereitwillig eingegangen, dann wird es auch in Zukunft daran glauben, dass seine Bedürfnisse erkannt und zuverlässig befriedigt werden. Es erfährt zwei Arten von Vertrauen: Das Kind sieht, dass seine Lebensäusserungen es wert sind, ernst genommen zu werden, und es vertraut darauf, dass seine Bezugs-

---

«Was ist mit meinen anderen Kindern?»

«Auf unsere vierjährige Katja hat die turbulente Zeit mit ihrem Bruder interessante Auswirkungen gehabt. Mit Michael, unserem sehr liebebedürftigen Baby, machte sie ihre erste Erfahrung mit Säuglingen. Deshalb dachte sie, dass alle Kindlein so seien wie Michael. Das zeigte sich, wenn sie mit ihren Puppen spielte. Diese schrien sehr viel, und sie tröstete sie immer so, wie ich das mit Michael machte. Katja trug sie herum, wiegte sie hin und her, stillte sie und wiederholte genau meine Worte: «Na komm, mein Liebes, weine nicht, Mami ist ja bei dir.» Katja tröstete und beruhigte ihre Puppen sehr oft. Für mich war das ein wunderschöner Anblick.
Etwas später gebar eine gute Freundin von mir ein Kind – ein «Bilderbuchbaby», völlig ruhig und brav. Es weinte selten, geriet nie ausser sich und brüllte nie. Katja fragte, warum Michael nicht so wie dieses Baby sein könne. Diese Frage war mir unangenehm, doch konnte ich sie sehr gut verstehen.
Seither hat Katja jedenfalls ein realistisches Bild davon, wie Babys sein können. Die erste Zeit mit Michael hat ihr auch gezeigt, dass wir einander in schweren Stunden nicht im Stich lassen, egal wie genervt und mutlos wir sind. An ihrem Spiel sehe ich, dass sie einige Verhaltensweisen gelernt hat, die ich mühsam ausprobieren musste. Ich hoffe, dass sie es deshalb als Mutter einmal leichter haben wird, vor allem, falls sie ein sehr liebebedürftiges Baby bekommt.»

Eltern fragen sich vielleicht, wie sich ein sehr unruhiges Baby auf die älteren Geschwister in der Familie auswirkt. Wachsen diese mit der Vorstellung auf, dass alle Babys so sind? Die Geschichte von Katja ist ein gutes Beispiel, wie ein grösseres Kind dem Beispiel der Mutter folgt. Es war sehr wichtig, dass Katja erfuhr, dass nicht alle Babys so unruhig sind wie ihr kleiner Bruder, sonst hätte das vielleicht negative Auswirkungen auf ihre Vorstellungen vom Muttersein gehabt. Doch durch das Beispiel ihrer eigenen Mutter hat Katja gelernt zu geben.

personen darauf eingehen. Weil seine Signale wahrgenommen werden, fühlt sich das Baby als ein ganz besonderes Kind, und die Eltern sind ebenfalls ganz besondere Persönlichkeiten. Mutter, Vater und Kind profitieren davon, dass sie einander aufmerksam zuhören.

Selbstwertgefühl

Alle die oben genannten Eigenschaften eines sehr liebebedürftigen Kindes hängen mit dem Begriff Selbstwertgefühl zusammen. Diese harmonisch aufgewachsenen Babys sind im Einklang mit sich selbst und haben das Gefühl, in ihre Umgebung hineinzupassen. Sie entwickeln sich zu kreativen Kindern, die ihrer Umgebung mehr zurückgeben, als sie von ihr bekommen haben. Sie machen unsere Welt zu einem interessanteren und friedlicheren Ort zum Leben.

Vorteile für die Eltern

Es gibt sicherlich Zeiten, in denen Eltern keinerlei Vorteile darin sehen, dass sie ein sehr liebebedürftiges Baby haben. Sie sind dann etwas überrascht, wenn ich positive Ausdrücke verwende, wie «Sie sind gesegnet mit...» oder «Sie haben das Glück...», doch ich meine das wirklich so. Liebebedürftige Babys, auf die einfühlsam eingegangen wird, bringen bei Mutter und Vater die besten Seiten zum Tragen. Eltern sehr liebebedürftiger Kinder werden belohnt für die Zeit und Energie, die sie investiert haben.

Das Kind besser kennen

Wenn Eltern aufmerksam auf die Signale ihres Babys hören, ohne Zögern darauf eingehen und seine Reaktionen schätzen, dann lernen sie ihr Kind besser kennen. Sie finden heraus, was funktioniert und was nicht. Selbst Mütter, die am Anfang sehr wenig Zutrauen zu ihren eigenen Gefühlen hatten, werden immer selbstsicherer, wenn sie so auf ihr Kind eingehen, dass sich ihre Intuition entwickeln kann. Dieses Selbstvertrauen wird durch die Reaktionen des Kindes immer grösser, und die gesamte Eltern-Kind-Beziehung funktioniert harmonisch. Kurz gesagt: Die Eltern werden einfühlsamer. Die Mutter und der Vater gehen dann oft auch einfühlsamer miteinander um, was ihre Paarbeziehung bereichert. Eine stabile, erfüllte Ehe ist eine gute Basis für den Umgang mit einem sehr liebebedürftigen Baby.

Grösseres Verständnis

Eltern, die konsequent auf ihr Baby eingehen, entwickeln oft mehr Toleranz. So wird nicht nur Ihre Sensibilität gefördert, sondern Sie können dieses fordernde, anstrengende Kind auch besser annehmen. Das fängt damit an, dass Sie realistische Erwartungen an Ihr Kind stellen, anstatt es mit anderen zu vergleichen. Ihr Baby verhält sich nicht so wie das Ihrer Nachbarn, weil es nicht das Kind Ihrer Nachbarn ist. Dieses Verständnis für Ihr Kind hilft Ihnen, sich auf die positiven Seiten seines Temperaments zu konzentrieren. Dies ist das Ergebnis der Bemühungen, die negativen Aspekte zu verändern und die positiven zu betonen. Ich habe festgestellt, dass Eltern liebebedürftiger Kinder im Laufe der Zeit immer seltener negative Begriffe zur Beschreibung ihres Sohnes

«Andere Eltern scheinen ihr Kind besser im Griff zu haben»

«Warum komme ich mit meinem Baby nicht zurecht? Ich kann es nicht beruhigen, wenn es schreit. Es schläft nicht regelmässig und fügt sich keinem Zeitplan. Ich kann es nicht einfach ins Bettchen legen und allein lassen wie andere Eltern es mit ihrem Baby können. Andere scheinen die Situation besser im Griff zu haben als ich. Warum machen die anderen das besser?»

Vergleichen Sie Ihr Baby nicht mit anderen. Wie «pflegeleicht» das Kind ist, hat nichts mit Ihren Fähigkeiten als Mutter oder Vater zu tun. Ihr Baby ist vor allem wegen seines Temperaments so unruhig und nicht wegen Ihrer Fähigkeiten als Eltern. Mütter neigen zu Übertreibungen, wenn sie darüber sprechen wie «brav» ihr Baby sei. Sie selbst sehen andere Babys vielleicht nur dann, wenn sie sich gerade von ihrer guten Seite zeigen. Denken Sie ans Eltern-Kind-Gesetz von Angebot und Nachfrage: Ihr Baby fordert so viel, weil es so viel braucht. Seine Bedürfnisse sind so bemessen, dass es die besten Seiten seiner Bezugspersonen zum Vorschein bringt und es so sein Temperament gut entwickeln kann.

oder ihrer Tochter benutzen. Das Kind ist nicht mehr unzufrieden und unersättlich, sondern aufmerksam, neugierig, voller Selbstvertrauen und aufgeweckt. Manche Bezeichnungen wie «erschöpfend» und «anstrengend» scheinen am liebebedürftigen Kind hängenzubleiben, denn diese überdurchschnittlichen Kinder verlangen überdurchschnittlich viel Energie, damit es ihnen gut geht. Mir ist auch aufgefallen, dass Eltern, welche die schwierige Zeit mit ihrem Baby überstanden und sich dabei entwickelt haben, etwa alle sechs Monate einen neuen Kraftschub bekommen. Diese zusätzliche Energie hilft ihnen, die besonders anstrengenden Phasen zu bewältigen, in welche das Kind von einer Entwicklungsstufe zur nächsten eintritt.

Einfachere Erziehung

Wenn Eltern ihr Kind kennen, folgen sie bei der Kindererziehung eher ihrer Intuition, anstatt sich nach einer Erziehungsmethode aus einem Buch zu richten und das Äusserste zu versuchen, damit das Kind gehorcht. Eltern sehr liebebedürftiger Kinder können ihren Sprössling besser einschätzen; sie sehen Situationen voraus, in denen ihr Kind in Schwierigkeiten geraten kann und lenken sein Verhalten intuitiv und kreativ in andere Bahnen. Fühlt sich das Kind wohl, fällt es ihm leichter, brav zu sein. Kindererziehung ist einfacher für Eltern, die mit ihrer Tochter oder ihrem Sohn im Einklang sind. Sie haben in ihrem Kind eine Einstellung gefördert und eine häusliche Atmosphäre geschaffen, die Bestrafung mehr oder weniger überflüssig macht.

Sich am Kind freuen

Alle diese Vorteile helfen Eltern, sich am Kind zu freuen. Freude am Kind zu haben, ist eines der Hauptziele eines fürsorglichen Elternstils und meiner Bücherreihe zur Kindererziehung. Leben Eltern und Kinder in Harmonie miteinander, bringen sie gegenseitig ihre besten Seiten zum Tragen. Der Vater eines sehr liebebedürftigen Babys beschrieb das treffend: «Nichts lässt Eltern so sehr reifen wie ein Leben in Harmonie mit einem sehr liebebedürftigen Kind.» Ich glaube, dieser Vater verstand unter «reifen» etwas anderes als ein paar graue Haare mehr zu bekommen.

Vorbild sein

Eltern übernehmen für Erziehung und Elternverhalten eine Vorbildrolle gegenüber ihrem Kind. Vergessen Sie nicht, dass Sie zukünftige Ehemänner und Ehefrauen, Väter und Mütter grossziehen. Der Erziehungsstil, den Ihr Kind von Ihnen lernt, wird es beeinflussen, wenn es selbst Babys hat. Diese Vorbildfunktion wirkt sich selbst auf Teenager aus. Meine Frau und ich sassen eines Tages im Wohnzimmer, als wir unsere neun Monate alte Tochter Erin aus unserem Schlafzimmer schreien hörten. Da wir auf das Schreien unserer Kinder immer sofort reagierten, standen wir beide auf. Als wir näher kamen, hörte das Schreien auf. Neugierig schauten wir um die Ecke, um zu sehen, weshalb sie aufgehört hatte zu schreien. Was wir sahen, liess uns warm ums Herz werden: Jim, unser sechzehnjähriger Sportler, lag neben Erin; er streichelte und beruhigte sie. Warum tat er das? Weil er bei uns gesehen hatte, dass jemand hinhören und reagieren sollte, wenn ein Baby schreit.

KAPITEL 14

Jonathan

Dies ist die Geschichte von Jonathan, einem sehr liebebedürftigen Kind, und seinen Eltern, Bob und Nancy, denen es gelungen ist, die schwierigen ersten zwei Jahre gut zu überstehen.

Nancy erzählt

«Als ich merkte, dass ich schwanger war, wurde ich ganz aufgeregt. Ich hatte mein Leben bisher genossen, hatte studiert und war viel gereist. Jetzt war ich bereit, zur Ruhe zu kommen und eine Familie zu gründen. Meine Schwangerschaft verlief glücklich, obwohl es auch Zeiten gab, in denen ich bei mir zwiespältige Gefühle feststellte. Ich hatte mir immer ein Kind gewünscht und war einerseits auch ganz begeistert. Andererseits aber wurde die Freude oft von Unsicherheit, Ängsten und dem Gefühl, mich in einer Falle zu befinden, getrübt. Zwei Jahre zuvor hatte ich eine Fehlgeburt erlitten. Jetzt befürchtete ich, dies könnte wieder passieren. Ich konnte kaum glauben, dass am Ende wirklich ein Baby da sein würde. Ich glaube, dies alles trug dazu bei, dass ich mich der Schwangerschaft und der Geburt nicht gewachsen fühlte. Ich hatte Angst und fühlte mich kraftlos.

Bob und ich wollten uns wirklich darauf einlassen, eine Familie zu sein und zueinander zu gehören. Wir wollten ins kalte Wasser springen, das Elternleben so nehmen, wie es sich entwickeln würde und dabei die nötigen Abstriche machen. Wir gingen beide diese Verpflichtung ein und stehen noch heute voll dahinter.

Im vierten Schwangerschaftsmonat begann Jonathan heftig in mir herumzutoben. Ich spürte, dass das Baby unter einer starken Spannung stand, doch ich realisierte nicht, dass dies ein Vorgeschmack auf das Kommende war. Mir fiel auf, dass das Kindlein auf Geräusche, körperliche Bewegung und starke Gefühle mit Strampeln reagierte.

Wie viele Schwangere las ich alle Bücher über Babys, Schwangerschaft und Geburt, die mir in die Hände fielen. Wie es sich gehörte, besuchten Bob und ich einen Geburtsvorbereitungskurs für Paare und machten brav unsere Übungen. Je näher der Geburtstermin rückte, desto mehr Angst hatte ich. Ich hatte Bücher gelesen und Fernsehsendungen gesehen, in denen Frauen bei der Geburt gestorben waren oder schrien, als würden sie gleich sterben. Meine Mutter hatte mir erzählt, dass ihre Geburten das Schmerzhafteste und Unnatürlichste gewesen seien, das sie je hatte durchmachen müssen. Ich konnte all diese Gruselgeschichten nicht mehr hören.
Meine Geburt war schmerzhaft und kompliziert und endete mit einem Kaiserschnitt. Bob gestand mir später, dass er dieses kleine Wesen anfangs abgelehnt hatte, wegen der medizinischen Komplikationen und weil es seine Frau so in Gefahr gebracht hatte. Er musste sich bewusst bemühen, eine Bindung zu seinem Sohn herzustellen. Er wusste, dass diese ersten Augenblicke unwiederbringlich waren. Obwohl die Geburt nicht erwartungsgemäss verlaufen war, konnte ich Jonathan im Aufwachzimmer in der ersten halben Stunde nach der Geburt in die Arme schliessen. Ich legte ihn sofort an, und mit Bobs Hilfe konnte ich ihn in der Klinik sehr viel bei mir haben, während ich mich vom Kaiserschnitt erholte. Bob und ich haben seither oft an diese ersten Tage gedacht, in der wir als Familie zusammenfanden. Wir glauben, dass diese Zeit für uns sehr wichtig war, um eine Beziehung zu Jonathan aufzubauen und unsere Enttäuschung über die traumatische Geburt zu verarbeiten.
Unsere erste Nacht zu Hause verlief so ganz anders, als ich mir das vorgestellt hatte. Wahrscheinlich hatte Jonathan beschlossen, dass es jetzt langsam Zeit sei, mich zu erziehen. Naiv, wie ich war, ging ich davon aus, dass unser Tagesablauf wie in der Klinik nach einem festen Zeitplan weitergehen würde, doch Jonathan hatte andere Vorstellungen. Ich konnte nicht begreifen, warum er nicht weiterschlief, wenn ich ihn in sein Bettchen legte. Trotz meiner Verwirrung wollte ich mein Baby auf keinen Fall schreien lassen. Deshalb verbrachten wir die Nacht auf der Couch im Wohnzimmer, wo ich im Sitzen mit Jonathan an der Brust einschlief. Als ich vier Stunden später in der gleichen Haltung aufwachte, war ich entsetzt, dass ich mit dem Baby auf dem Arm eingeschlafen

war. Ich machte mir Sorgen, dass Jonathan sich angewöhnen könnte, bei mir zu bleiben, anstatt zu lernen, in seinem Bettchen zu schlafen. Ich nahm gar nicht wahr, dass er nach diesen friedlichen Stunden in meinem Arm so ruhig war, dass ich ihn in sein Bettchen legen konnte.
So ging das in den ersten Wochen weiter, und allmählich wurde mir klar, dass Jonathan grössere Anforderungen an mich stellte, als es ein Neugeborenes normalerweise tut. Ich wunderte mich, dass sich mein Baby weigerte, allein in seinem Bettchen zu liegen und dass es dauernd gestillt werden wollte. Im Kopf hatte ich mich aufs Stillen vorbereitet, doch in meinem Inneren war ich mir nicht sicher, ob ich bereit war, dazusitzen und Jonathan Tag und Nacht an der Brust zu halten. Jemand hatte mir gesagt, dass kleine Säuglinge nur trinken und schlafen. Jonathan trank nur. Ich träumte von Milchflaschen, vor allem nachts. Mein Sohn gedieh prächtig, doch ich wurde immer erschöpfter. Bob meinte, ich würde nur dank der Hormone überleben. Das Stillen war tatsächlich eine Hilfe. Statt zu putzen, musste ich mich mit meinem Kindlein ruhig hinsetzen, wenn es gestillt werden wollte.
Jonathan wollte nicht nur ständig an der Brust trinken, er wollte auch dauernd in Bewegung sein. Als er sechs Wochen alt war, reichte es ihm nicht mehr, einfach nur auf dem Arm zu sein. Er liess sich erst trösten, wenn er hochgenommen, herumgetragen, in den Armen gewiegt oder umhergefahren wurde. Wenn Bob heimkam, löste er mich ab. Er schaukelte unseren Sohn hin und her, während ich schlief. Ohne ihn hätte ich das alles nicht überstanden.
Meine Freundinnen sagten immer wieder, dass sich das auswachsen würde. Aber das tat es nicht. Jonathan schrie immer intensiver. Besonders frustrierend war, dass es nie voraussehbar war, wie er sich trösten lassen würde. Was heute funktionierte, half am nächsten Tag überhaupt nicht. Manchmal war er gar nicht zufriedenzustellen. Wir konnten ihn nicht jedesmal trösten, doch unsere Gegenwart war besser als gar nichts. Ich kämpfte mit mir, ob ich ihn hochnehmen sollte. Während ich dachte: ‹Hör auf zu schreien, dann nehme ich dich auf den Arm›, war Jonathan der Ansicht: ‹Nimm mich hoch, dann höre ich auf zu schreien.› Während seiner anhänglichen Zeiten schaute er mich an, als würde er sagen: ‹Tu etwas!› Dies war für mich als Mutter eine sehr frustrierende Situation.

Mir fiel immer wieder ein, was ich in meiner Ausbildung als Entwicklungspsychologie-Pädagogin gelernt hatte. Erik Eriksons Stufen des sozio-emotionalen Wachstums des Kindes beginnen mit ‹Vertrauen – Misstrauen›. Jonathan würde entweder lernen, seiner Umgebung zu vertrauen oder zu misstrauen. Selbst wenn wir sein Unbehagen nicht immer lindern konnten, war es möglich, ihn auf den Arm zu nehmen, hin- und herzuwiegen und ihm zu zeigen, dass wir ihn lieb hatten. Wenn er sich auch nicht beruhigte, so hatte er doch wenigstens die Gewissheit, dass wir ihn nicht allein liessen. Ich fühlte mich sehr angebunden. Ich konnte nichts ohne Jonathan machen, und nur ich (oder Bob, wenn er zu Hause war) konnte mich um meinen Sohn kümmern. Ich wurde wütend auf ihn, weil er so schwierig war. Anschliessend hatte ich ein schlechtes Gewissen, war völlig durcheinander und fragte mich, ob ich etwas getan hatte, das dieses Verhalten in ihm auslöste. Ich schwankte hin und her zwischen der Gewissheit, dass ich etwas falsch machte, und dem Wissen, dass ich es richtig machte. Zum ersten Mal konnte ich verstehen, dass jemand sein Kind misshandeln kann. Das beängstigte mich stark. Meine Müdigkeit machte mich sehr gereizt. Wenn Bob heimkam und irgend etwas schief ging, hatte er nichts zu lachen. Bob half mir, so gut er konnte, Jonathan zu beruhigen. Ich bin so dankbar, dass sich mein Mann an der Kinderbetreuung praktisch beteiligt und nicht nur mit Worten oder Gedanken.
In den ersten Monaten las ich alle Bücher über Babys und sprach mit anderen Müttern und unserem Kinderarzt. Ich fand wenig über schreiende Säuglinge, und viele Ratschläge passten überhaupt nicht für mein Kind. Als Jonathan vier Monate alt war, hatte ich das Gefühl, am Ende meiner Geduld zu sein. Ich war wütend und hatte es satt zu lesen und zu hören, dass zu irgendeinem magischen Zeitpunkt der ganze Spuk vorüber sein würde, dass Jonathan dann nachts durchschlafen und ruhiger werden würde.
Meine Freundinnen und Verwandten waren von Jonathans Verhalten irritiert. Sie rieten mir, ohne mein Baby auszugehen; die La Leche Liga empfahl, das Kind immer mitzunehmen. Ich empfand Jonathan zu unruhig, um ihn daheim zu lassen, und auch zu unruhig, um ihn mitzunehmen. Ältere Frauen, auch meine Mutter, schlugen mir in aller Unschuld vor, meinen Sohn in ein Laufgitter zu legen, damit er lerne, sich mit

Jonathan

sich selbst zu beschäftigen. Auch meine Milch wurde häufig als die Ursache allen Übels genannt. Mir war es so verleidet zu hören: ‹Gib ihm doch die Flasche› und: ‹Vielleicht hast du nicht genügend Milch›. Manche meinten, Jonathan habe Blähungen, und dies wäre nach drei Monaten vorüber. Mitmenschen, die der Überzeugung waren, man solle das Kind schreien und einmal pro Woche von einem Babysitter betreuen lassen, fielen über uns her und warnten uns, dass wir ein Kind heranziehen würden, das für immer von uns abhängig wäre und nie selbständig würde. Sie sagten uns, dass Jonathan ganz einfach ein verzogener Balg sei.

Ich fühlte mich als Mutter in Frage gestellt. Ich hatte die leisen Andeutungen satt, dass ich am Schreien meines Babys selbst schuld sei. Tief in meinem Innersten wusste ich, dass ich eine gute Mutter war, doch all diese Ratschläge machten mir trotzdem zu schaffen.

Bob und ich mussten lernen, die vielen Tips für den Umgang mit Babys ausser Acht zu lassen und das zu tun, was sich in der jeweiligen Situation am besten bewährte, selbst wenn es unüblich war. Schon sehr früh verwarfen wir Ideen, wie beispielsweise einen Babysitter zu engagieren, mit sechs Monaten abzustillen und Einschlafrituale um jeden Preis durchzusetzen.

Wenn Sie bereitwillig auf die Bedürfnisse Ihres Babys eingehen, entsteht ein unlösbares Band von Liebe und Verständnis.

Sobald wir uns klar wurden, dass wir mit unseren recht ungewöhnlichen Erziehungsmethoden bei Jonathan Erfolg hatten, bemühten wir uns, anderen unsere Vorgehensweise zu erklären. Wir merkten jedoch bald, dass Erwachsene über Fragen der Kindererziehung geteilter Meinung sind. Wir lernten, unsere Freunde und Bekannten sorgfältiger auszusuchen. Es wäre einfacher gewesen, uns anzupassen und den üblichen Empfehlungen nachzuleben, doch die Leute, die uns Ratschläge erteilten, kannten Jonathan nicht. Die wertvollste Unterstützung fanden wir in der La Leche Liga-Stillgruppe. Ich war erleichtert, mich von jemandem als Mutter bestätigt zu fühlen.

Im ersten Jahr war mein Schlafmangel das grösste Hindernis bei der Betreuung von Jonathan. Irgendwann gab ich die Vorstellung auf, dass er in seinem Bettchen schlafen müsse und nahm ihn mit zu uns ins Bett. Von da an schliefen wir beide besser. Jonathan und ich haben den gleichen Schlafrhythmus gefunden. Meistens wacht er zwei- bis dreimal pro Nacht auf. Seit er bei uns schläft, werde ich gewöhnlich schon etwa dreissig Sekunden vor ihm wach. Dann stille ich ihn, sobald er sich rührt, und nach wenigen Minuten sind wir beide wieder eingeschlafen.

Inzwischen ist Jonathan zwei Jahre alt. Normalerweise bin ich am Morgen ausgeruht und tagsüber nicht übermässig müde. Doch verläuft nicht jede Nacht so ruhig. Ein neuer Zahn, Trennungsangst oder eine leichte Erkältung bringen Jonathan manchmal aus seinem Rhythmus. Ich weiss jetzt, dass mit meinem Sohn etwas los sein muss, wenn er mich während des Tiefschlafs weckt oder mehr als viermal pro Nacht aufwacht. Ich muss sagen, dass ich um vier Uhr in der Früh nicht besonders einfühlsam bin. Wenn ich die halbe Nacht wach gewesen bin, fällt es mir schwer, auf seine Gefühle einzugehen, statt mich meiner eigenen Müdigkeit zu überlassen. Ich nehme aber an, dass alle Eltern irgendwann mit diesem Problem konfrontiert sind, egal wo ihr Baby schläft. Von allen Möglichkeiten, ein Baby zu beruhigen, halte ich es fürs Einfachste, mich mit meinem Kind hinzulegen und es zu stillen. Ich liebe es wirklich, wenn Jonathan nachts ganz dicht an mich gekuschelt ist. Ich bin so froh, dass ich diese ganz besondere Nähe zu ihm geniessen darf.

Nach mehreren guten Nächten hintereinander bin ich voller Energie. Ich gehe liebevoll mit meinem Sohn um, und ich ver-

Jonathan

bringe gerne den grössten Teil meiner Zeit mit ihm. Nach ein paar durchwachten Nächten jedoch bin ich empfindlich, verliere schnell die Geduld und bekomme Selbstmitleid. Dann habe ich panische Gedanken: ‹Er wird verhindern, dass ich je wieder ein Kind bekomme› oder: ‹Dieser Schlafmangel macht mich völlig fertig.› Manchmal liege ich dann einfach da und weine.

Am nächsten Morgen sieht dann alles wieder ganz anders aus. Wenn ich sehr erschöpft bin, beschränke ich mich auf das Allernotwendigste und befriedige nur Jonathans und meine wichtigsten Bedürfnisse. Ich habe gelernt, Bob um Hilfe zu bitten, zum Beispiel beim Zubereiten des Abendessens. Es hilft mir ebenfalls sehr, wenn er mit uns ausgeht, auch wenn es nur für einen kurzen Spaziergang ist. Manchmal bin ich selbst zu müde, um die Initiative zu ergreifen. Wenn Bob dabei ist und alles in die Hand nimmt, bekomme ich wieder Kraft.

Ich bemühe mich, Jonathan nicht mit anderen Kindern zu vergleichen. Denn es ist sehr frustrierend zu sehen, dass die Kinder meiner Freundinnen viel kleinere Ansprüche stellen. Mache ich etwas falsch? Jonathans Bedürfnisse sind so ausgeprägt, und ich kümmere mich so intensiv um ihn, dass ich manchmal das Gefühl habe, wir kämen von einem anderen Planeten. Viele Leute können nicht verstehen, dass er so intensive Bedürfnisse hat und dass ich so sehr darauf eingehe. Wir entsprechen mit Sicherheit nicht der Durchschnittsmutter und ihrem Kind.

Die Belastungen, denen unsere Ehe durch unseren aufwendigen Erziehungsstil ausgesetzt ist, empfinde ich manchmal als versteckte Zeitbombe. Wenn das Kind bei den Eltern im Bett schläft und nach einem intensiven Abend sehr spät schlafen geht, dann wird der Tag sehr lang. Dies ist eine übermässige Anstrengung. Bob und ich kamen beide mit unseren Bedürfnissen zu kurz. Ich begeisterte mich von einem Tag zum anderen für einen fürsorglichen Erziehungsstil. Bob brauchte länger, bis er verstehen konnte, warum es für Jonathan und mich so wichtig war, dermassen sensibel auf meinen Sohn einzugehen. Bis dahin gab es eine Menge Spannungen zwischen uns beiden. Es war für mich sehr, sehr wichtig, dass mich Bob unterstützte. Ich brauchte jemanden, der mich schützte und verteidigte, während ich unser Baby versorgte. Ich hatte oft ein schlechtes Gewissen, weil ich Bob so vernachlässigte, doch ich konnte nur wenig tun, dies zu ändern. Mir waren Bobs Bedürfnisse bewusst, und ich hatte auch Verständnis für seinen Wunsch, mehr Zeit und Aufmerksamkeit von mir zu bekommen. Doch ich merkte, dass nichts mehr übrig war, was ich ihm hätte geben können. Dies führte natürlich zu Spannungen in unserer Ehe, doch meist hatte Bob ziemlich viel Geduld und bemühte sich, mich nicht unter Druck zu setzen. Dafür bin ich ihm sehr dankbar. Jonathan war tagtäglich ein Prüfstein für unsere Kraft und unsere gegenseitige Verbundenheit. Im ersten Jahr verbrachte Bob viele Nächte auf der Couch. Wir waren wie Schiffe, die des Nachts aneinander vorbeigleiten. Jonathan nahm so viel von unserer Zeit und Energie in Anspruch, dass wir gemeinsame intime Momente vorausplanen mussten.»

Eine Anmerkung von Bob

«Ich glaube, es wirkt sich positiv auf unsere Familie aus, dass wir so konsequent auf unser Kind eingehen. Es ist offensichtlich, wie gut es Jonathan tut. Da ich sehr konventionell erzogen worden bin, brauchte ich Zeit, um mich völlig darauf einzulassen. Am frustrierendsten für mich ist, dass kaum noch Intimität mit meiner Frau möglich ist. Wenn sie sich den ganzen Tag um Jonathan gekümmert hat, ist sie am Abend sehr erschöpft. Wenn sie den ganzen Tag so eng mit dem Kind zusammen war, sehnt sie sich danach, Zeit für sich zu haben, Zeit zum Lesen, zum Nähen, um lang aufgeschobene Dinge zu erledigen oder sich einfach auszuruhen. Unsere Gespräche finden meistens zwischen Tür und Angel statt, und dabei müssen wir einen lebhaften, lauten Zweijährigen übertönen. Meine Frau und ich machen genügend Dinge mit Jonathan zusammen, so dass ich mich als Vater nie wirklich ausgeschlossen fühle. Auch habe ich nicht das Gefühl, mit meinem Sohn um Nancys Zeit wetteifern zu müssen. Trotz meiner Frustrationen glaube ich daran, dass Jonathans Bedürfnisse zur Zeit wichtiger sind als meine. Mit zwei Jahren kann mein Sohn mit seinen Frustrationen noch nicht umgehen, mir sollte das mit den meinen aber schon gelingen. Mit Sicherheit hat Jonathan meine Geduld gestärkt. Ich hatte nicht geahnt, dass ich so geduldig sein könnte, wie ich es oft sein muss – nicht nur mit Jonathan, sondern auch mit Nancy. Nach einem besonders anstrengenden Tag gehört die Mutter eines sehr liebebedürftigen Kindes nicht unbedingt zu den umgänglichsten Menschen. Erstaunlich ist, dass dieses Gefühl von Verbundenheit gegenüber Jonathan ansteckend auf die Beziehung zwischen Nancy und mir war. Da wir all unsere Reserven ausschöpfen mussten, um Jonathans Bedürfnisse zu erfüllen, wurden uns unsere Stärken neu bewusst, und unsere Achtung füreinander wuchs. Dass Nancy bereit war, ihre eigenen Bedürfnisse zurückzustellen, um Jonathan jederzeit und überall zu stillen, beeindruckte mich als Vater und Ehemann stark. Sie richtet mich wieder auf, wenn ich das Gefühl habe, auf zu viel verzichten zu müssen. Ich kann Jonathan nicht so gut beruhigen wie Nancy, aber ich kann sie wenigstens dabei unterstützen. Jonathan geniesst es, rund um die Uhr liebevoll umsorgt zu werden. Doch sollte man dabei nicht vergessen, dass niemand so viel Zeit mit einem Kind verbringen kann, ohne ab und zu ungeduldig und frustriert zu sein. Mit zwei Jahren ist Jonathan immer noch ein sehr liebebedürftiges Kind. Weil er sich seit seiner Geburt bei uns gut aufgehoben fühlt, protestiert er sofort, wenn das Eingehen aufeinander mal nicht so gut klappt.»

Zurück zu Nancy

«Im zweiten Lebensjahr entspannte sich die Situation etwas, doch das Leben mit Jonathan war immer noch anstrengend. Mit jeder neu erlernten Fähigkeit wurde er fröhlicher. Gehen und Sprechen nahmen einen Teil seiner unerschöpflichen Energie in Anspruch, und er wurde etwas weniger anhänglich. Ganz allmählich wollte er nicht mehr so oft hochgenommen werden, doch noch immer verbrachte er sehr viel mehr Zeit auf meinem Arm oder meinem Schoss als jedes andere Kleinkind, das ich kenne. Das Abstillen verläuft nach dem gleichen Muster. Er möchte relativ häufig gestillt werden, doch ich merke, dass auch dies ganz allmählich nachlässt. Noch immer bemerke ich den erstaunten Ausdruck im Gesicht der Leute, wenn sie uns beim Stillen zuschauen. Jonathan wird wahrscheinlich immer sehr sensibel sein, doch in den letzten Monaten hat er gelernt, besser mit plötzlichen Geräuschen oder unerwarteten Anblicken umzugehen. Er hat immer noch einen sehr leichten Schlaf.
Was würde ich Eltern sehr unruhiger Kinder gerne mitteilen? Was hätte ich lieber schon vor zwei Jahren gewusst? Das

Wichtigste: Hören Sie auf Ihre Gefühle und auf Ihr Baby! Ich war immer davon ausgegangen, dass Jonathan aus einem bestimmten Grund weinte, auch wenn ich keinen finden konnte. Je mehr ich seinen Lebensäusserungen und meinen eigenen Beobachtungen und Gefühlen Achtung schenkte (anstatt den Ratschlägen anderer zu folgen), desto einfacher wurde es, seine Bedürfnisse umgehend zu erfüllen, ihn zufriedenzustellen und als Mutter mehr Selbstbewusstsein zu entwickeln.

Mir wurde einmal gesagt, dass ein ‹braves› Baby ein Kind sei, das schreie, um uns wissen zu lassen, was es brauche. Das lässt unruhige Kinder in einem ganz anderen Licht erscheinen – sie schreien mehr, weil ihre Bedürfnisse grösser sind.

Man hört oft, dass eine Familie ihre Lebensgewohnheiten nicht umstellen sollte, weil ein neues Baby geboren wurde – dass ein neues Familienmitglied lernen muss, sich anzupassen. Das stimmt einfach nicht, vor allem nicht bei einem sehr liebebedürftigen Kind. Damit es allen gut geht, muss die Familie sich umstellen, um den Bedürfnissen des Babys gerecht zu werden, denn ein Säugling kennt ja noch gar nichts anderes. Als Jonathan geboren wurde, habe ich nicht im Traum daran gedacht, dass er eines Tages bei mir im Bett schlafen, oder dass ich ihn über zwei Jahre lang stillen würde. Bob hätte nie erwartet, dass er manche Nacht auf der Couch verbringen, unser Frühstück herrichten und hin und wieder allein ins Kino gehen würde. Wir mussten lernen, unrealistische Erwartungen über Bord zu werfen und neue Möglichkeiten zu finden, um die Bedürfnisse aller zu erfüllen. Es braucht ziemlich viel Zuversicht, ein sehr anspruchsvolles Kind grosszuziehen. Jonathan ist inzwischen über zweijährig, und ich frage mich oft, ob er jemals ohne Stillen einschlafen und dann durchschlafen wird. Und ob er seinen Topf jemals als etwas anderes als eine gute Stehgelegenheit betrachten wird. Wenn ich sehr zu zweifeln beginne, erinnere ich mich daran, dass mein Sohn allein laufen und sprechen gelernt hat, als er bereit dazu war. Obwohl ich mir Sorgen gemacht hatte, dass er nie selbständig sitzen würde, weil ich ihn so oft umhergetragen hatte! Wahrscheinlich lernt er auch alles andere, wenn die Zeit dafür gekommen ist. Anders gesagt: Wenn ich mein Bestes tue, um seine Bedürfnisse zu befriedigen, wird er sein Bestes geben, um heranzuwachsen.

Jonathan

Meine Anstrengungen werden belohnt

Ich kann ehrlich sagen, dass es für mich ein Segen war, ein so unruhiges Baby zu haben. Ich bin heute froh, dass gerade ich ein solches Kind bekommen habe. Als Jonathan sechs Monate alt war, hätte ich das noch nicht sagen können, doch wenn ich auf die letzten zwei Jahre zurückblicke und sehe, was wir einander alles gegeben haben und wie unsere Beziehung gewachsen ist, freue ich mich über das, was wir gewonnen haben. Jonathan wächst zu einem aufgeweckten, fröhlichen, unternehmungslustigen und äusserst liebenswerten Kind heran. Er ist an seiner Umgebung interessiert und möchte fast alles ausprobieren, solange seine Mami in der Nähe ist. Er ist freundlich zu anderen, geht zärtlich und liebevoll mit Babys um und ist aufmerksam gegenüber meinen Gefühlen. Das hört sich sicherlich nach Mutterstolz an, doch auf diese Eigenschaften haben mich andere hingewiesen. Erstaunlicherweise bemerken jetzt die gleichen Leute, die uns früher wegen unseres Verhaltens kritisiert haben, wie gut sich Jonathan entwickelt.
Wir werden auf wundervolle Weise für die Zeit und Energie belohnt, die wir für unser schwieriges Baby aufgewendet haben. Die Erziehung ist ein gutes Beispiel dafür. Ich kenne Jonathan in- und auswendig und weiss gewöhnlich, was er denkt. Dadurch werden Anweisungen, Erklärungen von logischen Folgen und unser Vorbild (die allerbeste Erziehungsmethode) zu sehr wirksamen Mitteln, ihn mit der Welt und seinem Platz darin vertraut zu machen. Gelegentlich müssen wir Jonathan zurechtweisen, doch wir geben ihm selten einen Klaps. Da Jonathan so viel positive Zuwendung bekommt, wirkt oft schon die leiseste missbilligende Reaktion.
Nicht nur Jonathan hat eine Entwicklung durchgemacht – auch ich habe mich im Umgang mit ihm weiterentwickelt. Ich glaube, ich bin anderen gegenüber jetzt toleranter, und ich weiss, dass ich sehr viel geduldiger und verständnisvoller geworden bin. Mein Selbstvertrauen nicht nur als Mutter, sondern auch als eigenständige Person, ist sehr gewachsen. Der Umgang mit Jonathan ist die bisher grösste Anstrengung in meinem Leben gewesen. Jetzt kann ich auch andere Herausforderungen annehmen. Ich wollte immer weit vorausplanen, aber Jonathan hat mich gelehrt, flexibel zu sein und

mich auf die aktuellen Probleme zu konzentrieren, ohne mir allzu viele Sorgen um die Zukunft zu machen. (Gleichzeitig habe ich aber auch gelernt, dass es sich lohnt, ihm in Gedanken immer einen Schritt voraus zu sein, damit alles möglichst reibungslos verläuft.) Für mich war es eine sehr befriedigende Erfahrung, Jonathan so intensiv zu umsorgen und zu bemuttern. Das ist meinem Bedürfnis, kreativ zu sein und etwas Greifbares, Sinnvolles zu vollbringen, sehr entgegen gekommen. Ich hätte niemals eine solche Genugtuung verspürt, wenn ich Jonathan der Obhut anderer überlassen hätte und wieder an meinen früheren Arbeitsplatz zurückgekehrt wäre, oder wenn ich weiterstudiert hätte.
Jonathan bleibt jetzt hin und wieder drei bis vier Stunden bei einer seiner Grossmütter. Ich lasse ihn nicht oft dort, doch wenn ich es tue, dann erkläre ich ihm, dass ich jetzt eine Zeitlang weggehe und frage, ob das für ihn in Ordnung sei. Er zeigt mir, dass er mich verstanden habe und dass er einverstanden sei. Er umarmt mich und sagt, dass ich bald zurückkommen solle. Ich merke, dass er nicht beunruhigt ist, wenn ich gehe oder wiederkomme, und deshalb fühle ich mich jetzt wohler, wenn ich weggehe. Darauf zu warten, bis Jonathan so weit ist, von selbst etwas Neues zu lernen, ist für uns sehr viel natürlicher und macht uns mehr Spass, als wenn wir einem Zeitplan folgen müssten, der ihn zu früh zu etwas Neuem drängen würde.
Ich muss zugeben, dass es Zeiten gibt, wo ich es vermisse, das Einzige zu sein, wofür sich Jonathan interessiert. Doch nehme ich ihn dann in den Arm, lässt er alles stehen und liegen und erwidert die Umarmung. Und ich schaue stolz zu, wie Jonathan zu einer glücklichen, liebevollen und selbstbewussten kleinen Persönlichkeit heranwächst, vor allem, wenn ich daran denke, dass er das allein erreicht hat. Ich habe ihm lediglich die nötige Unterstützung gegeben.
Die Belohnung für eine schwere Arbeit vor Augen zu haben, ist natürlich sehr befriedigend. Doch der schönste Lohn ist es, unsere enge Beziehung geniessen zu dürfen. Jonathan und ich haben eine Menge miteinander durchgemacht, und das wissen wir beide. Dabei haben wir ein unlösbares Band von Liebe und Verständnis geschaffen, und dafür haben sich all die Anstrengungen gelohnt.»

Anhang:

Englische Literaturangaben

Kapitel 2:

Brackbill Y., 1971, Effects of continous stimulation on arousal levels in infants, *Child Dev 42:17*

Brazelton T.B., 1973, Neonatal behavioral assessment scale, *Clinics in Developmental Medicine No. 50*, Philadelphia: Lippincott

Cambell S.B., 1979, Mother-infant interaction as a function of maternal ratings of temperament, *Child Psychiatr Hum Dev 10:67*

Carey W.B., 1970, A simplified method for measuring infant temperament, *J Pediatr 77:188*

Geber M., 1958, The psycho-motor development of African children in the first year and the influences of maternal behavior, *J Soc Psychol 47:185*

Hofer M.A., 1978, Hidden regulatory processes in early social relationships, in *Perspectives in Ethnology*, P.P.G Bateson and PH. Klopfer, eds. New York: Plenum

Lozoff B. and Brittenham G., 1979, Infant care: cache or carry?, *J Pediatr 95:478*

Ozturk M. and Ozturk O.M., 1977, Thumbsucking and falling asleep, *Brit J Med Psychol 50:95*

Sears W., 1985, *Nighttime Parenting*, Franklin Park, Ill., La Leche League International

Selye H., 1978, *The Stress of Life*, 2d ed. New York, McGraw Hill

Sroufe L.A. and Waters E., 1982, Issues of temperament and attachment, *Am J Orthopsychiatr 52:743*

Thomas A., Chess S. and Birch H.G., 1968, *Temperament and Behavior Disorders in Children*, New York: New York University Press

White B., 1978, *The First Three Years of Life*, Englewood Cliffs, N.J.: Prentice-Hall

Kapitel 3:

Liley A., 1972, The fetus as a personality, *Aust NZ J Psychiatr 6:99*

Meares R. et al., 1982, Some origins of the difficult child, *Brit J Med Psychol 55:77*

Sears W., 1985, *Nighttime Parenting*, Franklin Park, Ill, La Leche League International

Verney T., 1981, *The Secret Life of the Unborn Child*, New York: Dell

Kapitel 4:

Bell S.M. and Ainsworth M.D., 1972, Infant crying and maternal responsiveness, *Child Dev 43:1171*, 1977, Infant crying and maternal responsiveness: a rejoiner to Cewintz and Boyd, Child Dev 48:1208

Bernal J., 1972, Crying during the first 10 days of life and maternal responses, *Dev Med Child Neurol 14:362*
Brazelton T.B., 1962, Crying in infancy, *Pediatrics 4:579*
Craven D., 1979, Why colic? *Med J Aust 2:225*
Dinwiddie R. et al., 1979, Cardiopulmonary changes in the crying neonate, *Pediatr Res 13:900*
Greenberg M. et al., 1973, First mothers rooming in with their newborn: its impact upon the mother, *Amer J Orthopsychiatr 43:783*
Meares R. et al., 1982, Some origins of the difficult child: the Brazelton scale and the mother's view of her newborn's character, *Brit J Med Psychol 55:77*
Murray A.D., 1979, Infants crying as an elicitor of parental behavior: an examination of two models, *Psychol Bull 86:191*
Ounsted C. et al., 1974, Aspects of bonding failure: the psychopathology and psychotherapeutic treatment of families of battered children, *Dev Med Child Neurol 16:447*
Pedriatric News, July 1984, Carrying infants can reduce their crying
Shaw C., 1977, A comparison of the patterns of mother-baby interaction for a group of crying, irritable babies and a group of more amenable babies, *Child Char Health Dev 3:1-12*
Torda C., 1976a, Effects of postnatal stress on visual and auditory evoked potential, *Perceptual Motor Skills 43:315*
Torda C., 1976b, Why babies cry, *J Am Med Women 31:271*
Vuorenkoski V. et al., 1969, The effect of cry stimulus on the temperature of the lactating breast of primipara: a thermographic study, *Experientia 25:1286*

Kapitel 5:
American Academy of Pediatrics Committee on Nutrition, 1983, Soyprotein formulas: recommendations for use in infant feeding, *Pediatrics 72:359*
Anderson G.C., 1983, Infant colic: a possible solution, *MCN 8:185*
Bell and Ainsworth, 1972, Infant crying and maternal responsiveness, *Child Develop 43:1171*
Brennemann J., 1940, *Practice of Pediatrics,* vol. 1, New York: W.F. Prior Co.
Carey W.B., 1968, Maternal anxiety and infantile colic: is there a relationship?, *Clin Pediatr 7:590*
Clark R.L. et al., 1963, A study of the possible relationship of progesterone to colic, *Pediatrics 31:65*
Evans R.W. et al., 1981, Maternal diet and infantile colic in breastfed infants, *Lancet 1:1340*
Illingworth R.S., 1954, Three month colic, *Arch Dis Child 29:165*
Jakobsson I. and Lindberg T., 1983, Cow's milk proteins cause infantile colic in breastfed infants: a double blind study, *Pediatrics 71:268*
Jorup S., 1952, Colonic hyperperistalis in neurolabile infants, *Acta Paediatr Scand (suppl) 85:1*

Liebman W.M., 1981, Infantile colic: association with lactose and milk intolerance, *J Am Med Assoc 245:732*
Lothe L. et al., 1982, Cow's milk formula as a cause of infantile colic: a double blind study, *Pediatrics 70:7*
Nybor A. et al., 1984, Suppressed prolactin levels in cigarette smoking breastfeeding women, *Clin Endocrinol 17:363*
Paradise J.L., 1966, Maternal and other factors in the etiology of infantile colic, *J Am Med Assoc 197:123*
Said G. et al., 1984, Infantile colic and parental smoking, *Br Med J 289:660*
Sankaran K. et al., 1981, Intestinal colic and diarrhea as side effects of intravenous alprostadil administration, *Am J Dis Child 135:664*
Sears W., 1982, *Creative Parenting,* New York: Dodd Mead
Taubman B., 1984, Clinical trial of the treatment of colic by modification of parent-infant interaction, *Pediatrics 74:998*
Weissbluth M., 1983, *Crybabies,* New York: Arbor House
Weissbluth M. and Green O., 1983, Plasma progesterone concentrations in infants: relation to infantile colic, *J Pediatr 103:935*
Wessel M.A. et al., 1954, Paroxysmal fussing in infancy, sometimes called colic, *Pediatrics 14:421*

Kapitel 7:
Quandt S.A., 1984, The effect of beikost on the diet of breastfed infants, *J Am Diet Assoc 84:47*

Kapitel 9:
Sears W., 1985, *Nighttime Parenting,* Franklin Park, Ill., La Leche League International
Weissbluth M. and Liel K., 1983, Sleep patterns, attention span and infant temperament, *J Dev Behav Pediatr 4:34*

Kapitel 10:
Procaccini J. and Kiefaber M. W., 1983, *Parent Burnout,* Garden City, NY: Doubleday

Kapitel 11:
Gerber M., 1958, The psycho-motor development of African children in the first year and influences of maternal behavior, *J Soc Psychol 47:185*
Klaus M. and Kennell J., 1976, *Maternal-Infant Bonding,* St. Louis, C.V. Mosby
Montagu A., 1971, Touching: *The Human Significance of the Skin,* New York: Harper and Row

Kapitel 13:
Gerber M., 1958, The psycho-motor development of African children in the first year and influences of maternal behavior, *J Soc Psychol 47:185*

Folgende Bücher sind im selben Verlag erschienen:

Handbuch für die stillende Mutter
Das Handbuch für die stillende Mutter beruht auf den Erfahrungen bei der Beratung vieler Tausend stillender Frauen und vermittelt Ihnen wie Sie sich in der Schwangerschaft aufs Stillen vorbereiten können; wie Sie für reichlichen Milchfluss sorgen können; welchen Schutz das Stillen Ihrem Baby gegen Krankheiten und Allergien bietet; wie Sie häufig auftretende Stillprobleme erkennen und überwinden; wann und wie Sie feste Nahrung einführen und vieles mehr. Dieser Ratgeber zeigt Ihnen, wie Sie mit Gelassenheit das Stillen und Elternsein geniessen können.
425 Seiten, Preis: sFr. 29.—, DM 29.80, OeS 225.—
ISBN: 3-906675-02-5

Schlafen und Wachen, *Ein Elternbuch für Kindernächte, William Sears*
Fragen Sie Eltern, was sie am meisten brauchen, und die Anwort wird sicher lauten: «Mehr Schlaf». Elternsein ist mehr als eine Ganztagsarbeit, Eltern sind Eltern rund um die Uhr. **Schlafen und Wachen** wurde geschrieben, um diese Arbeit zu erleichtern. Dieses Buch kann der ganzen Familie – Mutter, Vater, Baby und Kind – helfen, besser zu schlafen.
217 Seiten, Preis: sFr. 18.–, DM 22.80, OeS 140.—
ISBN: 3-906675-03-3

Nun hör doch mal zu!
Elternsprache – Kindersprache, Adele Faber/Elaine Mazlish
Nun hör doch mal zu! richtet sich an Eltern, die jene Redeweise lernen wollen, welche ihre Kinder zum Zuhören veranlasst, und die lernen wollen zuzuhören, wenn ihre Kinder reden. Es ist ein «Ratgeber» mit Lektionen, Übungen, Faustregeln und Spickzetteln; Material, das Eltern helfen soll, diese Fähigkeiten Schritt für Schritt zu erlernen. Die Autorinnen behalten dabei stets das grössere Ziel im Auge – die ständige Suche nach Methoden, welche die Würde und Menschlichkeit zwischen Eltern und Kind stärken.
336 Seiten, Preis: sFr. 15.—, DM 17.80, OeS 140.—

Hilfe, meine Kinder streiten,
Ratschläge für erschöpfte Eltern, Adele Faber/Elaine Mazlish
«Könnt ihr euch denn nicht ein Mal vertragen? Diese ewige Streiterei macht mich noch ganz krank.» Diesen Seufzer kennen alle Eltern, die mehr als ein Kind haben. Geschwisterrivalität ist das Thema von **Hilfe, meine Kinder streiten**. Das Buch richtet sich an alle Erwachsenen, die neue Wege im Umgang mit ihren streitenden Kindern gehen wollen.
224 Seiten, Preis: sFr. 15.—, DM 17.80, OeS 140.—

Im La Leche Liga Deutschland Verlag erschienen:

Wir stillen noch: *über das Leben mit gestillten Kleinkindern, Norma Bumgarner*
Das Buch macht Mut, das Stillen eines Kleinkindes wieder als eine selbstverständliche und notwendige Grundlage für das Leben zu sehen.
259 Seiten, Preis: sFr. 29.—, DM 29.80, OeS 195.—
ISBN: 3-932022-00-9

La Leche Liga

Beim Lesen dieses Buches haben Sie mehrere Hinweise auf La Leche Liga (LLL) gefunden. Diese Organisation zur Unterstützung und Förderung des Stillens wurde 1956 von sieben stillenden Müttern in Chicago gegründet, die ihre Erfahrungen mit anderen Müttern teilen wollten. Die LLL ist eine weltweit anerkannte Organisation, politisch und konfessionell neutral. In der Schweiz, in Deutschland und Österreich ist sie als Verein organisiert.

LLL-Stillberaterinnen stehen zur Verfügung, wenn es um Stillinformationen und Hilfe geht. Ein Telefondienst rund um die Uhr, regelmässige Gruppentreffen, Bibliotheken mit Fachliteratur und eine Zeitschrift gehören zum Angebot der La Leche Liga. In einem Katalog der La Leche Liga Schweiz finden Sie nützliche Artikel für die ganze Familie, zum Beispiel Tragtücher und Tragsäcke, Lammfelle, Stoffwindeln und vieles mehr.

Die zweimonatlich erscheinende Zeitschrift «BuLLLetin» dient dem Ziel, Sicherheit und Freude beim Leben mit Kindern zu vermitteln. Neben Nummern rund um die Eltern-Kind-Beziehung und das Leben mit gestillten Kindern erscheinen auch Themenhefte, die fundierte Informationen zu einzelnen Fragen und Problemen bringen.

Wenn Sie die LLL als Mitglied unterstützen, tragen Sie zu einem weltweiten Netzwerk bei, das vielen Eltern Hilfe bietet. Ihre eigenen Erfahrungen sind wertvoll, weil sie dazu beitragen, das Wissen um das Stillen und das Leben mit Kindern weiterzugeben.

La Leche Liga Schweiz	La Leche Liga Deutschland	La Leche Liga Österreich
Postfach 197	Postfach 650096	Postfach
8053 Zürich	81214 München	6240 Rattenberg
Tel: 052-243 11 44	Tel: 06851 2524	Tel: 021 62/662 05

Bestelltalon

❏   Ich möchte die Arbeit der La Leche Liga unterstützen und werde Mitglied
❏   Ich bestelle ____ Ex. «Handbuch für die stillende Mutter»
❏   Ich bestelle ____ Ex. «Schlafen und Wachen»
❏   Ich bestelle ____ Ex. «Hilfe, meine Kinder streiten»
❏   Ich bestelle ____ Ex. «Nun hör doch mal zu!»
❏   Ich bestelle ____ Ex. «Wir stillen noch»
❏   Ich möchte das BuLLLetin abonnieren
❏   Bitte senden Sie mir vom BuLLLetin gratis eine Probenummer
❏   Bitte senden Sie mir den Katalog
❏   Bitte senden Sie mir Informationsmaterial

Name, Vorname:

Adresse:

PLZ, Ort:

Datum, Unterschrift: